21世纪创新型会计
实训教学系列教材

财务分析综合实训

梅梅　王帧　主编
胡洁　李琴　副主编

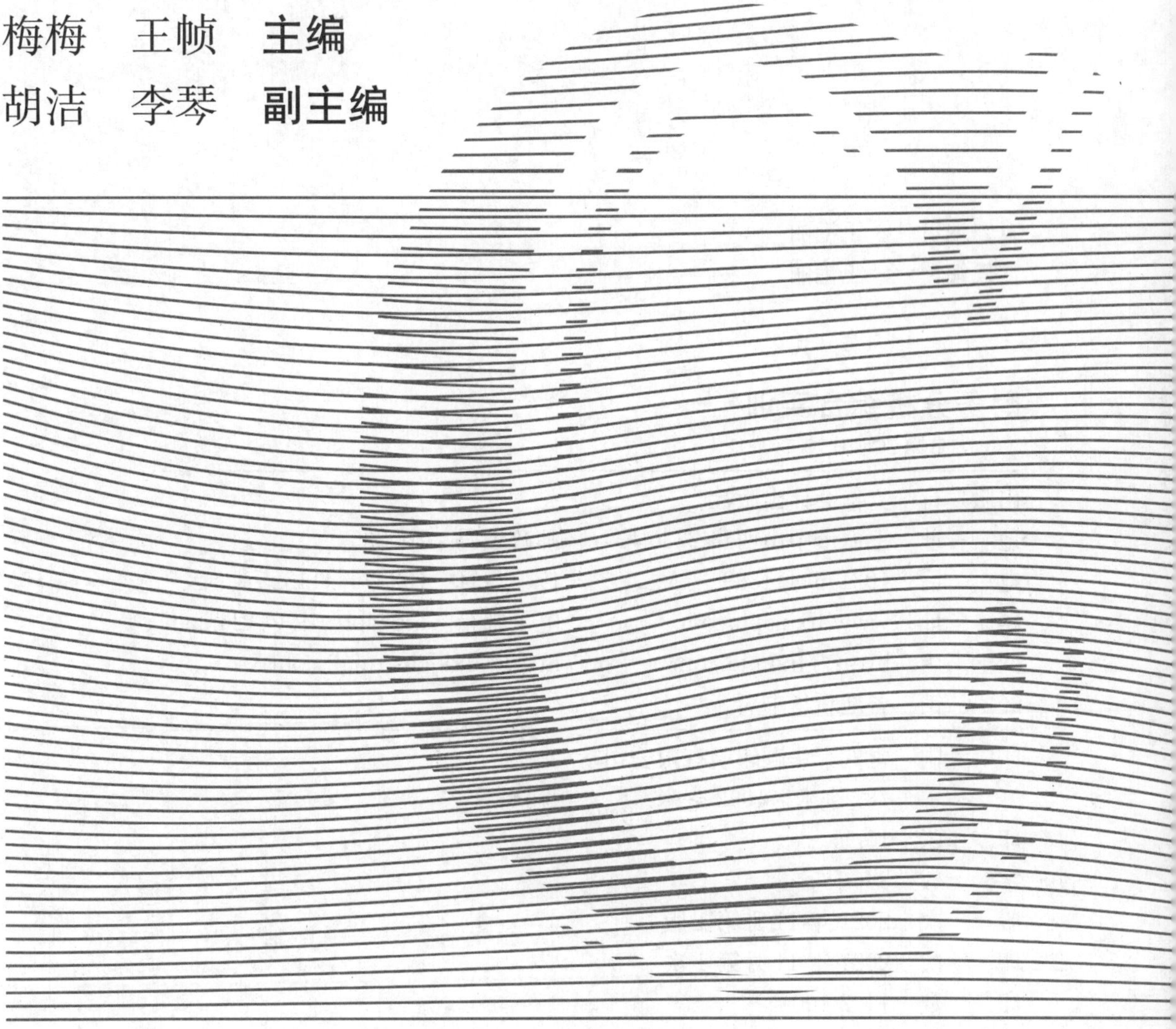

图书在版编目(CIP)数据

财务分析综合实训 / 梅梅，王帧主编. —上海：立信会计出版社，2021.11

普通高等院校"十四五"规划教材　21世纪创新型会计实训教学系列教材

ISBN 978-7-5429-6857-9

Ⅰ.①财… Ⅱ.①梅… ②王… Ⅲ.①会计分析—高等学校—教材 Ⅳ.①F231.2

中国版本图书馆CIP数据核字(2021)第202275号

策划编辑　王艳丽
责任编辑　王艳丽

财务分析综合实训

CAIWU FENXI ZONGHE SHIXUN

出版发行	立信会计出版社		
地　　址	上海市中山西路2230号	邮政编码	200235
电　　话	(021)64411389	传　　真	(021)64411325
网　　址	www.lixinaph.com	电子邮箱	lixinaph2019@126.com
网上书店	http://lixin.jd.com		http://lxkjcbs.tmall.com
经　　销	各地新华书店		
印　　刷	常熟市华顺印刷有限公司		
开　　本	787毫米×1092毫米　1/16		
印　　张	16.25		
字　　数	366千字		
版　　次	2021年11月第1版		
印　　次	2021年11月第1次		
印　　数	1—2 100		
书　　号	ISBN 978-7-5429-6857-9/F		
定　　价	42.00元		

如有印订差错，请与本社联系调换

随着我国经济结构转型,企业对财会人员的职业能力素质要求转向企业分析和决策支持方面。正确阅读和分析财务报表是会计类专业(财务管理、会计、审计)学生必备的核心专业技能之一,但目前的课堂教学侧重理论的讲解,对学生分析能力的培养不足。因此,本书的编写目的是提高会计类专业学生对企业财务报表的分析能力。

本书立足于"工学结合"的职业教育理念,突出财务报表分析操作技能训练,以云南白药集团的年报为贯穿教材始终的案例,力图营造一个企业财务分析的真实情境。本书在关注传统财务分析的数据计算和企业财务信息结果的同时,更关注企业财务状况质量分析与评价,即从财务报表所反映的管理过程着手,分析构成财务报表的各个要素背后企业经营管理活动之间的内在联系;立足于企业的经营环境和经营战略,分析企业的竞争优势。

根据"思政教育进课堂"的要求,本书对财务分析实训的教学目标进行重新解构,将其分为知识目标、能力目标、思政目标三个层次。此外,本书的编写特点为以案例引出问题,以问题引出任务,以任务带入知识技能。全书共九章,分别为财务分析概论、资产负债表分析实训、利润表分析实训、现金流量表分析实训、偿债能力分析实训、盈利能力分析实训、营运能力分析实训、发展能力分析实训和财务综合分析实训。每章下设导引案例、理论知识、职业能力训练、实训任务等内容,力求做到学、练、训相结合,体现现代职业教育"理实一体化"的特色。

本书由云南财经大学梅梅、王帧担任主编,胡洁、李琴担任副主编。具体编写分工如下:第一章由梅梅编写,第二章由胡洁编写,第三章由云南财经职业学院钱文编写,第四章由云南民族大学潘彦凤编写,第五章由何春熙编写,第六章由李琴编写,第七章由王帧编写,第八章由代晋玮编写,第九章由王帧和李琴共同编写。此外,本书由云南财经大学李小军院长担任主审。

我们在编写本书的过程中,借鉴了一些同行专家和前辈已出版的图书和论文,特别是张新民、钱爱民两位教授编写的《财务报表分析》一书对我们启发很大。我们在此向这些同行专家表示衷心的感谢。由于编者水平有限,书中可能存在一些不妥之处,敬请广大读者批评指正。

编　者

2021 年 8 月

目录 Contents

第一章
财务分析概论 ··· **001**
第一节　理论知识 ··· 002
第二节　实训任务 ··· 011

第二章
资产负债表分析实训 ··· **018**
第一节　理论知识 ··· 019
第二节　职业能力训练 ·· 026
第三节　实训任务 ··· 031

第三章
利润表分析实训 ·· **042**
第一节　理论知识 ··· 043
第二节　职业能力训练 ·· 055
第三节　实训任务 ··· 065

第四章
现金流量表分析实训 ··· **077**
第一节　理论知识 ··· 078
第二节　职业能力训练 ·· 083
第三节　实训任务 ··· 088

第五章 偿债能力分析实训 ... **099**

第一节 理论知识 ... 101
第二节 职业能力训练 ... 103
第三节 实训任务 ... 110

第六章 盈利能力分析实训 ... **126**

第一节 理论知识 ... 127
第二节 职业能力训练 ... 130
第三节 实训任务 ... 147

第七章 营运能力分析实训 ... **164**

第一节 理论知识 ... 166
第二节 职业能力训练 ... 167
第三节 实训任务 ... 176

第八章 发展能力分析实训 ... **190**

第一节 理论知识 ... 191
第二节 职业能力训练 ... 193
第三节 实训任务 ... 196

第九章 财务综合分析实训 ... **209**

第一节 理论知识 ... 212
第二节 职业能力训练 ... 217
第三节 实训任务 ... 234

参考文献 ... 253

第一章　财务分析概论

 知识目标

理解财务分析的定义;理解财务分析的客体、主体与目的;掌握财务分析的基本方法;了解财务分析的基本程序;理解财务分析的局限性;熟悉本书进行财务分析的路径和框架。

 能力目标

能够结合不同的财务分析主体,从多个角度研判一家企业的财务状况;能够针对不同企业选择有效的分析方法。

 **思政目标**

对企业进行财务分析时要客观、全面,使学生形成以发展的眼光、辩证地评价一家企业的理念。

对企业进行财务分析时要结合国家宏观经济发展和企业社会责任,培养学生经世济民的情怀。

 导引案例

2020年5月15日,京东集团(以下简称京东)公布了其2020年第一季度财报,交出了一份亮眼的成绩单。财报显示,2020年第一季度京东营收超预期,多项核心数据均保持了不错的增速。京东能够在2020年年初新冠肺炎疫情突袭并对各行各业造成冲击的大环境之下交出一份不错的答卷,反映了京东商业模式所蕴藏的发展潜力。目前,京东已经在供应链、物流、技术等方面具有领先优势,构建了宽广的"护城河",这将成为京东在今后的长远发展中坚实的后备力量。

财报显示,2020年第一季度京东净营收为1 462亿元人民币,同比增长20.7%,超出了此前京东给出的业绩指引增长范围上限;非美国通用会计准则下的净利润虽然同比下滑了9.0%,但依然达到了30亿元。从业务上来看,报告期内净服务收入为161亿元,同比增长29.6%;日用百货商品销售的净收入为525亿元,同比增长38.2%。由此可见，优质的购物体验和稳定可靠的供应能力为京东在新冠肺炎疫情期间赢得了更多的用户信赖。截至2020年3月31日，京东过去12个月的活跃购买用户数为3.874亿，较上年同期增长24.8%，创下企业用户增长的新高。值得一提的是，在京东旗下社交电商平台——京喜的用户中，近70%的人来自中小城市，这也有力地印证了京喜平台角逐"下沉市场"的举措。此外，疫情带来的线上问诊需求也提振了京东健康板块的发展。财报披露，自1月下旬上线至4月30日，京东健康的免费在线问诊服务已累计服务用户超过1 100万人次。

财报显示，京东在2020年第一季度备受挑战的大环境下，凭借着自身在技术方面的优势驱动着多方平台稳定、高效地运营，如京东零售、京东供应链、京东健康、京东物流等均成为财报中的价值亮点，这也是京东能在经济受挫的大环境下交出一份亮眼答卷的原因。在谈及京东零售时，京东零售集团CEO徐雷表示，从用户的收货地址来看，京东在3~6线市场的用户占比已经超过六成，这些用户的成交金额占比超过一半。这凸显了京东在"下沉市场"中取得的成果。此外，京喜平台作为京东在"下沉市场"中的主要攻坚力量也颇受关注，尽管它在二三月份中受到春节和新冠肺炎疫情的双重影响，但是京喜平台通过与中国优质产业带集群合作，为消费者提供了多样化的商品选择，从而也加速了产业带的复苏激活。在财报分析师会议上，徐雷表示，京东的"下沉市场"战略依然是"双轮驱动"，并将通过多种渠道、多种方式实现对线上线下消费场景的打造和货品的下沉。

由此可见，财务报表不仅反映了企业当前的财务状况和经营成果，而且还隐藏着深层次的宏观经济背景、行业特点以及企业的商业模式和经营策略。因此，我们在对企业的财务状况进行深入分析时，不能仅仅把目光局限于企业的财务报表上，还应结合宏观经济环境和未来走势、行业特点和发展前景、企业战略规划和经营策略等信息进行全面综合的分析。

参考资料来源：美股研究社.Q1京东2 500万新用户哪里来？京喜让"五环外"有了城里烟火．[EB/OL].(2020-05-16)[2021-04-02].https://baijiahao.baidu.com/s？id=16668508469992380090&wfr=spider&for=pc.

思考：我们在对企业进行财务分析时应关注哪些内容？

第一节　理 论 知 识

一、财务分析的定义

财务分析是指对企业财务报表有关项目进行对比分析，从而揭示企业财务状况的一种方法。财务分析所提供的信息不仅能说明企业目前的财务状况，更重要的是能为企业未来的财务决策和财务计划提供重要依据。

狭义的财务分析仅以企业对外提供的财务报表为依据，运用比率分析等手段对企业的偿债能力、盈利能力与营运能力加以判断，并有针对性地对有关项目进行质量分析，从而对企业整体的财务状况进行评价，为报表使用者的经济决策提供有用的财务信息支持。

广义的财务分析以狭义的财务分析为基础，结合企业财务报表之外的其他信息来源（包括公开和不公开的财务信息与非财务信息），对企业战略制定与实施情况、管理特征与质量、行业竞争格局与自身竞争优势（地域、资源、政策、行业、人才、管理等）、未来风险与挑战、发展前景与投资价值等方面进行分析。

二、财务分析中的基本概念

（一）内部财务分析和外部财务分析

内部财务分析是指企业内部管理当局对企业的财务状况进行的分析。其目的是判别企业财务状况是否良好，并为管理者今后制定筹资、投资、盈余分配等政策提供依据。内部财务分析可以帮助财务主管人员了解企业资金的结余情况、企业资金的流动状况以及企业的财务结构情况，这些都是财务主管人员制定政策时需要考虑的因素。

外部财务分析是指企业外部利益集团根据各自的要求对企业的财务状况进行的分析。例如，银行在给企业提供贷款之前要对企业的偿债能力进行分析，投资人在购买股票、债券时要对企业的获利能力进行分析，供应商在以商业信用形式出售商品时要分析对方企业的偿债能力，这些分析都是外部财务分析。

（二）资产负债表分析、利润表分析和现金流量表分析

资产负债表分析是指以资产负债表为对象进行的财务分析。人们在分析企业的流动状况、负债状况、资金周转情况时，常常采用资产负债表分析。

利润表分析是指以利润表为对象进行的分析。人们在分析企业的盈利情况和经营成果时，常常采用利润表分析。

现金流量表分析是指以现金流量表为对象进行的分析。人们通过分析企业的现金流量表，可以了解企业的现金流动状况。现金流量表分析是资产负债表分析和利润表分析的重要补充。

从历史上看，企业的财务分析是从以资产负债表为中心的流动性分析开始的。例如，银行等金融机构在推断其贷款的安全性时，就是先对贷款企业的资产负债表进行分析。但是，企业健全的财务状况是以良好的经营活动和强大的获利能力为前提的，企业的流动性和偿债能力在很大程度上依赖于其获利能力。因此，现代财务分析不再只是单纯地对资产负债表进行分析，而是逐渐转向以利润表为中心的财务分析。此外，随着现金流量表的不断推广，现金流量表分析也越来越受到重视。

三、财务分析的客体

财务分析的客体是企业的各项基本活动。企业的基本活动分为筹资活动、投资活动和经营活动三类。

筹资活动是指企业筹集投资和经营所需要资金的行为，包括发行股票和债券、取得借

款以及利用内部积累资金等。投资活动是指企业将所筹集到的资金用于购置各类资产的行为,包括购置各种长期资产和流动资产。投资活动是企业基本活动中最重要的部分。经营活动是指企业在必要的筹资和投资前提下运用资产赚取收益的行为,包括研究与开发、采购、生产、销售和人力资源管理等。经营活动是企业收益的主要来源。上述三项企业基本活动是相互联系的,我们在对企业进行业绩评价时不应把它们割裂开来。

四、财务分析的主体

财务分析的主体是指与企业存在现实或潜在利益关系的组织或个人。通常情况下,财务分析的主体与财务信息使用者是重合的,他们都属于利益相关者。但不同财务分析主体的利益倾向存在明显差异,其与企业的利益关系也各不相同。这就决定了他们在对企业财务报表进行分析时,其关注点和分析视角存在不同程度的差异。

(一) 企业所有者

企业所有者或股东是企业收益的最终获得者和风险的最终承担者。因此,他们既高度关注有关企业营运能力和盈利能力等方面的信息,也高度关注有关企业资产结构、资本结构、利润结构以及现金流量结构等方面的信息。同时,企业所有者又是企业委托代理关系中的委托人,需要通过企业的财务状况分析对经营管理者的受托责任履行情况进行评价。

(二) 企业债权人

企业债权人是指以债权的形式向企业投入资金的自然人或法人,如商业银行、企业债券持有人、供应商等。对于企业债权人来说,最重要的是能否按时收回本金和利息以及确保其债权的安全。因此,他们很关注企业偿债能力方面的信息。企业的盈利能力、资产质量和现金流量状况在根本上决定了企业的偿债能力,而企业的营运能力又在很大程度上决定了资产的流动性。因此,债权人也会关注企业盈利能力、营运能力、资产质量和现金流量质量等方面的信息。

依据债务的偿还期限,债权人分为短期债权人和长期债权人。短期债权人由于债权期限短于一年或一个营业周期,其在财务分析中更关心企业的短期财务状况,如资产的流动性和企业的短期现金流量状况等。长期债权人由于债权期限长于一年或一个营业周期,其在财务分析中更关心企业的长期财务状况,如资产质量、利润质量、资本结构质量以及企业的风险因素和未来发展前景。

(三) 经营管理者

经营管理者作为委托代理关系中的受托人,接受企业所有者的委托,对企业运营中的各项活动以及企业的经营成果和财务状况进行有效的管理与控制。相比于企业所有者和债权人等外部信息使用者,经营管理者拥有更多了解企业的信息渠道和监控企业的方法,但是财务报表仍然是十分重要且有效的信息来源。由于经营管理者要参与企业实际管理工作的全过程,涉及方方面面的问题,其对财务报表分析的要求呈现出多样化的特点。

首先,经营管理者通过财务报表分析可以及时发现企业生产运营中存在的问题并找出有效的对策,对企业的日常经营活动进行适当管控,以应对瞬息万变的经营环境。其次,经营管理者通过财务报表分析可以全面掌握企业的财务状况、经营成果和现金流量等,以便作出科学的筹资、投资、盈余分配等重大决策。此外,为了提高企业的内部活力和企业的整体效益,经营管理者需要借助财务报表分析对企业内部的各个部门和员工等进行业绩考评,并为今后的生产经营编制科学的预算。

(四)政府职能机构

工商、税务、财政、各级国资委等对企业有监管职能的政府职能部门在履行监管职责时往往需要借助于财务报表分析。政府职能部门对企业财务报表进行分析的目的主要是监督企业是否遵循了相关政策法规以及是否偷逃税款等,以维护正常的市场经营秩序以及国家和社会的利益。工商行政部门主要审核企业经营的合法性,并监督其产品质量。税务与财政部门则主要关注企业的盈利水平与资产的增减变动情况,监督企业是否遵守相关的政策法规,检查企业的税收缴纳情况。各级国资委作为国有企业的直接出资人,为了达到股东财富最大化的目标,往往更关注企业的盈利能力和可持续发展能力。

(五)社会中介机构

社会中介机构包括会计师事务所、律师事务所、资产评估事务所、资信评估企业以及各类咨询机构等。它们以独立的第三方身份为企业提供服务,包括对企业相关事项作出客观公正的评价、提出中肯的意见和建议等。这些社会中介机构通过财务报表分析可以了解企业的相关经营成果和财务状况,发现生产经营过程中存在的问题。

在这些社会中介机构中,会计师事务所与财务报表分析的关系最为密切。注册会计师在对企业的财务报表进行审计时,需要就财务报表的编制状况发表审计意见,财务报表分析可以帮助其发现问题和线索,为审计结论提供依据。

(六)其他财务分析主体

除上述财务分析主体之外,企业的供应商、客户、员工、竞争对手以及社会公众等都可以通过财务报表分析来了解企业的财务状况,以便作出各种决策。例如,供应商可以通过财务分析了解企业的业务范围、经营规模、投资动向以及现金流量状况等,以此来判断企业的持续购买力。此外,供应商还可以通过财务分析了解企业的偿付能力,以此来判断货款回收的安全性。客户可以借助财务分析了解企业的商品或劳务质量、企业持续提供商品或劳务的能力以及企业所能提供的商业信用条件等。员工可以借助财务分析了解企业的财务状况、盈利能力以及发展前景等,判断其工作的稳定性、工资水平的高低以及其他福利的完整性等。企业的竞争对手希望获取关于企业财务状况的会计信息及其他信息,借此判断自己的相对效率与竞争优势,为提高自身的市场竞争力、寻求并购目标或防止被并购打下基础。社会公众对企业的关心是多方面的,除了通过财务分析了解企业的财务状况,他们还关心企业的就业政策、环境政策、产品政策以及社会责任履行情况等。

五、财务分析的方法

(一)结构分析法

结构分析法又称为垂直分析法、纵向分析法或共同比分析法。它把财务报表中某个总体指标作为100%,首先计算出各组成项目占该总体指标的百分比,然后通过比较各个项目百分比的增减变动揭示各个项目的相对地位和总体结构关系,以便分析比较同一财务报表内各个项目变动的适当性,以及判断有关财务活动的变化趋势。结构分析法既可以用于静态的结构分析,也可以用于动态的趋势分析。

结构分析法通常用于资产负债表和利润表的结构分析。我们在对资产负债表进行结构分析时,对于资产类项目,我们通常计算各项资产在总资产中的占比,以观察企业资产的流动性和各项资产的占比是否适当;对于权益类项目,我们通常分别计算各负债项目和所有者权益项目在总权益中的占比,以分析资本结构的合理性。在对利润表进行结构分析时,由于营业收入是计算净利润的起点,我们通常将营业收入设为100%,并分别计算各项收入、费用和利润项目在营业收入中的占比,以反映各项收入对利润的贡献程度和各项费用开支的合理性。

(二) 趋势分析法

趋势分析法是指将两期或连续数期财务报表中的相同指标进行对比,以确定其增减变动的方向、数额和幅度,从而表明企业财务状况和经营成果变化趋势的一种分析方法。

1. 趋势分析法的目的

趋势分析法的目的包括:确定引起财务状况与经营成果变动的主要项目;确定变动趋势的性质;预测企业将来的发展趋势。

2. 趋势分析法的分类

1) 绝对数分析法

绝对数分析法是将有关项目连续几期的绝对数额逐一列示并进行对比,以判断相关项目的变动方向及其变化趋势(如上升、下降、波动或稳定)。

2) 环比分析法

环比分析法是计算分析期某项目的数值相对于前期该项目数值的变动百分比,以判断相关项目变动的方向及其变动幅度。

环比变动百分比的计算公式为:

$$环比变动百分比 = \frac{(分析期某项目数值 - 前期某项目数值)}{前期某项目数值} \times 100\%$$

需要注意的是,如果前期某项目的数值为零或者负数,则无法计算出有意义的环比变动百分比。

3) 定基分析法

定基分析法是选择一个固定的期间作为基期,计算出相关项目在各分析期的水平相对于基期水平的变动百分比,以判断相关项目在不同期间的变动方向和幅度,以及其在一个较长期间内的总体变化趋势。

定基变动百分比的计算公式为:

$$定基变动百分比 = \frac{(分析期某项目数值 - 基期某项目数值)}{基期某项目数值} \times 100\%$$

需要注意的是,我们在选择基期时,不要选择项目数值为零或者负数的期间,否则无法计算出有意义的定基变动百分比;最好选择企业财务状况比较正常的年份作为基期,否则得出的定基变动百分比不具有典型意义。

3. 趋势分析法应注意的问题

(1) 如果前后期间所采用的会计政策不一致(如 2020 年起运输费由"销售费用"改至"营业成本"科目核算),应对前期相关项目进行追溯调整。

(2) 应考虑各期内部重要事项(如重大资产重组)和外部环境因素(如金融危机)对各期财务数据造成的影响,如有必要应对异常值做特殊处理。

(3) 当项目涉及的期限较长时,应考虑物价水平变动因素对各期财务数据造成的影响,必要时可先消除物价变动带来的影响,再对相关财务数据进行分析。

(三) 比率分析法

比率分析法是指把财务报表中的有关项目加以对比,用比率来反映它们之间的相互关系,以揭示企业财务状况的一种分析方法。通常情况下,财务比率主要包括构成比率(结构比率)、效率比率和相关比率。其中,构成比率是一种反映某种经济指标各组成部分与总体之间关系的财务比率,如流动负债与总负债的比率;效率比率是一种反映某项经济活动投入与产出之间关系的财务比率,如资产报酬率;相关比率是一种反映经济活动中两个或两个以上相关项目比值的财务比率,如流动比率。

比率分析法的作用如下:①由于比率是相对数,比率分析法能够把某些条件下的不可比指标变为可比指标,将复杂的财务信息进行简化,以利于分析;②比率分析法揭示了报告期内各有关项目(有时还包括表外项目,如附注中的项目)之间的相关性,会产生许多在决策中有用的新信息。

(四) 比较分析法

比较分析法是指通过实际数与基数的对比来提示实际数与基数之间的差异,借以了解经济活动的成绩和问题的一种分析方法。其主要作用在于揭示指标间存在的客观差距,并为进一步分析指明方向。在实践中,比较分析法的运用可以是本期实际数值与以前各期相应数值的比较,也可以是本期实际数与计划数或定额指标的比较,还可以是企业相关项目指标与国内外同行业平均水平或者先进水平的比较。但财务分析人员要特别注意企业指标与比较标准之间的可比性,即企业指标与比较标准在内容、期间、计算口径、计价基础、总体性质等各方面均应具有一致性。

在比较分析法中,常用的比较标准有基期标准、预期标准、行业标准。

1. 基期标准

基期标准通常是指前期实际发生的、已经成为历史数据的比较标准,如上期指标、往年同期指标或者历史上任意时期的指标。它反映了企业分析指标的历史水平。我们将企业分析指标与基期标准进行比较,可以对分析指标的改进情况、发展方向和变动趋势进行评价。

2. 预期标准

预期标准是指企业预先确定的比较标准。它反映了企业分析指标的目标水平,通常可以根据企业制定的计划、预算以及各部门相应责任加以确定。我们将企业分析指标与预期标准进行比较,可以对企业完成计划、预算、定额或者责任指标的情况进行评价。

3. 行业标准

行业标准是指企业所在行业的同类指标标准,它反映了分析指标的行业水平。行业标准可以是本行业的平均水平,也可以是本行业的先进水平,还可以是本行业的标杆水平。我们将企业分析指标与行业标准进行比较,可以对企业在本行业中的地位和相对竞争优势或劣势进行评价,找出本企业与行业先进水平或者对标企业之间的差距,为企业今后的发展指明方向。

(五)项目质量分析法

项目质量分析法是指通过对财务报表各项目的规模、结构以及状态进行分析,还原企业所发生的经营活动和理财活动,并根据各项目自身特征和管理要求,结合企业具体经营环境和经营战略,对各项目质量进行评价的一种分析方法。在此基础上,我们还可以对企业整体的资产质量、资本结构质量、利润质量以及现金流量质量进行分析与评价,最终对企业的财务状况作出整体判断。

我们在进行项目质量分析时,通常不需要面面俱到地对报表中的每一个项目进行分析,而是根据重要性原则和例外原则对重大项目和异动项目进行分析,以便于提高分析效率。对于每个企业来说,其重大项目和异动项目会因企业所处的行业、自身经营战略的选择以及具体业务环境的不同而有所不同。因此,在项目质量分析法下,每个企业需要分析的项目可能不同。这就意味着,项目质量分析法更像是为每个企业量身定制的个性化的分析方案,而不是像比率分析法那样对每个企业的财务状况都采用统一的一套财务指标体系进行衡量。

六、财务分析的基本程序

财务分析是一项重要且比较复杂的工作,其基本程序主要包括以下五个步骤。

(一)明确财务分析的目的

我们在对企业的财务状况进行分析之前应先明确财务分析的目的。财务分析的目的主要包括:①评价偿债能力;②评价获利能力;③评价资产管理情况;④评价发展趋势;⑤评价综合财务状况。财务分析的目的决定了要收集多少信息以及选择何种财务分析方法等一系列问题。

(二)收集有关信息资料

我们在明确财务分析的目的后,就要根据这一目的来收集有关资料。财务分析所依据的最主要的资料是各种财务报表,如资产负债表、利润表和现金流量表等。此外,我们还要收集企业内部产、供、销有关方面的资料和企业外部金融、财政、税收等方面的信息。

(三)选择适当的分析方法

基于不同的财务分析目的,我们应选用不同的分析方法。常用的分析方法有比率分析法和比较分析法等,这些分析方法各有特点,我们在进行财务分析时应根据具体情况综合运用各种分析方法,从而对企业的财务状况作出客观、全面的评价。

(四)发现财务管理中存在的问题

我们在进行财务分析时,应采用特定的分析方法,发现企业财务管理中存在的问题,并对一些重大的问题进行深入细致的分析,找出产生问题的原因。

(五) 提出改善财务状况的具体方案

我们进行财务分析的最终目的是为财务决策提供依据。因此,财务分析人员在发现问题的基础上应提出改善财务状况的各种方案,并深入分析各种方案的利弊得失,以便管理人员不断改善企业财务状况,实现企业财务管理的目标。

七、财务分析应注意的问题

(一) 财务报表具有一定的局限性

财务报表的局限性主要体现在以下三个方面:①从信息来源看,财务报表信息是在当前会计准则或会计制度的规范下由会计核算系统生成的,并且受制于一系列会计原则的约束,现行财务报表的表现形式表明其只能反映那些能用货币计量的信息,而无法反映对企业产生重大影响的其他信息;②从信息发生的时间上看,现行财务报表只能提供和反映已经发生的历史财务信息,而不能反映信息使用者进行决策所需要的预测信息;③现行会计准则规定,企业针对同一经济业务可以根据需要选择不同的处理方法,并在一定的范围内进行会计估计,这就给企业操纵会计报表数据提供了可能,从而降低了财务信息的可信性。此外,企业相关资源由于受到客观条件的制约,并没有在财务报表中体现出来,如企业的人力资源价值等,但这些在财务报表中没有体现的内容也有可能对企业的未来发展产生重要影响。

由于财务报表反映的是企业各个方面的经济信息情况,财务分析人员不能只是依照公式进行财务报表分析,而是要为使用者提供有用的信息。因此,财务分析人员应先与使用者沟通,以满足不同的使用者对财务报表分析的需求。

(二) 非财务信息需要恰当使用

1. 非财务信息的特征

非财务信息是会计信息的一部分,可以由会计系统提供。它与财务信息的可定义性、可计量性、可靠性和相关性特征不同,非财务信息虽然具有较强的相关性,且部分非财务信息具有可计量性,但是大部分非财务信息不具有可定义性和可靠性。

与财务信息相比,非财务信息具有以下四个特点。一是空间上的广泛性。非财务信息可以来自企业内部,也可以来自企业外部,而财务信息主要来自企业内部。在网络时代,由于信息的交流变得更为通畅,非财务信息的获取途径也得到进一步扩展。二是时间上的延续性。非财务信息可能与企业过去的事项有关,也可能与企业现在甚至将来的事项有关,而财务信息一般只与企业过去的事项有关。三是非货币性。非财务信息一般不以货币形式出现,而且大多是一种定性的描述。四是真实性。由于非财务信息多而杂,且外部对它的重视程度不够,企业刻意去修饰它的可能性比财务信息要小。特别是外部的非财务信息,更加真实可信,一般不是企业所能控制的。

2. 非财务信息分析的重要性

(1) 非财务信息分析可以识别财务分析中无法识别的问题。非财务信息分析有助于信息使用者识别其在财务分析中无法识别的问题。

(2) 非财务信息分析有助于企业所有者更了解企业的发展前景。因为上市企业的所有权和经营权是相互分离的,企业所有者一般不参与企业的日常经营,这样易导致企业经营者与所有者之间产生信息不对称问题,从而产生道德风险和投机行为。非财务信息披露可以减少信息不对称问题,并提高企业财务信息的质量,从而对财务舞弊起到防范作用,使企业所有者更了解企业的经营状况与发展前景。

(3) 非财务信息分析有助于社会公众了解企业的财务状况。例如,通过市场占有率、顾客反馈等方面的非财务信息,信息使用者能够对企业的发展前景了解得更清楚,从而作出是否投资的决策。

(4) 非财务信息分析有助于企业管理者改进管理方式,提高企业生产经营的效率。例如,管理者可以通过资源利用情况、研发与创新情况、顾客满意度等非财务信息,了解企业在当前市场上所处的位置,发现经营生产中的问题,识别企业当前的机遇与挑战,并采取相应的措施改变生产战略,提高生产经营效率。

八、财务分析的路径和框架

财务分析的起点是阅读财务报表,终点是作出某种判断(包括评价和找出问题),中间步骤包括比较、分类、类比、归纳、演绎、分析和总结等。其中,分析和总结是两种最基本的逻辑思维方法。

财务报表作为企业财务状况、经营成果和现金流量的结构性表现,可以概括地揭示出企业各项经济活动产生的财务结果。企业的各种管理活动(包括战略管理、投融资管理、人力资源管理、营销管理以及运营管理等)作为保证企业各项经济活动更加有序、高效运行的措施和手段,其蕴含的管理理念也会形成一定的财务结果体现在财务报表中,但它不会直接体现为报表中的财务数据,而是隐藏在这些财务数据的背后。有效的财务分析可以从公开的财务数据中提取出潜藏的内部管理信息,有助于信息使用者了解企业的管理理念、管理风格以及企业战略的制定与实施状况,挖掘出与企业管理质量和治理效率有关的信息,从而对企业的质量和未来发展方向作出更科学的判断。

具体来说,企业战略的实施和投资管理质量决定了企业资产的结构和质量,企业的营销管理质量反映在企业营业收入、销售费用的规模与构成上,企业的融资管理、内部资金管理模式与管理质量则反映在企业的资本结构以及其他应收款、其他应付款、短期借款、财务费用等一系列特定项目上。因此,财务分析人员应该立足于企业所处的经营环境,结合企业的经营战略,充分识别和分析企业财务状况背后的管理质量。

本书不仅关注传统财务分析的数据计算,更关注对企业财务状况的分析与评价,力图从财务报表所反映的管理过程着手,分析财务报表中各要素与企业经营管理活动之间的内在联系,并基于企业的经营环境和经营战略,分析企业的经营状况和竞争优势,充分识别企业面临的各种机会和风险,以培养学生"业财融合"的思维,使其深入业务,实现由财务分析到经营分析的跨越。

本书强调的财务分析框架如图 1-1 所示。这样的分析框架能够从企业的财务数据追溯到企业的经营管理活动,从企业的财务状况透视企业的经营战略、管理质量,从而更加全面清晰地评价企业的整体经营情况,预测企业的发展前景,并对企业的经营活动以及未来发展提供决策支持。

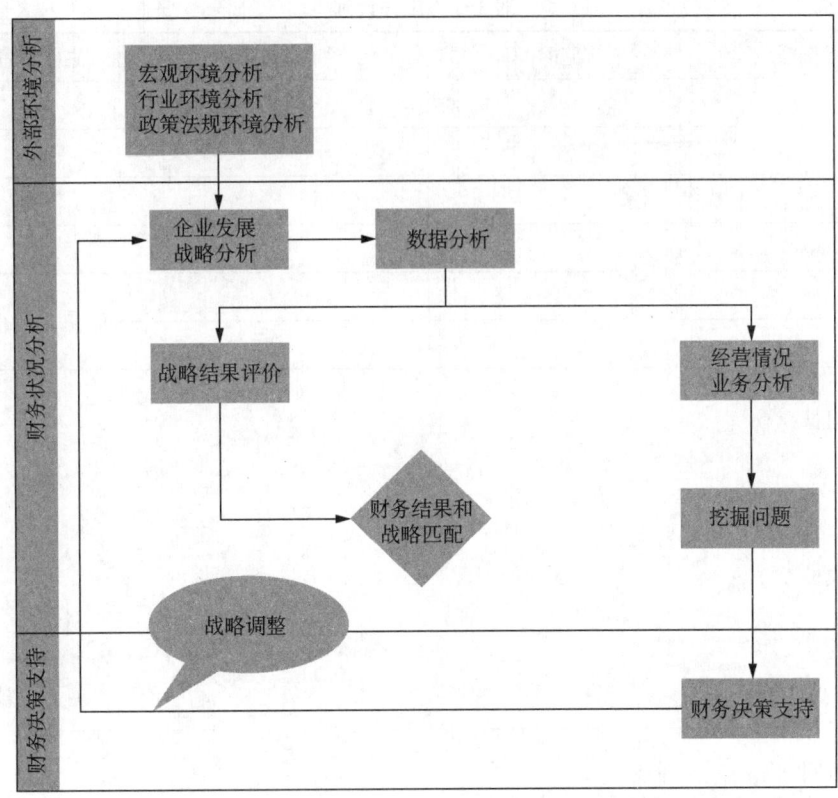

图 1-1 财务分析框架

第二节 实训任务

一、实训目标

了解企业财务管理的实际情况,在调研过程中找到影响企业财务管理的财务和非财务资料。

二、实训企业描述

联系一家企业,企业性质不限,企业规模为中等及以上,对企业的财务管理情况进行调研。调研的内容包括企业性质、规模、生产经营范围、机构设置、财务管理人员配备。

三、实训准备

(1) 学生分组。每组 6~8 人,确定 1 名正组长和 1 名副组长。
(2) 制订工作计划。每个小组制订工作计划,格式如表 1-1 所示。

表 1-1　工作计划

主要工作任务	实施时间	实施形式	主要负责人

实训小组组长：

实训小组成员：

年　　月　　日

指导老师审阅意见：

签名：
年　月　日

（3）确定调研企业。该企业可以从校企合作的企业中选择，也可以从上市企业中选择。

四、实训流程

（1）各小组与调研企业财务部门负责人联系，说明调研的目的、内容和要求。
（2）各小组到达调研企业后听取企业财务部门负责人对企业总体情况的介绍。
（3）各小组就计划调研问题与企业相关人员进行交流和沟通。
（4）各小组实地参观调研企业的财务部门和生产经营场所。
（5）各小组对调研企业的财务管理情况进行分析，并撰写调研报告。

五、完成调研报告

调研结束后，各小组撰写企业财务管理情况调研报告，格式如表 1-2 所示。

表 1-2　企业财务管理情况调研报告

一、企业概况
二、企业财务管理组织结构设置
三、企业财务经理岗位职责
四、企业对财务管理人员的素质要求

六、填写实训进度表

各小组根据任务完成时间填写实训进度表,格式如表 1-3 所示。

表 1-3　实训进度表

实训任务	完成时间	主要负责人
实训小组组长:		

七、实训评价

（1）各组将完成的企业财务管理情况调研报告上传至班级学习信息平台,如 qq 群、微信群、"雨课堂"等,并选派代表参加班级讨论交流。

（2）各组之间进行互评,并填写实训评价表,格式如表 1-4 所示。

表1-4 实训评价表

项目及分值	评分要点	得分
层次分明(30分)	条理清楚,逻辑严谨	
内容翔实(30分)	充分结合案例进行成因分析,内容具有一定的深度	
思考全面(20分)	全方位、多层次、多角度思考	
观点新颖(10分)	具有创新性观点	
表达清晰(10分)	语言流畅,举止大方得体	

 课后习题

一、单选题

1. 以下企业利益相关者,属于内部分析主体的是(　　)。
   A. 投资者　　　　B. 债权人　　　　C. 企业管理层　　　D. 监管机构
2. 从债权人的角度看,财务报表分析的最直接目的是(　　)。
   A. 盈利能力　　　B. 营运能力　　　C. 偿债能力　　　　D. 增长能力
3. 以财务报表中的某个总体指标为100%,计算出各组成项目占该总体指标的百分比,从而比较各个项目百分比的增减变动,揭示各个项目的相对地位和总体结构关系,以便于分析比较同一报表内各项目变动的适当性,判断有关财务活动的变化趋势,这种财务报表分析方法称为(　　)。
   A. 结构分析法　　B. 比率分析法　　C. 趋势分析法　　　D. 比较分析法
4. 将两期或连续数期的财务报表中的相同指标进行对比,确定其增减变动的方向、数额和幅度,以说明企业财务状况和经营成果的变动趋势,这种财务报表分析方法称为(　　)。
   A. 结构分析法　　B. 比率分析法　　C. 趋势分析法　　　D. 比较分析法
5. 决策依赖于评价,而评价建立在对比的基础上。究其本质,企业财务报表分析就是通过对比来发现问题,进而分析问题和解决问题。所以,企业财务报表分析的灵魂在于(　　)。
   A. 分析　　　　　B. 评价　　　　　C. 对比　　　　　　D. 决策

二、多选题

1. 财务报表分析的主体包括(　　)。
   A. 企业所有者　　B. 企业债权人　　C. 政府职能机构　　D. 社会中介机构
2. 财务报表分析的基本方法有(　　)。
   A. 结构分析法　　B. 比率分析法　　C. 比较分析法　　　D. 项目质量分析法
3. 财务报表分析框架的设计应以不同信息使用者的不同需求为导向,可以分别基于(　　)。
   A. 投资决策　　　B. 信贷决策　　　C. 定价决策　　　　D. 管理决策

4. 企业财务状况质量分析主要包括（　　）。
   A. 资产质量分析　　　　　　　　B. 资本结构质量分析
   C. 利润质量分析　　　　　　　　D. 现金流量质量分析
5. 通过企业财务状况质量分析，可以判断企业战略的遵守情况和实施后果，评价企业的管理质量。其分析路径包括（　　）。
   A. 背景分析　　　　　　　　　　B. 会计分析
   C. 财务分析　　　　　　　　　　D. 企业质量评价

三、综合题

各个行业企业的财务分析方法大同小异，都是依据会计准则对相关数据进行逻辑校验，即采用比率分析法和结构分析法等方法对已有的财务数据和科目进行分析判断，以确定企业真实的财务状况、经营成果和现金流量。大中型企业或上市企业在向信贷机构申请贷款时，它们提供的财务资料比较完整、规范，而小微企业的财务管理状况则差得多，其提供的财务资料也比较简单。因此，信贷人员在对小微企业进行财务分析时应主要抓住以下几点。

1. 总览财务报表，抓住重点数据

信贷人员在拿到企业报表或相关数据后，别急着去计算流动比率、资产负债率，而应对整个报表进行概览，看看审计报告是否为无保留意见，报表是否经过审查盖章，附注有没有特别表述，报表中有没有大额的资本公积、营业外收入、其他应付款等异常金额，以及应收账款、其他应收款有没有大额长期变动，或者某些指标有没有大幅变动等。如有上述情况，信贷人员应先行了解确认，再进行分析。

2. 权衡利弊关系，确认敏感数据

一套财务报表包含多个数据，但并不是所有数据都重要，其中与信用风险密切相关的数据可能只有二三十个，而影响风险判断的敏感数据则更少。因此，信贷人员应在进行财务分析前找出最关键的数据，如货币资金、存货、其他应收（付）款、短期贷款、财务费用、销售收入、净利润、经营活动产生的现金流量等，弄清有没有重大遗漏、虚增、虚减项目以及过大、过小的金额和比率。例如，当信贷人员发现"投资活动产生的现金"有较大的金额时，应审查对应期间的非流动资产是否有相应金额的变动；发现"取得借款收到的现金"有较大金额时，应审查"短期借款"期初期末金额变动是否与之对应、"财务费用"与上述借款金额对比是否符合当地的资金成本、"财务费用"是否与"支付的其他与筹资活动有关的现金"相对应、支付给职工以及为职工支付的现金（考虑五险一金等因素）除以年平均职工人数是否与当地年人均工资收入水平相符等。对于银行来说，借款人虚增资产和虚减负债都很可怕，相比较而言，虚减负债的风险更大。因为资产容易调查和核实，而隐藏的负债却不易。

3. 揭示风险因素，分析偿债能力

信贷机构与所有企业一样，在安全的基础上追求利益最大化是其根本的经营目标。信贷人员在审查企业的财务数据时，更多的是通过分析企业的营运能力、盈利能力等来判断其偿债能力。在各种财务指标和比率中，信贷机构更关心企业的偿债能力。例如，面对借款人的短期借款、应付账款和其他应付款等流动负债，信贷人员不仅要计算流动比率、速动比率,而且要分析这些流动负债的到期日,并根据企业的现金流情况判断上述负债是否能到期清偿。在财务报表中,资产负债表也许能证明企业实力强,利润表也许能证明企业赚钱,但是只有现金流量表才是"真金白银",因为现金流的轨迹较难造假,数据比较容易核实。因此,信贷机构很关心借款人的现金流量表。

4. 借助行业经验,判断风险水平

在信贷业务中,信贷人员仅有高超的财务分析能力是远远不够的,丰富的实践经验更加重要。例如,各行业的财务指标(如存货、收入、费用、成本)都有平均值或标准值,但有些地区、有些行业的财务指标与标准值就有非常大的差异,而且这些差异是非常合理的。此时,信贷人员如果没有行业经验就很容易出错。具体来讲,信贷人员经常通过税负率验证销售收入的真实性,如果某行业的平均税负率是2.63%,而当地的这一数据却是1.81%,那么有经验的信贷人员就知道这是当地政府、税务机关、企业行业协会、企业代表等共同确定的数据,既合理又客观;相反,没有经验的信贷人员就会对这一数据有疑。

思考: 请结合上述材料,谈一谈你认为在对中小企业进行财务分析时应该重点关注哪些财务信息和非财务信息。

拓展阅读

基于价值链视角的现代企业财务分析研究

作为具有先进性的一种管理思想,价值链管理正凭其普适性与先进性延伸到企业的诸多管理领域。财务管理和企业价值链管理的结合是价值链管理思想向内部管理领域不断延伸的必然结果。财务分析是企业财务管理过程中十分关键的一种手段,其和价值链分析的结合实际上就是价值链管理思想在企业财务管理中的反映。

企业和企业之间的差别,实际上在于各个企业价值链的差异性。然而,如何明确企业当前价值链中的关键点和关键要素,是目前企业管理层亟须解决的难题。实践表明,财务分析人员只有在不断的分析过程中明确实现企业战略的关键点和主要因素,才能进一步明晰企业经营管理的关键。以价值链为基础的财务分析是明确企业价值链中的关键点和关键因素的一种重要方法。与传统的财务分析相比,基于价值链视角的财务分析主要有以下四方面的特点。

(一) 财务分析的目的不同

传统财务分析的目的是对目标企业的经营业绩、财务成果作出正确判断,从而为企业的各方利益相关者提供决策和判断依据。价值链视角下的财务分析与传统财务分析有所不同:从企业外部价值链(包括横向价值链和纵向价值链)分析来看,其目的是通过明确企业上下游价值链的完善程度为企业的经营发展提供价值增值,以及为企业投资方向和长期发展战略提供指引;从企业内部价值链财务分析来看,其目的是降低生产和经营成本,完善、优化企业内部的业务流程,消除不增值作业,提升顾客价值。

(二) 财务分析的对象不同

传统的财务分析对象是企业本身的财务信息。企业在进行价值链财务分析时,除了要

对自身的财务信息、财务活动等进行分析,还要对与其自身发展相关的核心企业的财务业绩进行分析,因为这些相关企业中的任何相关环节如果发生重大变化,都会给本企业自身的经营成果带来影响。财务分析人员对企业财务活动的还原和分析不能仅仅局限于财务报告的数字,应该将分析的范围进一步扩大。对于企业内部财务分析来说,财务分析人员可以做一些项目信息采集、调查报告分析等;对于企业外部财务分析来说,外部相关企业的财务数据往往不容易取得,财务分析人员可以通过了解竞争对手的销售渠道和生产场地计算其在特定市场下的销售成本,还可以通过了解竞争对手的固定资产规模对其生产能力进行大致评估。

(三)财务分析的重点不同

在进行传统财务分析时,不同的利益相关者所关注的重点往往不同,其财务分析的重点也不同。例如,债权人关心的是企业的偿债能力,投资者关心的是企业的盈利能力。因此,不同价值链视角下其财务分析的重点也不同。基于企业内部价值链的财务分析,其分析重点是成本和顾客价值导向的管理。因为财务分析人员只有通过分析企业内部价值链各业务环节的成本,才能判断各个业务活动对企业价值和客户价值的贡献度,从而帮助管理人员优化、完善业务流程。基于企业外部价值链的财务分析,其分析的重点是成本和盈利。因为财务分析人员只有通过对上下游价值链进行财务分析,才能确定哪些环节是增值环节,从而帮助管理人员制定出增加企业核心竞争力的战略发展目标。

(四)财务分析的方法不同

常见的传统财务分析方法包括因素分析法和比较分析法两种。因素分析法具体又可以分为指标分解法、差额分析法、连环替代法等。比较分析法是指对两个或两个以上的可比数据进行对比,揭示出其差异和矛盾。价值链视角下的财务分析以比较分析法为主,通过比较各个业务活动的收益和成本,同时辅助参考相应的非财务指标,消除不增值作业。例如,在进行外部价值链财务分析时,财务分析人员通过比较价值链中不同企业的费用、成本和盈利找出整体产业链中的核心竞争能力,以制定改进措施。

参考资料来源:卫颖.基于价值链视角的现代企业财务分析研究[J].会计之友 2017(2):39-43.

思考:基于价值链视角的财务分析相较于传统的财务分析有何不同?

第二章 资产负债表分析实训

 知识目标

了解企业资产负债表的结构及作用;掌握资产质量的内涵、资产项目及资产结构的质量特征和分析方法;掌握资本结构的质量分析方法。

 能力目标

能够运用资产结构质量分析方法及资本结构质量分析方法考察企业资源配置战略的实施情况以及企业资本引入战略的有效性。

 思政目标

树立移动互联网时代"资源整合定成败"的理念;培养战略思维,学会用框架思维分析报表数据背后的秘密,提高防范财务舞弊的意识。

引导学生树立正确的价值观,培养学生坚持准则、诚实守信、不做假账的职业道德。

导引案例

那些看似完美的财报,是如何让你上当受骗的?

康美药业股份有限公司(现股票名为 ST 康美,以下简称康美药业)由马兴田创立于 1997 年,仅用时 4 年就从广东当地的不知名药企蜕变为上市公司,公司主营中药饮片、中药提取物、中药配方颗粒等。2018 年,康美药业市值一度逼近 1 400 亿元,但证监会的一则调查通知书却让公司陷入了无底的深渊。

2018 年年底,因涉嫌信息披露违规,康美药业遭到证监会调查,股价也随之暴跌。2019 年 5 月,证监会发布的调查进展显示,康美药业在 2016—2018 年分别多计货币资金 225.8 亿元、299.4 亿元和 361.9 亿元。康美药业在回复上交所监管函时表示,2017 年多计的 299.4 亿元货币资金中,有 201.47 亿元应计入存货,其中中药材采购款为 183.43 亿元,开发成本为 18.04 亿元。此外,公司 2016 年也有 179.34 亿元为已支付的中药材采购款,另有 8.55 亿元开发成本,均未计入存货。

> 财报显示,在 2016 年和 2017 年,康美药业原本的存货价值为 126.19 亿元和 157.00 亿元,经过公司的调整,这两项数值分别暴增至 314.08 亿元和 358.47 亿元。由于康美药业存货占资产总额的比重特别高,投资者和财务分析师对其存货真实性的质疑不断。2019 年康美药业发布会计差错更正公告,对合并财务报表进行了追溯调整,调整后其 2018 年年底存货余额高达 342.10 亿元,占其 746.28 亿元资产总额的 45.84%。同时,康美药业当年的银行借款、应付债券、应付账款和预收账款等刚性债务合计为 431.07 亿元。该公司能否按期足额偿还这些债务,在很大程度上取决于 342.10 亿元的存货是否属实。这批存货的真实性和公允性既关乎现有投资者和债权人的切身利益,也关系到潜在投资者和债权人的决策会不会被误导。
>
> 会计行业有一句流传颇广的话是"你度量什么,就得到什么"。也就是说,如果你度量的是会计指标,最终一定就会得到满足这一指标的数字。但是这个数字是否含有水分,是否隐藏着"财务陷阱",是需要你认真审视的。A 股市场曾发生过多起财务造假事件,如蓝田事件、银广夏事件、绿大地事件、獐子岛事件等。因此,财务分析人员在分析公司财务报表时,不应只关注财务数字,更应关注数字背后的含义。
>
> 参考资料来源:雷达财经.ST 康美 203 亿存货不翼而飞,财务"二次洗澡"?[EB/OL].(2021-04-20)[2021-04-30].http://finance.sina.com.cn/tech/2021-04-20/doc-ikmxzfmk7834552.shtml.
>
> **思考:**如何识别资产负债表背后隐藏的"陷阱"?

第一节 理 论 知 识

一、资产负债表的作用

资产负债表是反映企业在某一特定日期全部资产、负债和所有者权益情况的会计报表,表明企业在某一特定日期所拥有或控制的经济资源、承担的现时义务和所有者对净资产的要求权。它是揭示企业在一定时点财务状况的静态报表,反映企业资产、负债、所有者权益的总体规模和结构。

资产负债表是企业最重要的报表之一,是报表使用者了解企业资产质量、资本结构质量等内容并作出相应决策的重要工具。资产负债表的作用主要体现在以下五个方面。

(一)反映企业拥有或控制的经济资源及其分布情况

不同形态的资产对企业的经营活动有不同的影响,资产负债表可以反映企业在某一特定日期的资产总额及其结构情况,如流动资产、固定资产、长期投资和无形资产等资产的具体情况,从而有助于报表使用者对企业的资产质量和企业未来的经营发展情况进行预测。

(二)反映企业资金来源和构成情况

资产负债表可以反映企业资金的来源,即权益总额及其构成。一般来说,企业的资金很少全部来自投资者投入的资本或者债权人借入的资本,而负债和所有者权益在资金来源中往往各占一定的比重,这就是通常所说的资本结构。负债需要按期偿还,所有者权益是永久性资本,两者的占比情况反映了企业偿还长期债务的能力、债权人所冒的风险和企业财务的安全程度。

(三)反映企业偿债能力

我们通过资产负债表可以将企业的流动资产、速动资产与流动负债联系起来,从而评价企业的短期偿债能力。短期偿债能力对企业的短期债权人来说尤为重要。此外,我们通过分析企业的债务规模、债务结构及其所有者权益,可以对企业的长期偿债能力及举债能力作出评价。

(四)反映企业财务状况发展趋势

我们通过对不同时点企业资产负债表的比较,可以对企业财务状况的发展趋势作出判断。企业在某一特定日期的资产负债表对信息使用者的作用有限,我们只有把不同时点的资产负债表结合起来进行分析,才能把握企业财务状况的发展趋势。同样,我们将不同企业同一时点的资产负债表进行对比,还可对不同企业的相对财务状况作出评价。

(五)有助于使用者评价企业的资本结构和财务弹性

资本结构主要体现为负债与所有者权益的比值,有时候也表现为长期资金的结构,即非流动负债与所有者权益的对比关系。财务弹性是指企业应付各种挑战、适应各种变化和抓住各种机会的能力与变通性。资产负债表展示了企业的财务弹性,较强的财务弹性意味着企业不仅能够利用获利的机会,而且能够通过调整资本结构和财务杠杆的方式获取更多的利润。

二、资产质量的内涵

资产质量是指资产在特定的经济组织中实际发挥的效用与其预期效用之间的吻合程度。由于不同项目资产的属性各不相同,企业预先对其设定的效用也就各不相同。此外,不同的企业或同一企业在不同时期、不同环境之下,对同一项资产的预期效用也会有所差异。因此,我们对资产质量的分析要结合企业特定的经济环境,不能一概而论,要强调资产的相对有用性。企业对资产的安排和使用程度上的差异,即资产质量的好坏,将直接导致企业在实现利润、创造价值水平方面的差异。企业只有不断优化资产质量,促进资产的新陈代谢,保持资产的良性循环,才能长久地保持竞争优势。

三、资产质量的特征

资产质量的特征是指企业针对不同的资产项目,根据其具有的属性和功用所设定的预期效用。由于流动资产、对外投资、固定资产等各类资产在企业经营中所发挥的作用不同,企业对各类资产预期效用的设定也就各不相同,即不同的资产具有不同的质量特征。但总的来说,资产的质量特征可以体现在资产的盈利性、周转性和保值性三个方面。

(一)资产的盈利性

资产的盈利性是指资产在使用中能够为企业带来经济效益的能力,它强调的是资产能够为企业创造的价值。资产质量好的企业盈利性一般较高,而企业通过保持稳定的盈利能力就能够确保其资产升值。因此,资产的盈利性是资产运作结果和资产质量提升的直接表现。

(二)资产的周转性

资产的周转性是指资产在企业经营运作中的利用效率和周转速度,它强调的是资产被用作企业生产经营的物质基础这一效用。在相同条件下,资产的周转速度越快,说明该项资产与企业经营战略的吻合性越好,其为企业赚取收益的能力越强。因此,资产被利用得越频繁,说明该资产越有效,其质量越高。如果资产被闲置,资产的价值必然会受到损害,其质量就较差。

(三)资产的保值性

资产的保值性是指企业的非现金资产在未来不发生减值的可能性。在实务中,当某项资产的账面净值低于其可回收金额(即公允价值)时,企业通常要对其进行减值处理。资产发生减值的话,一方面会给企业带来减值损失,影响企业的当期业绩;另一方面也使债权人在受偿时蒙受损失(如抵押贷款),影响企业的未来信用。

四、资产结构的质量特征

资产结构是指企业总资产的构成情况及各项资产的占比情况。它既可以反映按照流动性确定的流动资产与非流动资产之间的比例关系,也可以反映按照利润贡献方式确定的经营性资产和投资性资产之间的比例关系,还可以反映按照企业业务板块确定的各类资产之间的比例关系。基于内部管理的角度,我们可以将资产分为经营性资产和投资性资产。经营性资产主要是指企业在自身经营活动中所动用的各项资产,如货币资金、债权、存货、固定资产和无形资产等。投资性资产是指企业准备长期持有的股票、债券等金融产品和金融衍生物。

不同的资产结构所表现出来的经济含义、管理含义具有显著区别,会从不同角度体现出企业资源配置战略的选择与实施状况。因此,企业资产结构质量分析的意义十分重大。总体而言,资产结构的质量应该具有以下四项特征。

(一)资产结构的有机整合性

资产结构的有机整合性是指企业中的各项资产经有机整合之后从整体上发挥效用的状况,它强调的是企业资产结构的增值性。企业管理的作用体现为最大限度地降低不良资产占用、加快资产周转以及获取更多的利润。任何资产项目,不管其自身的物理质量有多高,如果它不能与其他资产进行有机整合,发挥协同效应,为最终实现利润作出贡献,它都属于不良资产。资产结构的有机整合性要求企业不断进行资产结构的优化,尽量避免出现应收账款呆滞、存货积压、固定资产闲置、对外投资失控等情况。

(二)资产结构的整体流动性

资产结构的整体流动性可以用高流动性资产在总资产中的占比来衡量。一般来说,企业资产结构中高流动性资产的占比越大,企业资产的整体流动性就越强,企业的偿债能力就越强,其财务风险也越小。但是,这并不意味着企业中高流动性资产的占比越大越好,因为企业资产的流动性是为企业整体的发展目标服务的,企业管理所追求的应该是资产结构的整体流动性与盈利性的动态平衡。

另外,资产结构还会影响成本结构,从而决定企业的经营风险。这是因为,企业的各项成本可以大致分为固定成本和变动成本两类。其中,固定资产折旧和无形资产摊销都属于固定成本,或者说属于刚性成本。由于经营杠杆效应的存在,资产结构中固定资产等长期资产所占比例过大会给企业带来大规模的固定成本。这意味着企业或者行业的退出门槛很高,转型较难,运营效率较低,经营风险较大。因此,企业应该努力寻求一个合理的资产结构,在可能的情况下增强企业资产整体的流动性,从而尽可能减少生产经营面临的各种风险,为企业的可持续发展奠定坚实的基础。此外,我们在考察企业资产结构的整体流动性时,还要结合企业所处的特定行业,根据企业基本的资产结构特点对其进行分析。

(三)资产结构与资本结构的对应性

资产结构与资本结构的对应性主要体现在以下两个方面:第一,企业资产报酬率应能补偿企业资本成本;第二,资产结构中按照流动性划分的资产构成比例要与资金来源结构中按照期限划分的负债构成比例相匹配。企业的流动资产作为企业最有活力的资产,应能为企业偿还短期债务提供可靠保障。由于流动资产的收益率较低,其应主要由资本成本相对较低的短期资金来源提供支持;长期负债的资金占用成本较高,因而它应与企业的长期资产项目相匹配。有了这样的资产结构,企业才有可能在允许的范围内将资本成本和财务风险降至合理水平,从而达到最佳的生产经营状态。

(四)资产结构与企业战略的吻合性

企业的资源配置战略主要是靠资产的有机整合和配置来实现的,即无论资源配置战略的具体内容是什么,其在资产结构上的表现一定是资产项目之间的不同组合。企业之所以要确立其资源配置战略,并将其与竞争者的相关战略区分开来,完全是出于竞争的需要。尽管一个行业的经济特征在一定程度上限制了企业在参与行业竞争时资源配置战略的弹性,但是许多企业仍然可以通过制定符合自身需求的、难以复制的资源配置战略来保持竞争优势。

上市公司通常在年报的"经营情况讨论与分析"部分表述自身所选择的资源配置战略,而投资者和利益相关者可以通过考察企业资产中经营性资产与投资性资产的结构关系以及经营性资产的内部结构等情况,在一定程度上透视企业资源配置战略的具体实施情况。

五、企业资源配置战略分析

由于不同企业的资产结构存在显著差异,其背后涉及的企业资源配置战略也各不相同。我们可以按照企业经营性资产与投资性资产在资产总规模中的占比情况,将企业资源配置战略分为三种类型:①以经营性资产为主的经营主导型资源配置战略;②以投资性资产为主的投资主导型资源配置战略;③经营性资产与投资性资产占比比较均衡的经营与投资并重型资源配置战略。

(一)经营主导型资源配置战略分析

资产结构中以经营性资产为主的企业,其资源配置战略十分清晰:选择某个行业,在特定的商业模式下,以产品(或劳务)的生产与销售为主营业务,以一定的竞争战略(如低成本战略、差异化战略和聚焦战略等)和职能战略(如研发战略、采购战略、营销战略、财务战略、人力资源战略等)为基础,以固定资产、存货的内在联系及其与市场的关系管理为核心,为企业的利益相关者持续创造价值。

(二)投资主导型资源配置战略分析

资产结构中以投资性资产为主的企业往往是规模较大的企业集团。投资主导型企业的资源配置战略内涵如下:以多元化或一体化的总体战略为主导,以子公司采用适当的竞争战略、职能战略和融资战略(如吸纳少数股东入资、自身债务融资和对商业信用的利用等)为基础,以对子公司的经营性资产管理为核心,通过快速扩张为企业的利益相关者持续创造价值。投资主导型资源配置战略可以使企业在较短时间内通过直接投资或者并购实现做大做强的目标,从而在整体上保持竞争力和竞争地位。

(三)经营与投资并重型资源配置战略分析

经营与投资并重型企业实施的往往是积极而稳健的扩张战略,即一方面通过构建完备的生产经营系统和研发系统来维持企业的核心竞争力,另一方面通过对外控制性投资来实现跨越式发展。具体来讲,经营与投资并重型企业可以通过对自身经营性资产的保持实现较强的规模效应,占据一定的市场竞争地位,从而最大限度地降低核心资产的经营风险,使其固有的核心竞争力发挥到极致。与此同时,其又可以通过对产业与产品的多元化投资提升自身的竞争力,降低经营风险。

六、资本结构质量分析

资本结构质量分析不应局限于对企业财务风险和偿债能力方面的考察,单纯地强调资本结构对企业价值的影响,而应进一步深入地评价企业资本结构与企业当前以及未来发展的适应性。具体来说,企业资本结构质量分析主要应关注以下五个方面。

(一)资本成本与投资效益的匹配性

一般来说,资本成本是指企业取得和使用资本所付出的代价,主要包括筹资过程中的筹资费用和使用过程中的使用费用。从成本效益的角度来看,资本结构的质量取决于资本成本与投资效益的匹配性,因为只有当体现企业投资效益的资产报酬率大于企业的综合(或加权)资本成本时,企业才能在向资金提供者支付报酬以后获取适当的利润。也就是说,从财务效应的角度而言,质量较高的资本结构一般应表现为企业在融资后能够获得增量利润,即在企业具体的资本结构下所发生的综合资本成本不能超过企业利用这些资本所带来的投资收益。

(二)资本的期限结构与资产结构的协调性

从期限构成的角度来看,企业资本(资金来源)中的负债项目按照偿还期限的长短分为流动负债与非流动负债两部分,而所有者权益项目则属于企业获取的永久性资本。

按照财务管理理论,企业所筹集资金的用途决定了所筹集资金的类型:企业永久性流动资产和长期资产的增加应当通过长期资金来源(包括所有者权益和非流动负债)解决;企业由于季节性、临时性原因造成的流动资产变化则应由短期资金来源解决。

企业的资金来源如果不能与资金的用途相匹配,在用长期资金来源支持短期波动性流动资产的情形下,由于企业长期资金来源的资本成本相对较高,企业的效益将会下降;在用短期资金来源支持长期资产和永久性流动资产的情形下,由于企业的长期资产和永久性流动资产的周转时间相对较长,企业有可能出现"短融长投"现象,承受较大的短期偿债压力。

一般情况下,当企业资本的期限结构与资产结构相互协调时,企业的经营和资金周转会比较顺畅,企业的资本结构质量也会较高。

(三)资本结构面对企业未来资金需求的财务弹性

企业虽然可通过提高资本结构中的财务杠杆比率获得明显的财务杠杆效应和抵税效应,从而提高其自身价值,但在过高的财务杠杆比率下,企业财务将面临两个主要压力:一是不能正常偿还到期债务的本金和利息;二是在企业发生亏损时,可能会由于所有者权益的比重相对较小而使企业的债权人受到侵害,企业从潜在的债权人那里获得资金的难度也将会大大增加。也就是说,当企业未来发展面临资金需求时,债务融资的难度会因企业目前过高的杠杆比率而大大增加,企业只能通过权益融资来解决资金问题。这样就相应降低了企业的融资弹性,增加了融资难度。因此,一般情况下,具有过高的财务杠杆和财务风险的资本结构,会因适应企业未来资金需求的财务弹性较差而表现出相对较差的质量。

(四)资本结构所决定的控制权结构与治理结构的合理性

资本结构是企业融资的结果,它决定了企业的产权归属,也决定了不同投资主体的权益及其所承受的风险,它通常会受到企业经营理念的影响。一般情况下,企业通过两种途径解决巨额资金问题:一种是向银行举债融资,另一种是由投资者追加投资(上市公司可通过增发股票的方式融资)。在融资决策中,资本成本问题往往并不是企业考虑的关键,财务风险和控制权问题相比较而言更重要。如果过度举债融资,企业会因财务风险超过承受极限而面临"灭顶之灾";但如果过度权益融资,企业就可能出现控制权旁落,被恶意控股股东过度干预企业生产经营的情形。

此外,资本结构还决定了投资者对企业的控制程度和干预方式。股东对企业的控制方式和干预方式会因股权结构的不同而不同:如果股权比较集中,投资者拥有大额股份,他就会进入董事会,通过"用手投票"的方式来控制和干预企业经营;如果股权比较分散,单个投资者所占的股权比例很小,其大多通过在资本市场上"用脚投票"的方式间接实施对企业经营者行为和重大决策的控制及干预。

(五)资本结构所决定的利益相关者之间的和谐性与公平性

企业的所有利益相关者为增加企业价值这一目标而相互合作,构成了一个利益共同体。各利益相关者为了从企业中获得更多的财富,总是在界定产权的过程中朝着有利于自己的方向而努力。这一过程伴随着资源提供者向企业供给资源的增加或减少,以及资源提供者对企业控制权的此消彼长。因此,利益相关者之间的和谐性与公平性决定了企业的长期可持续发展性。

七、不同资本引入战略所带来的财务效应

在很多情况下,企业会灵活运用各类资本为自身发展提供充足的资本动力。基于战略视角,我们可以把企业负债分为经营性负债和金融性负债。经营性负债是指企业因经营活

动而发生的负债,如应付票据、应付账款、合同负债、预收账款等。金融性负债是指企业在筹资过程中产生的负债,如短期借款、长期借款和应付债券等。不同的资本引入战略显示了不同类型企业的资本驱动模式,会为企业带来不同的财务效应。

(一) 以经营性负债资本为主的经营驱动型企业

以经营性负债资本为主的经营驱动型企业往往处于行业的主导性地位,其经营性负债通常在负债中的占比较高。这类企业的战略内涵十分清晰,即利用自身独有的竞争优势,最大限度地占用上下游企业的资金,以支撑企业自身的经营与扩张。

以经营性负债资本为主的资本引入战略为企业带来的财务效应包括:第一,企业经营与扩张所需资金大量来自没有资金成本的上下游企业,从而最大限度地降低企业的资本成本;第二,应付账款完全利用企业自身的商业信用形成,没有固定的付款时间要求,而预收款项的负债规模包含了毛利因素,有高预收款项企业的实际负债规模并没有计算出来的资产负债率高,这些经营性负债所取得的资金会在一定程度上降低企业的偿债压力;第三,在一定程度上固化了企业与上下游企业的业务与财务联系,使其成为统一的经济联盟体。

当然,也存在一种例外情况,即当企业的经营活动缺乏市场竞争力,资金周转不灵、难以为继时,其资产负债表会表现为经营性负债长期居高不下。但是,此种财务状况不是企业实施资本引入战略的结果,而是企业出现严重经营困难所导致的。

(二) 以金融性负债资本为主的举债融资驱动型企业

以金融性负债资本为主的举债融资驱动型企业往往是一些得到国家政策扶持的大中型企业,其金融性负债在负债总规模中的占比通常较高。这类企业要么处于快速扩张阶段,股东投资和经营性负债难以满足其巨额的资金需求;要么得到政府的扶持而获得了大量的政策性贷款。例如,能源、交通、房地产等行业中的企业通常都会表现出高负债率的特点。这类企业的战略内涵十分清晰,即在一定的融资环境下,最大限度地利用企业的融资能力获得充足的资金,以支持企业发展,尽可能使企业在较短时间内快速壮大。

以金融性负债资本为主的资本引入战略为企业带来的财务效应包括:第一,向银行等金融机构举债或者通过资本市场进行债务融资,虽然可以有效解决企业发展过程中的资金问题,但会给企业带来较大的偿付压力和财务风险;第二,由于债务融资均存在一定的资本成本,企业的利息负担会成为企业发展的一把"双刃剑",即一些盈利前景较好的企业会借此驶入发展的快车道,而一些盈利状况堪忧的企业将会因资金链断裂而陷入财务困境;第三,为降低融资环境动态不确定性的影响,企业极易出现过度融资问题。

(三) 以股东入资资本为主的股东驱动型企业

以股东入资为主的股东驱动型企业往往是处于初级发展阶段的企业。例如,大量的创新创业企业和互联网企业在初创期都是靠获得风险投资得以存活,即所谓的"烧钱"模式。在这个阶段,债务融资活动和经营活动还难以为企业带来经营与发展所需的资金,其资产负债表的特点为:股东权益中的"实收资本(或者股本)"和"资本公积"这两个项目的规模占比较大。企业在经过一段时期的发展后,这种状况可能会随着其商业信用和盈利能力的提升而有所改变。当然,如果企业在经营一段时期之后,其资本引入战略仍然表现为股东驱动型,则意味着企业的产品经营持续不能获得理想的利润,企业的债务融资能力较差,或者企业在债务融资方面没有作为。

以股东入资资本为主的资本引入战略为企业带来的财务效应包括以下三个方面。第一，股东投入的资本会在很大程度上由企业的盈利状况决定，这种资本引入战略会极大地缓解企业的经营成本压力（主要是人工成本和资本成本）。这一点对于初创企业的持续经营尤为关键。第二，在非现金入资的情况下，股东入资资产估价的公允性会影响企业未来的资产报酬率和权益报酬率，这会在一定程度上改变股东间的利益关系。第三，股东入资所带来的资源优势和投资偏好会显著影响企业的经营战略以及企业未来的发展方向。

（四）以留存资本为主的利润驱动型企业

以留存资本为主的利润驱动型企业，其盈余公积和未分配利润在企业负债与股东权益中的占比通常较高（至少其盈余公积和未分配利润之和要大于实收资本与资本公积之和）。这种类型的企业一般在行业中处于优势地位，盈利能力较强，在长期发展过程中积累了相当规模的留存收益。从本质上讲，企业用留存资本来支持其后续发展等同于股东对企业的再投资。因此，利润驱动型企业的发展战略内涵与股东驱动型企业的发展战略内涵是一致的。

以留存资本为主的资本引入战略为企业带来的财务效应包括：第一，留存收益成为企业资本的主要来源，从而大大降低了企业融资的外部依赖性、企业的财务风险和经营压力；第二，通常这类企业的盈利能力很强，在行业中具有较明显的竞争优势，在资本市场上也易受追捧。

如果企业长期坚持这种资本引入战略而不积极增加债务融资和股权融资比例，则通常意味着其经营战略和融资战略过于保守，没有利用自身优势积极筹措资金，以寻求更大、更快的发展，这样其反而有可能成为竞争对手企业的收购对象。

（五）均衡利用各类资本的并重驱动型企业

均衡利用各类资本的并重驱动型企业是指那些发展到一定阶段，能够综合利用各种资本进一步发展的企业。实际上，在企业发展的不同阶段，不同类型资本的贡献度会有明显的差异。因此，均衡利用各类资本的并重驱动型企业在不同发展阶段的资本引入战略内涵也会有所不同。

第二节　职业能力训练

一、资产结构质量分析

（一）资源配置战略——经营主导型企业

企业在实施不同的资源配置战略时，其资产结构会表现出显著的差异。下面我们以云南白药集团股份有限公司（以下简称云南白药集团）为例，对其进行财务分析。其2016—2020年的主要资产项目如表2-1所示。从表2-1中的资源配置来看，云南白药集团属于经营驱动型企业，其资产结构以经营性资产为主，且企业货币资金、存货、应收票据和应收账款的规模在不断发展变化，而与多元化战略密切相关的对外控制性投资规模与经营性资产规模相比则长期偏低，如长期股权投资。云南白药集团目前的总体战略是"强中央，突两翼",即持续做好药品、健康品、中药资源、医药商业四大业务板块,同时发力拓展医美、骨伤科领域,依法稳步推进工业大麻业务,积极寻求新赛道突破口。在该战略下,其产品生态圈不断完善,产品线持续拓展,核心竞争力不断增强。同时,云南白药集团经过重组改革和顶层设计,不断打造新的产业基础和发展平台,充分发挥改革带来的人员、资质、技术、品牌、渠道等方面的资源聚合优势。

表2-1　2016—2020年云南白药集团主要资产项目　　　　　　　　　　　　　单位:万元

项目	2016年	2017年	2018年	2019年	2020年
货币资金	329 260.88	266 632.64	301 713.08	1 299 420.72	1 527 972.67
应收票据	394 336.18	429 335.08	317 374.43	180 793.45	302 743.29
应收账款	101 203.64	123 381.03	185 337.78	203 797.07	355 416.14
存货	691 803.04	866 327.85	999 401.22	1 174 686.05	1 099 034.67
固定资产	178 231.94	174 537.17	171 529.06	200 866.99	309 679.17
经营性资产合计	2 242 150.13	2 076 388.39	2 290 034.56	3 869 238.19	4 191 505.77
预付款项	46 614.12	41 796.03	60 214.78	57 752.12	46 529.71
其他应收款	5 808.39	13 894.85	32 350.12	39 914.50	28 769.43
长期股权投资	—	76.80	110.56	31 745.99	32 894.92
资产总计	2 458 664.60	2 770 253.05	3 037 759.01	4 965 804.91	5 521 944.82

(二) 运营模式——轻资产战略

尽管一个行业的经济特征在一定程度上限制了企业参与行业竞争时可供选择的资源配置战略的弹性,但是许多企业仍然可以通过制定符合自身特定需求的、难以复制的发展战略来保持竞争优势。2016—2020年云南白药集团总体流动性变化如图2-1所示。

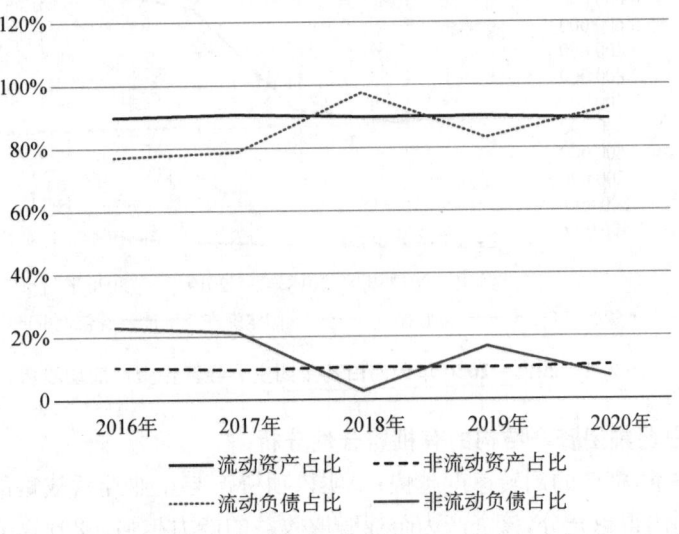

图2-1　2016—2020年云南白药集团总体流动性变化

从图2-1可知,云南白药集团的流动资产占比和流动负债占比表现出两个明显特征:第一,流动资产历年占比比较稳定,波动幅度较小;第二,流动资产和流动负债的占比相对偏高。从资产本身来说,流动性是衡量一个机构支付能力的重要方面,流动资产的占比越大,表明资产的流动性越强。

从2016—2020年的数据来看,云南白药集团的流动资产占比始终保持在90%左右,说明其资产的流动性较强,而且这种优势能够常年保持,这对企业战略的机动性安排具有很大的帮助。此外,流动资产占比高说明云南白药集团的日常生产经营较为活跃。该集团采用轻资产盈利模式的经营策略,以外延式扩张为导向,以先进的技术、人力资源、品牌知名度、供应链管理能力等为核心,其资产主要以流动资产为主,固定资产占比较低,即集团在厂房、生产线、机器设备等固定资产方面投入较少,而在研发设计方面投入了大量的资金。这也进一步说明,云南白药集团重视研发设计、企业品牌建设等增强企业软实力的环节,将发展核心放在附加值较高的研发设计、终端销售等环节。

(三)主要资产项目变化分析

生物医药行业近年来一直保持持续增长的趋势,在此背景下,2016—2019年云南白药集团完成了混合所有制改革,以体制创新进一步激发企业的发展动能。其中,创新研发成为云南白药集团未来发展的关键动能,其经营规模和资金体量得到显著提升。2016—2020年云南白药集团主要经营性资产变动趋势如图2-2所示。相关资料表明,企业资产规模及货币资金的提升为其向创新引领型企业转型奠定了物质基础,同时混合所有制改革也完善了企业市场化的体制机制。2020年云南白药集团固定资产的增加主要是其健康产业项目——文山七花有限责任公司搬迁扩建项目完工带来的房屋建筑物、机器设备增加。

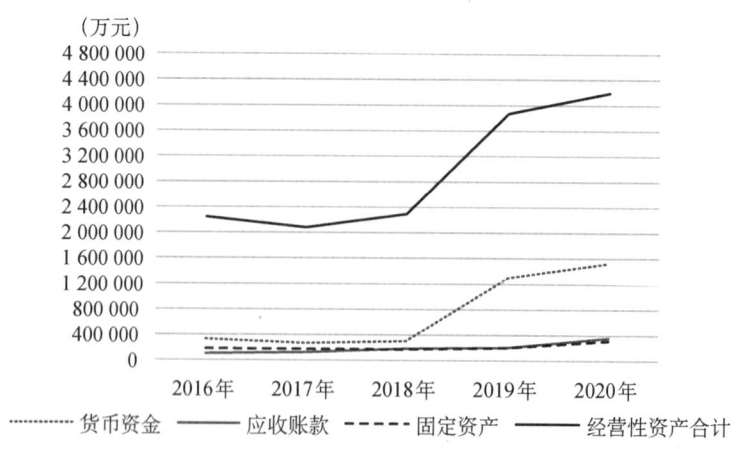

图2-2 2016—2020年云南白药集团主要经营性资产变动趋势

(四)云南白药集团资产结构的有机整合性分析

在相同条件下,资产的周转速度越快,说明该项资产与企业经营战略的吻合性越高,即企业对该资产利用得越充分,该资产为企业赚取收益的能力越强。2016—2020年云南白药集团资产周转情况如表2-2所示。

表 2-2 2016—2020 年云南白药集团资产周转情况

项目	2016 年	2017 年	2018 年	2019 年	2020 年
应收账款周转率	4.66	4.64	5.06	6.69	6.28
流动资产周转率	1.15	1.03	1.02	0.82	0.70
固定资产周转率	13.10	13.79	15.44	15.93	12.83
存货周转率	2.51	2.15	1.99	1.95	2.08
总资产周转率	1.02	0.93	0.92	0.74	0.62

从表 2-2 可以看出,该集团的总资产周转率和流动资产周转率处于逐年下降的状态。这是因为公司在存货上的投资很大,导致流动资产周转效率降低。其中,存货周转率在 2017 年下降幅度较大,表明该集团出现了一定的库存压力。因为医药行业是一个产品密集型行业,该集团在日常经营中需要生产大量的产品并会产生相应的库存。同时,云南白药集团在引入战略投资者后[①]又要进行一定的资源整合,占用了一定的资金,其整体存货周转率有所降低。但 2018 年后,云南白药集团存货周转率的下降幅度开始趋于平缓,2020 年还有所提升。

云南白药集团的总资产周转率变化也在 2017 年引入战略投资者后明显趋于缓和。这主要是由于引入的战略投资者能给被投资企业带来财务协同作用,提高其资金利用率。此外,2016—2019 年云南白药集团的固定资产周转率逐步上升,说明其投资回报能力在增强。

二、资本结构质量分析

(一) 资产与资本结构的对应性

当资本结构与资产结构相互协调时,企业的经营会比较顺畅,其资本结构才有可能表现出较高的质量。2016—2020 年云南白药集团资产及权益规模如表 2-3 所示。

表 2-3 2016—2020 年云南白药集团资产及权益规模 单位:万元

项目	2016 年	2017 年	2018 年	2019 年	2020 年
流动资产合计	2 206 768.72	2 510 355.70	2 728 350.13	4 470 136.76	4 926 088.02
非流动资产合计	251 895.88	259 897.35	309 408.88	495 668.15	595 856.80
资产总计	2 458 664.60	2 770 253.05	3 037 759.01	4 965 804.91	5 521 944.82
流动负债合计	673 462.62	752 436.94	1 018 637.05	961 457.91	1 563 657.76
非流动负债合计	200 849.32	203 524.37	26 873.02	194 356.22	123 885.02
负债合计	874 311.94	955 961.31	1 045 510.07	1 155 814.13	1 687 542.78
所有者权益(或股东权益)合计	1 584 352.66	1 814 291.74	1 992 248.94	3 809 990.78	3 834 402.04

---

① 云南白药集团分别于 2017 年 3 月和 2017 年 6 月发布公告称,引入新华都实业集团股份有限公司和江苏鱼跃医疗设备股份有限公司作为云南白药集团的战略投资者。

我们根据表2-3中的数据可以看出,云南白药集团的总资产从2016年的2 458 664.61万元扩张到2020年的5 521 944.82万元,增长了124.59%。但在资产扩张的同时,其负债的扩张速度相对较慢,为93.01%。因此,总体来看,该集团的经营战略比较稳健,集团发展追求"稳扎稳打",在"强中央,突两翼"及大健康产业的战略下实现了企业稳步发展,没有因为追求短期效益而盲目扩张。

(二)资本驱动模式——经营驱动型企业

经营性负债资本也称商业信用资本,是指企业在自身的经营活动中通过商业信用所获得的资本。经营性负债资本在资产负债表中主要体现为应付票据、应付账款和预收款项等。2016—2020年云南白药集团主要经营性负债规模如表2-4所示。从表2-4中可以看出,云南白药集团属于以经营性负债资本为主的经营驱动型企业,其负债主要集中于应付票据、应付账款、预收款项这几个项目中,在竞争优势极其明显的情况下,该集团采用预收方式进行产品销售并通过赊购方式进行原材料采购,说明其与供应商议价的能力较强。云南白药集团的战略内涵十分清晰:利用自身独有的竞争优势,最大限度地占用上下游企业的资金,以降低资本成本,加速自身的经营与扩张。同时,这种经营战略也在一定程度上固化了其与上下游企业的业务与财务联系,使它们成为云南白药集团的经济盟友。

表2-4 2016—2020年云南白药集团主要经营性负债规模 单位:万元

项目	2016年	2017年	2018年	2019年	2020年
应付票据及应付账款	437 997.63	456 980.81	561 553.06	624 393.33	631 557.85
应付票据	118 433.46	98 596.39	139 347.84	165 340.59	167 868.75
应付账款	319 564.17	358 384.42	422 205.22	459 052.74	463 689.10
预收款项	106 991.28	108 830.80	85 907.01	116 633.67	188.35
流动负债合计	673 462.62	752 436.94	1 018 637.05	961 457.91	1 563 657.76
负债合计	874 311.94	955 961.31	1 045 510.07	1 155 814.13	1 687 542.78
应付票据及应付账款占流动负债的比例	65.04%	60.73%	55.13%	64.94%	40.39%
预收款项占负债的比例	12.24%	11.38%	8.22%	10.09%	0.01%
流动负债占负债的比例	77.03%	78.71%	97.43%	83.18%	92.66%

(三)资本结构适应企业未来资金需求的财务弹性

一般情况下,具有过高财务杠杆和财务风险的资本结构会因其适应企业未来资金需求的财务弹性较差而表现出相对较差的质量。2016—2020年云南白药集团资产负债率变化情况如图2-3所示。从图2-3可以看出,5年来云南白药集团的资产负债率波动不大,说明其财务风险被控制在一定范围内;对于投资者来说,该集团存在较高的安全边际。由表 2-4 可知,云南白药集团的流动负债占比较高,且其应付票据和应付账款在负债中所占的比重较大。其原因主要是中药材原料供应商与云南白药集团之间存在赊销交易。这一点也间接反映了云南白药集团在业界具有良好的口碑,因为应付账款完全是利用企业自身的商业信用形成的,没有固定的付款时间要求。这样企业才能够采取先使用原料后结算款项的核心战略。

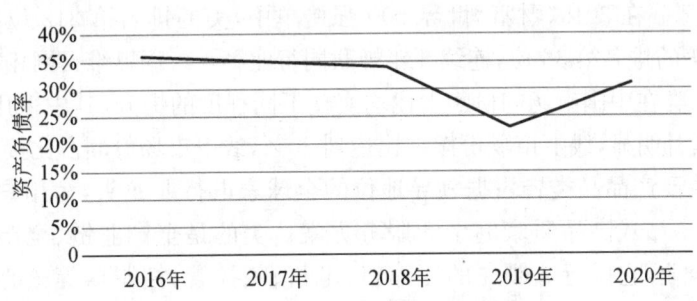

图 2-3 2016—2020 年云南白药集团资产负债率变化

(四)资本成本与投资效益的匹配性

相关资料显示,云南白药集团采用轻资产运营模式,利用自身在供应商和经销商中的话语权,针对自制产品主要采用"先款后货"的方式与经销商签订年度协议、约定付款期限等,利用上下游资金进行生产。此外,云南白药集团具有完善的供应商筛选制度,即从盈利水平、产品质量、企业文化等方面考察供应商的资质,以便与供应商建立长久而良好的关系,争取更长的还款期限,从而充分占用产业链上下游企业的资金,形成无息负债,进一步降低运营成本,节省更多的资源,获取更大的利润。

第三节 实训任务

一、实训任务 1:美的资产负债表分析

(一)实训目标

(1)根据美的近 5 年的财务报表,分析其资产结构。
(2)结合行业特征,分析美的的资产质量。
(3)对美的的资本结构进行质量分析。
(3)通过对美的资产结构质量的分析,考察其资源配置战略的实施情况。
(4)分析美的资本结构的战略吻合性。

(二)实训企业描述

美的集团股份有限公司(简称美的)成立于 1968 年,目前已经成为一家集智能家居事业群、机电事业群、暖通与楼宇事业部、机器人及自动化事业部、数字化创新业务五大板块为

一体的全球化科技集团,其产品及服务惠及全球200多个国家和地区约4亿用户,主要业务包括:以厨房家电、冰箱、洗衣机及各类小家电为主的消费电器业务;以家用空调、中央空调、供暖及通风系统为主的暖通空调业务;以库卡集团、安川机器人合资公司等为核心的机器人及工业自动化系统业务;以安得智联为集成解决方案服务平台的智能供应链业务。

2019年,美的实现营业收入2 793.81亿元,同比增长6.71%;实现净利润242.11亿元,同比增长19.68%。在2019《财富》世界500强榜单中,美的排名第312位,在《财富》中国500强榜单中,美的排名第36位,连续5年蝉联同行业第一。据奥维云网相关数据,2019年美的主要家电品类在中国市场的份额占比均实现不同程度的提升,其中家用空调产品在全渠道份额占比提升明显,线上市场份额占比达到30%,线下市场份额占比接近29%。

美的作为主要产品品类皆占据领导地位的全球家电行业龙头,为用户提供覆盖全产品线、全品类的一站式高品质家庭生活服务方案。美的是全产业链、全产品线的家电及暖通空调系统企业,它以行业领先的压缩机、电机、磁控管、控制器等核心部件研发制造技术为支撑,结合强大的物流及服务能力,形成了包括关键部件与整机研发、制造和销售为一体的完整产业链,其各主要产品品类均居行业领导地位。基于家电产品的智能化发展趋势,家电产品的兼容、配合及互动变得越发重要,拥有全品类家电产品线的美的在构建统一、兼容的智慧家居平台以及向用户提供一体化的家庭解决方案方面已具备领先优势。

美的着力于构建具有全球竞争力的多层级研发体系,具备以用户体验及产品功能为本的全球一流研发实力,2019年其研发投入超过100亿元,在包括中国在内的11个国家设有28个研究中心,逐步形成"4+2"全球化研发网络。美的在国内以顺德总部全球创新中心为核心,创建了上海全球创新园区;在海外以美国研发中心、德国研发中心、日本研发中心、意大利米兰设计中心为主,发挥区域优势,整合全球研发资源,优化全球研发布局。美的研发人员现已超过10 000人,其中外籍资深专家超过500人。在强化全球研发布局的同时,美的一方面与国内外顶级科研机构开展合作,建立联合实验室,共同深化技术创新;另一方面与巴斯夫、霍尼韦尔等科技公司开展战略合作,多渠道构建全球创新生态系统。美的关注与聚焦技术创新、用户创新、产品创新、设计创新及开放式创新体系建设,加强先行研究体系构建,布局中长期技术储备,为其保持持续领先的产品技术优势奠定了稳固基础。

凭借持续的全球资源配置与产业投入,以及全球领先的制造水平、规模优势,美的的全球运营能力及全球产业布局更趋坚实。例如,一系列全球资源并购整合及新产业拓展的有效完成,进一步奠定了美的全球运营的坚实基础及其在机器人与智能自动化领域的领先能力。

(三) 实训准备

(1) 学生分组。每组6~8人,确定1名正组长和1名副组长。

(2) 学生分工。由组长对组内学生按任务要求进行合理分工。

(3) 制订工作计划。每个小组制订工作计划,格式如表2-5所示。

表 2-5　工作计划

主要工作任务	实施时间	实施形式	主要负责人

实训小组组长：

实训小组成员：

年　　月　　日

指导老师审阅意见：

签名：

年　　月　　日

（四）实训流程

（1）各小组学习实训目标和实训描述，复习资源配置战略相关知识，确定分析思路和拟使用的分析方法。

（2）各小组讨论制订工作计划。

（3）指导老师审阅各小组制订的工作计划，并签批。

（4）各小组通过网络收集美的近 5 年的财务报表、年度报告、公司资讯、公司研究报告等信息。

（5）各小组选定至少 2 家同行业公司作为对比公司，并通过网络收集这些对比公司近 5 年的财务报表、年度报告、公司资讯、公司研究报告等信息，做同行对比分析。

（6）各小组运用多种分析方法对美的的资源配置战略进行分析，并根据分析结果总结美的存在的问题，给出针对性建议。

（7）各小组撰写美的资产负债表分析报告。

（五）完成分析报告

各小组根据分析结果撰写美的资产负债表分析报告，具体格式如表 2-6 所示。

表 2-6 美的资产负债表分析报告

1. 运营模式与资产结构分析
2. 行业特征与资产质量分析
3. 资源配置战略分析
4. 发展战略与资本结构分析
5. 资本引入战略分析
6. 经营情况与主要资产负债表项目变化分析

(六) 填写实训进度表

各小组根据任务完成时间填写实训进度表,格式如表 2-7 所示。

表 2-7 实训进度表

实训任务	完成时间	主要负责人

实训小组组长:

(七) 实训评价

(1) 各组将完成的美的集团资产负债表分析报告上传至班级学习信息平台,如 qq 群、微信群、"雨课堂"等,并选派代表参加班级讨论交流。

(2) 各组之间进行互评,并填写实训评价表,格式如表 2-8 所示。

表 2-8 实训评价表

项目及分值	评分要点	得分
层次分明(30 分)	条理清楚,逻辑严谨	
内容翔实(30 分)	充分结合案例进行成因分析,内容具有一定的深度	
思考全面(20 分)	全方位、多层次、多角度思考	
观点新颖(10 分)	具有创新性观点	
表达清晰(10 分)	语言流畅,举止大方得体	

二、实训任务 2:特变电工资产负债表分析

(一) 实训目标

(1) 根据特变电工近 5 年的财务报表,分析其资产结构。

(2) 结合行业特征,分析特变电工的资产质量。

(3) 对特变电工的资本结构质量进行分析。

(4) 根据特变电工的资产结构质量,考察企业资源配置战略的实施情况。

(5) 分析特变电工的资本结构与公司发展战略的吻合性。

(二) 实训企业描述

特变电工股份有限公司(简称特变电工)是为全球能源事业提供系统解决方案的服务商,是国家级高新技术企业和中国大型能源装备制造企业。该公司所处行业主要为输变电行业、新能源行业及能源行业,主营业务包括输变电业务、新能源业务及能源业务。由 2 万余名员工组成,培育了"一高两新"(输变电高端制造、新能源、新材料)国家三大战略性新兴产业。

该公司各主营业务拥有完整的研发、采购、生产、销售、售后服务体系。其中,输变电业务围绕产品特点,主要采取"以销定产"的经营模式,仅根据市场需求少量生产部分标准化产品并根据市场情况销售;新能源多晶硅业务根据市场情况制订生产和销售计划,保证公司多晶硅产品生产、销售顺利进行;新能源电站业务通过工程承包、建设—移交等方式进行风、光资源开发及建设,为新能源电站提供全面的能源解决方案;能源业务主要经营火力发电及供热,采用"以销定产"模式,与客户建立长期战略合作关系并签订长期合同。

特变电工以新发展理念引领企业转型升级,聚焦"中国制造 2025""互联网+""新电改""工业 4.0"等重大发展机遇,坚持制造业与制造服务业"双轮驱动"发展,围绕"一特四

大"国家能源发展战略和国家重点项目建设,启动了一批自主创新项目,取得了一大批关键核心技术的重大突破。特变电工通过构建协同创新平台,充分释放和有效集成信息、技术、资本、人才等各种创新资源和要素,提升自主创新能力和科技创新整体效能,推进科技创新驱动发展。此外,特变电工重视科技创新工作,按照以市场为导向、产学研深度融合的要求,发挥企业在科技创新中的主体作用,把"特高压"真正打造成中国制造的金色名片,为"一带一路"建设提供坚实的能源装备保障,为创新型国家建设贡献更多力量。

(三) 实训准备

(1) 学生分组。每组 6~8 人,确定 1 名正组长和 1 名副组长。

(2) 学生分工。由组长对组内学生按任务要求进行合理分工。

(3) 制订工作计划。每个小组制订工作计划,格式如表 2-9 所示。

表 2-9 工作计划

主要工作任务	实施时间	实施形式	主要负责人

实训小组组长:

实训小组成员:

年　月　日

指导老师审阅意见:

签名:

年　月　日

(四)实训流程

(1) 各小组学习实训目标和实训描述,复习资源配置战略相关知识,确定分析思路和拟使用的分析方法。

(2) 各小组讨论制订工作计划。

(3) 指导老师审阅各小组制订的工作计划,并签批。

(4) 各小组通过网络收集特变电工近5年的财务报表、年度报告、公司资讯、公司研究报告等信息。

(5) 各小组选定至少2家同行业公司作为对比公司,并通过网络收集这些对比公司近5年的财务报表、年度报告、公司资讯、公司研究报告等信息,做同行对比分析。

(6) 各小组运用多种方法对特变电工的资源配置战略进行分析,根据分析结果总结特变电工存在的问题,并给出针对性建议。

(7) 各小组撰写特变电工资产负债表分析报告。

(五)完成分析报告

各小组根据分析结果撰写特变电工资产负债表分析报告,格式如表2-10所示。

表2-10 特变电工资产负债表分析报告

1. 运营模式与资产结构分析
2. 行业特征与资产质量分析
3. 资源配置战略分析
4. 发展战略与资本结构分析
5. 资本引入战略分析
6. 经营情况与主要资产负债表项目变化分析

(六)填写实训进度表

各小组根据任务完成时间,填写实训进度表,格式如表2-11所示。

表 2-11 实训进度表

实训任务	完成时间	主要负责人
实训小组组长：		

(七) 实训评价

(1) 各组将完成的特变电工资产负债表分析报告上传至班级学习信息平台，如 qq 群、微信群、"雨课堂"等，并选派代表参加班级讨论交流。

(2) 各组之间进行互评，并填写实训评价表，格式如表 2-12 所示。

表 2-12 实训评价表

项目及分值	评分要点	得分
层次分明(30分)	条理清楚，逻辑严谨	
内容翔实(30分)	充分结合案例进行成因分析，内容具有一定的深度	
思考全面(20分)	全方位、多层次、多角度思考	
观点新颖(10分)	具有创新性观点	
表达清晰(10分)	语言流畅，举止大方得体	

 课后习题

一、单选题

1. 存货的毛利率在很大程度上反映企业在日常经营活动中的初始获利空间，也可以体现存货项目的盈利性。因此，通过对存货毛利率的走势进行分析，可以考察存货的(   )。

   A. 周转性　　　　B. 保值性　　　　C. 盈利性　　　　D. 时效性

2. 对于一般的企业来说，账龄在 1 年以内的应收账款在应收账款总额中所占比重越大，应收账款的(   )通常就越高。

   A. 盈利性　　　　B. 周转性　　　　C. 灵活性　　　　D. 时效性

3. 企业的（　　）主要是靠资产的有机整合实现的，无论战略的具体内容是什么，在资产结构上的表现一定是资产项目之间的不同组合。
   A. 发展战略　　　　B. 竞争战略　　　　C. 资源配置战略　　D. 资本引入战略
4. 长期股权投资项目的（　　）呈现出较大的波动性，具体要依据投资目的和方向、年内所发生的重大变化、投资所运用的资产种类、投资收益确认方法等诸多因素来确定。
   A. 盈利性　　　　　B. 周转性　　　　　C. 保值性　　　　　D. 时效性
5. 从对企业偿债能力进行分析的角度来看，可以将固定资产分为具有增值潜力的固定资产和无增值潜力（贬值）的固定资产两类，应综合考虑特定固定资产的技术状况、市场状况和企业对特定固定资产的使用目的等因素来确定其（　　）。
   A. 盈利性　　　　　B. 周转性　　　　　C. 保值性　　　　　D. 时效性

二、多选题

1. 流动负债的质量分析主要应关注（　　）。
   A. 流动负债的强制性
   B. 企业短期贷款规模包含的融资质量信息
   C. 经营性负债的规模、结构及其变化所包含的经营质量信息
   D. 资本成本与资产报酬率的对比关系分析
   E. 企业税金缴纳情况与税务环境
2. 评价企业的资本结构质量时，应主要关注（　　）。
   A. 资本成本与投资效益的匹配性
   B. 资本的期限结构与资产结构的协调性
   C. 资本结构面对企业未来资金需求的财务弹性
   D. 资本结构所决定的控制权结构与治理结构的合理性
   E. 资本结构所决定的利益相关者之间的和谐性与公平性
3. 如果我们跳开传统资产负债表中负债和所有者权益的分类方式，对企业的全部资本（或资金）在战略视角下按照其融资渠道重新分类，可以将其分为（　　）。
   A. 经营性负债资本　　　　　　　B. 金融性负债资本
   C. 股东投入资本　　　　　　　　D. 社会捐赠资本
   E. 企业留存资本
4. 资产负债表的作用主要有（　　）。
   A. 有助于分析和评价企业的偿债能力
   B. 有助于分析和评价企业的现金流转状况
   C. 有助于分析和评价企业的营运能力和盈利能力
   D. 有助于解释、评价和预测企业的财务状况质量和未来发展趋势
   E. 有助于了解和判断企业有关方面战略的制定与实施情况，透视企业的管理质量
5. 资产质量的属性主要包括（　　）。
   A. 相对性　　　　　　　　　　　B. 时效性
   C. 灵活性　　　　　　　　　　　D. 层次性
   E. 特定性

三、综合题

雅戈尔集团股份有限公司(简称雅戈尔)在2019年年报中提到,近年来,雅戈尔始终围绕着"转移、转型、传承"六字方针工作。经过几年的艰苦努力,雅戈尔的生产中心基本转移到成本较低的区域,并产生了一定成效。雅戈尔的转型升级工作主要围绕智能制造和智慧营销两大方向。其中,智能制造以标准化、自动化、信息化、数字化、智能化、平台化为目标扎实地向前推进,在行业内取得了公认的好评;智慧营销方面遵循"六个标准"不断探索,即强大的品牌品类、有竞争力的成本、快速反应的体系、舒适的体验平台、高科技的应用和线上线下的深度融合。

雅戈尔的主要业务包括品牌服装、地产开发和投资业务。公司未来将进一步聚焦服装主业的发展,除了战略性投资和继续履行投资承诺,公司将不再开展非主业领域的财务性股权投资,并择机处置既有财务性股权投资项目。

思考: 请结合雅戈尔的资产负债表分析该公司的资源配置战略,并思考公司发展战略的调整对资产负债表项目有哪些影响?

 拓展阅读

互联网企业商业模式如何作用于企业价值创造
——以Facebook公司为例

一、Facebook公司商业模式概述

在互联网时代,互联网企业可采用的商业模式有多种,如采用专业化平台商业模式的互联网企业主要有微软、华为、迪士尼、海底捞等,而采用第三方平台商业模式的互联网企业主要有淘宝、腾讯、Facebook(脸书)等。本文以Facebook公司为例,通过资产负债表对其资产结构进行分析,结果表明:①公司的流动资产平均占比高达51%,其资产的流动性和快速变现能力极好;②公司没有存货,应收账款占比常年保持在10%以下(这也是传统工业经济商业模式与互联网企业商业模式在资产负债表上的本质区别);③一直以来公司的固定资产占比均保持在13%左右,主要的固定资产就是办公场所和服务器设备(这说明公司的退出壁垒和潜在的经营风险都较低,企业的自由选择权较高);④平均商誉占比高达到27%,可见其对外投资了不少公司,而且对行业内企业实行整合战略。

通过以上分析,我们可以发现Facebook公司的资产负债率极低,在2012—2017年维持在10%左右的水平,权益乘数维持在1.15左右的水平,财务杠杆较小。总体上来看,Facebook公司的资产流动性较好,变现能力较强,固定资产占比较低,营运资本较多,资产负债率极低。这些恰恰是轻资产商业模式的财务特征。

二、互联网经济背景下Facebook公司商业模式创新路径的启示

(一)平台战略

Facebook提供产品平台、技术平台、商业平台,并针对用户的特性(包括年龄、地理位置、兴趣和爱好)为广告商订制不同的广告投放计划。正是通过平台连接,厂商和顾客不仅强化了信息流动,消除了信息的不对称性,而且完成了价值的双向互动。淘宝为供需双方

建立社群,并为其提供价值交换的平台,而淘宝只付出数据计算支持和服务成本就可以获得巨额的广告费用,这与Facebook有着异曲同工之妙。由此可见,互联网企业只有加大对平台研发的投入,搭建具有特色的网络平台,才能吸引大量的用户。

(二)免费战略

Facebook公司一开始能够吸引众多的用户,不仅是因为它是一个能为用户带来社交、娱乐等的效用平台,更重要的是它的免费战略,即用户只要通过实名认证就可以免费使用该平台。仔细观察近几年内市场上崛起的诸多互联网企业,它们无一不是通过"免费试用""赠券抵扣"等商业模式吸引大量的使用者。因此,免费战略是新经济时代互联网企业快速攻占市场、拿下高市场份额的一项利器。

(三)轻资产战略

轻资产商业模式是指企业的资源配置和资本结构具有以"轻"为特点的一种独特的商业模式。如前所述,Facebook公司采用的就是这样的一种商业模式,此外,苹果、耐克、小米等企业采用的也都是轻资产商业模式。在互联网经济时代,轻资产商业模式以投入小产出大、资金运营灵活、核心竞争优势明显等特点越来越受到企业的青睐。因此,改善资产结构,把资金投入高附加值的环节,提升其核心竞争力和盈利能力,增加企业的现金储备,对企业的良性运转有着重要的意义。

(四)生态战略

除了以上三个可以从财务报表的勾稽关系中直接看到的商业模式,Facebook公司还在实施一项更加新颖的商业模式,即生态战略(生态布局)。具体来讲,生态战略就是其基于自身的核心竞争力,通过传统的公司边界形成自己的生态圈,创造价值增量。因为Facebook拥有大量的黏性客户,它可以通过投资行业内其他公司进行流量导入和业务组合,并对所获得的海量数据进行分析与掌控,从而进一步扩大作为核心竞争力的用户数据。在我国,百度、阿里巴巴、腾讯是最先采用生态战略的公司,并通过生态战略的应用不断扩大自己的市场。例如,腾讯基于微信和QQ等社交平台进行流量导入,并联合滴滴打车、京东商城、饿了么等外部应用实现便捷支付,从而形成自己的流量闭环。

参考资料来源:杨君岐,崔环珠,陈馨雨.互联网企业商业模式如何作用于企业价值创造——以Facebook为例[J].财会通讯,2020(2):173-176.

思考: 传统工业经济商业模式与互联网企业商业模式在资产负债表上有什么区别?

第三章 利润表分析实训

 知识目标

理解利润表的作用;掌握利润表的基本内容、具体结构以及与利润表项目相关的质量分析方法。

 能力目标

能够运用相关理论,从复杂的财务资料中分析企业的利润质量,对企业的利润质量作出评价,并提出改进的对策建议。

思政目标

使学生形成"财务自律"的职业态度,树立企业应主动承担社会责任、追求利润质量、可持续发展的价值观。

教育学生深刻认识企业利润质量对国家税费贡献的重大意义;培养学生严谨仔细、严格按会计规范办事的工作作风。

 **导引案例**

上市公司调节利润的手段及分析

一、通过多种手段跨期调节利润

(一)随意改变对股权投资的核算方法

有的上市公司在持股比例不变的情况下,仅通过派驻董事或将部分表决权暂时委托给其他投资方等方式改变股权投资的核算方法,从而确认大额投资收益。有的上市公司主动向法院申请对发生亏损且净资产为负的子公司进行破产重整,据此不再将该子公司纳入合并报表范围,从而产生大额子公司处置收益。

(二)随意确认商誉减值损失

有的上市公司在其子公司业绩明显下滑、未实现业绩承诺时,少确认甚至不确认商誉减值损失;其收购的子公司在承诺期内业绩不达标或踩线达标时,不计提商誉减值,承诺期满后大幅计提商誉减值。

(三)利用应收账款减值准备的计提和转回调节利润

有的上市公司在原有坏账计提方法的基础上,通过新增"低信用风险组合"转回大额坏账损失;在当年盈利无望时,通过对按单项计提的应收账款确认大额坏账损失实现业绩"大洗澡"。

(四)不满足条件下确认收入

有的上市公司在销售产品时全额确认收入,包括政府补贴款。但政府补贴款项的取得须满足一定条件,公司在收入确认时未充分考虑补贴款的不确定性。

(五)混淆会计差错更正与会计估计变更

有的上市公司在资产负债表日后发现实际发生费用与以往年估计计提的金额不符时,并不区分原因,全部将其作为前期差错更正调整以前的年度财务报表,以避免新增的费用计入报告期损益。有的上市公司因合同纠纷被起诉,一审判决已败诉,公司很可能需要承担赔偿义务,但公司并不确认预计负债,而是在实际赔偿时将其作为会计估计变更计入当期损益。

二、通过构造交易调节利润

(一)通过年末突击交易增加利润

有的上市公司在年末挂牌出售土地,并确认处置收益。有的上市公司在年末挂牌转让子公司股权,签订相应资产转让协议,并于当年确认处置收益。但通常情况下,短时间内公司较难满足搬迁、解除抵押等土地交付条件或完成控制权的转移。这类因业绩压力而进行的突击交易,其合理性存疑。

(二)通过关联方交易虚增利润

有的上市公司出于业绩压力,将房屋、土地使用权等非流动资产转让给关联方,转让价格显著高于市场价格。有的上市公司当年利润的主要来源是向关联方出售厂房等资产性交易。这些上市公司通过资产处置确认大额收益,但其关联交易的商业合理性以及交易价格的公允性值得关注。

参考资料来源:AaronDing 资产评估.八大上市公司调节利润的手段及案例分析[EB/OL].(2019-10-31)[2021-05-30].https://mp.weixin.qq.com/s/RePlYrS4a2UqsDYF5c6EGQ.

思考:我们在对利润表进行分析时应关注哪些变化?

第一节 理论知识

一、利润表概述

利润表是总括地反映企业一定期间内经营成果及其分配情况的会计报表。它是一种动态的报表,主要揭示企业在一定期间(月、季、年)内的收入、费用、利润(或亏损)情况。

(一) 利润表中各项目的相关概念及其特征

1. 收入

1) 概念

收入是指企业在日常活动中形成的、会导致所有者权益增加的、与所有者投入资本无关的经济利益的总流入,包括销售商品收入、提供劳务收入和让渡资产使用权收入等。

2) 特征

(1) 强调日常活动。收入从企业的日常活动中取得,而不是从偶发的交易或事项中取得。

(2) 强调货币或非货币资产以及所有者权益的增加。收入可能表现为企业的货币资产或非货币资产的增加,也可能表现为企业负债的减少;收入能导致企业所有者权益的增加。

(3) 强调本企业的经济利益。收入只包括流入本企业的经济利益,不包括企业为第三方或客户代收的款项。

2. 费用

1) 概念

费用是指企业在日常活动中发生的、会导致所有者权益减少的、与向所有者分配利润无关的经济利益的总流出,主要包括营业成本、营业税金及附加、管理费用、财务费用、销售费用、所得税费用等。

由于费用是为了取得收入而发生的,费用的确认范围与确认时间应当遵循配比原则,与相应收入的确认范围与确认时间相联系。

2) 特征

(1) 强调日常活动。费用一般发生在企业的日常活动中,而不是发生在偶发的交易或事项中。

(2) 强调货币或非货币资产以及所有者权益的减少。费用可能表现为企业货币资产或非货币资产的减少;费用能导致企业所有者权益的减少。

(3) 强调本企业的经济利益。费用只包括流出本企业的经济利益,不包括企业为第三方或客户垫付的款项。

3. 利润

1) 概念

利润是指企业在一定会计期间内的经营成果。利润包括收入减去费用后的净额、投资收益以及直接计入当期利润的利得和损失等。

2) 特征

(1) 强调经营成果。利润既包括企业在日常活动中产生的经营成果,也包括企业在偶发的交易或事项等非日常活动中产生的经营成果。它是企业当期业绩的全面反映。

(2) 强调货币或非货币资产以及所有者权益的变化。利润既可能表现为企业货币资产的增加,也可能表现为非货币资产的增加。利润会导致企业所有者权益的增加,亏损会导致企业所有者权益的减少。利润是在权责发生制会计基础上计算出来的,所以利润与现金流不一定同步。

(3) 存在主观因素。在权责发生制下,因为费用的确认时间和计量金额等均需要一些人为的估计和判断,所以利润的确认有一定的人为因素和可操纵性。

(二) 利润表的格式

利润表的格式主要有单步式和多步式两种。其中,多步式利润表由表头、表体和补充资料组成,它按照利润形成的主要环节列示一些中间性利润指标,通过营业利润、利润总额、净利润和综合收益四个层次来分步披露企业的收益,详细地揭示企业收益的形成过程。我国企业会计制度规定,企业的利润表采用多步式。

利润表中各项目的计算公式如下:

毛利＝营业收入－营业成本

核心利润＝毛利－税金及附加－期间费用(销售费用、管理费用、研发费用、利息费用)

营业利润＝核心利润＋利息收入－资产减值损失－信用减值损失
　　　　＋其他收益＋投资收益＋公允价值变动收益＋资产处置收益

利润总额＝营业利润＋营业外收入－营业外支出

净利润＝利润总额－所得税费用

综合收益总额＝净利润＋其他综合收益的税后净额

(三) 利润表的作用

1. 反映企业的经营成果、盈利能力和偿债能力

经营成果是企业的有效劳动成果,由净利润和综合收益组成。经营成果是一个绝对值指标,可以反映企业财富增长的规模。盈利能力是一个相对值指标,是指企业运用一定经济资源(如人力、物力)获取经营成果的能力。这里的经济资源因报表用户的不同需要而有所区别,可以是资产总额、净资产,也可以是资产的耗费(成本或费用),还可以是投入的人力(如职工人数)。偿债能力是指企业以资产清偿债务的能力。企业的偿债能力不仅取决于企业资产的流动性和企业的资本结构,也取决于企业的盈利能力。利润表本身并不提供偿债能力的信息,但债权人和管理部门可以通过分析、比较利润表的有关信息,间接地评价和预测企业的偿债能力,尤其是长期偿债能力,进而作出各种信贷决策和改进企业管理工作的决策。

2. 反映企业经营战略的实施效果

利润表反映了企业经营战略的实施效果,便于企业的股东和债权人据此对企业经营战略的实施情况进行评价。

3. 反映企业各部门及相关人员的业绩

企业管理者通过对利润表上各项收入、费用、成本及收益前后期的增减变动情况进行比较,并考察其增减变动的原因,可以较为客观地评价各职能部门和各生产经营单位的绩效,以及这些部门和人员的绩效与整个企业经营成果的关系,及时作出采购、生产销售、筹资和人事等方面的调整,使各项活动趋于合理。

4. 为企业经营决策提供科学依据

企业管理者通过比较和分析利润表中的各项构成要素,可以知悉各项收入、成本、费用与收益的增减变化,找出利润的主要来源,发现工作中存在的问题,找出差距,改善经营管

理,努力增收节支,作出合理的经营决策。

二、利润表项目质量分析

(一) 营业收入项目质量分析

营业收入是指企业在日常活动中形成的经济利益的总流入。其中,日常活动主要包括销售商品、提供劳务及他人使用本企业资产等。营业收入只有保持不断增长且有足够的现金回款才是合理、有效的。

1. 营业收入的品种构成分析

营业收入的品种构成情况对于利润质量分析具有重要意义。通常情况下,企业营业收入构成可能同时包括多种产品或者劳务,而在营业收入中占比较大的产品或劳务是企业利润的主要增长点。因此,我们可以通过分析这类产品或者劳务的未来发展趋势判断企业业绩的持续性。

企业会根据市场环境变化、经营战略调整、竞争优势变化等信息调整收入品种构成。因此,我们可以通过分析企业开发和生产的具有竞争优势的关键性产品判断企业未来营业收入的发展趋势。

此外,在分析企业营业收入品种构成时,我们还需要考察企业现有业务结构与企业战略之间的吻合性,因为只有符合企业发展战略的业务才是高质量的业务。

2. 营业收入的地区构成分析

企业应该针对不同地区提供不同的产品和劳务。其中,占企业总收入比重大的地区是企业营业收入的重点区域和业绩增长点。同时,企业管理者要关注该地区消费偏好和消费习惯的改变,以便正确判断企业业绩的持续性和发展前景。

此外,企业管理者还要考虑地区经济总量、地区经济发展前景、国内政治经济环境、国际政治经济环境和国际化经营战略等因素对本地区行业和企业的影响,以便正确评价企业的地区业绩和营业收入质量。

3. 营业收入的客户构成分析

正常情况下,客户越分散、市场化程度越高、行业竞争力越强,则企业的收入持续性越好、坏账越少、回款越多,即企业营业收入的质量越好;反之,客户越集中、市场化程度越低、行业竞争力越弱,则企业的收入持续性就越差、坏账越多、回款越少,即企业营业收入的质量越差。因此,财务报表信息使用者应该关注客户集中度等因素,以便正确判断营业收入的质量。

4. 营业收入中的关联方交易收入占比分析

关联方购销、提供或接受劳务、抵押或担保以及租赁等行为是企业操纵利润的常用手段。但关联方交易一般存在重大风险,值得关注和防范。财务报表信息使用者必须关注与营业收入相关的交易价格、交易时间等非市场化因素,以获取其交易的真实性和企业参与市场竞争的情况。因为企业的核心竞争力来自其参与市场竞争的持续能力,没有参与市场竞争而获取的营业收入是没有质量的。

5. 营业收入中通过部门或地区行政手段干预获取的收入占比分析

改革开放以来,我国一直进行公司产权改革,并取得了很大的成就。但有些上市公司的大股东为地方政府,其有能力完全控制公司,并通过行政手段严重影响这些上市公司的营业收入。这些上市公司的业绩始终需要借力于地方政府的行政手段,如果政府的扶持政策发生改变,则其营业收入不能保证。因此,这种营业收入是没有质量的。

(二)营业成本项目质量分析

按照配比性要求,营业成本是指与营业收入相关并已经确定了归属期和归属对象的成本。企业的类型不同,其营业成本不同,如制造业或工业企业的营业成本为已销产品的生产成本,商品流通企业的营业成本为已销商品的购进成本,服务类企业的营业成本为服务成本。

我们在对企业的营业成本进行质量分析时,应关注以下三个方面。

(1)营业成本的计算是否真实?会计核算方法的选择是否恰当、稳健?当期有无发生变更?其变更是否对营业成本产生较大影响?

(2)营业成本是否存在异常波动?哪些是暂时性因素?哪些是对企业长期发展造成影响的因素?影响程度如何?

(3)关联交易及地方政府的行政手段对企业"低营业成本"的贡献如何?其持续性如何?

此外,财务报表信息使用者应重点关注并判断企业"低营业成本"的成因,如企业"低营业成本"是由关联方交易造成的还是由地方政府行政手段造成的,以及它对营业总成本的影响程度和持续性。

(三)期间费用项目质量分析

期间费用是指不受企业产品产量或商品销量增减变动影响,不能直接或间接地归属于某个特定对象的各种费用。企业的期间费用规模相对固定,我们不能简单地通过金额的多少来评判其质量的好坏。影响期间费用质量的因素一般有两个:一是成本效益因素,即只要期间费用产生的效益大于其成本,企业就应该扩大期间费用支出额度,追求成本效益最大化;二是行为心理因素,因为适当的费用宽松可以调动员工的积极性、创造性、主动性和忠诚度,所以只要增量效益大于增量费用,企业就应该增加期间费用。

1. 销售费用项目质量分析

销售费用是指企业在销售商品和材料、提供劳务的过程中发生的费用,如展览费、广告费、促销费等。销售费用质量分析一般应从以下三个方面进行。

(1)分析相关比率:计算销售费用与营业收入和核心利润的比率,通过同行业比较和前后期比较,考察销售费用支出的有效性。

(2)分析销售费用与营销策略的相关性:关注销售费用中不同项目对改善企业销售能力、促进企业长期发展的贡献,考察销售费用的长期效应。

(3)分析销售费用异常波动的合理性:在销售费用存在异常波动的情况下,判断销售费用的波动是销售策略造成的还是人为因素造成的。

2. 管理费用项目质量分析

管理费用是指企业行政管理部门为管理和组织企业生产经营活动而发生的各项费用支出,如企业统一负担的管理人员的职工薪酬、差旅费、办公费、劳动保险费、职工待业保险费、业务招待费、董事会会费、工会经费、职工教育经费和咨询费等。

管理费用的支出规模应该与企业规模相匹配,但有些管理费用不宜盲目降低,如企业薪酬、职工教育经费等,这些项目的控制或压缩会对企业的长远发展产生不利影响。管理费用质量分析一般应从以下三个方面进行。

(1) 分析相关比率:计算管理费用与营业收入和核心利润的比率,通过同行业比较和前后期比较,考察管理费用支出的有效性。

(2) 分析管理费用与管理策略的相关性:关注管理费用中不同项目对改善企业管理能力、促进企业长期发展的贡献,考察管理费用的长期效应。

(3) 分析管理费用异常波动的合理性:在管理费用存在异常波动的情况下,判断管理费用的波动是管理策略造成的还是人为因素造成的。

3. 研发费用项目质量分析

研发费用是指企业为开发新技术、新产品、新工艺而发生的各项费用,如研发人员的薪酬,研发过程中直接投入的各项费用,与研发有关的固定资产折旧费、无形资产摊销费以及新产品设计费等。

研发费用会直接减少当期营业利润,但从长期来看,研发费用对维持企业技术能力、竞争能力和发展潜力具有重大意义。我们在分析企业研发费用规模的恰当性时,应结合企业的营业收入规模、行业技术特征、同行业中主要竞争对手的研发状况、企业收入和毛利率的持续变化情况等多方面因素进行判断。

4. 利息费用项目质量分析

利息费用是指特定会计期间内企业在资金的筹集和运用中发生的各项利息支出。利息费用质量分析一般应从以下三个方面进行。

(1) 分析贷款规模的恰当性:贷款规模的减少可以降低利息费用、增加当期利润,但贷款规模的减少应有一定的限度,不能影响企业对未来资金的需求,否则将限制企业发展。

(2) 分析贷款利息率:财务分析人员应主要关注可控性因素的影响,比如融资环境、企业信誉等方面的变化,对于不可控因素的影响不作重点分析。

(3) 分析贷款期限:贷款期限的长短应该与企业对未来资金需求的时间相匹配。

(四) 资产与信用减值损失项目质量分析

资产减值损失是指企业计提各种资产减值准备所形成的损失。其中,金融资产减值所形成的预期信用损失即为信用减值损失。能够产生减值损失的资产主要有债权、存货、固定资产、无形资产及长期股权投资等。

一般来说,我们应从以下两个方面对企业资产与信用减值损失项目质量进行分析。

(1) 在谨慎性原则下,我们应选择账面价值与公允价值较低的一个作为资产价值的披露标准。如果企业资产按照其账面价值进行披露,不需要计提任何减值准备,说明其资产质量良好。

(2) 在对各项资产进行减值测试时,我们应根据会计估计确定各项资产的公允价值,而会计估计使用的恰当性会直接影响企业利润的真实性与利润质量。

(五) 其他收益项目质量分析

其他收益是指那些与职工日常活动相关但不宜确认为收入或成本费用的政府补助,主要包括：对企业成本费用或损失的补偿，如对成本费用的补贴、超税负返还、研发费用补助等；对日常经营行为的补助，如增值税即征即退的税收优惠。需要注意的是，与企业日常活动无关的政府补助如自然灾害补助具有偶发性，应该记入"营业外收入"科目。

其他收益项目质量分析一般应从以下四个方面进行。

（1）分析企业经济业务是否与政府政策相关。

（2）深入研究政策，分析企业是否能够继续获得政府补助。

（3）分析获得政府补助后的企业主营业务是否具有市场竞争力。

（4）分析政府补助政策改变后（比如停止补助）企业是否有竞争力。

（六）公允价值变动收益项目质量分析

公允价值变动收益是指能够以公允价值计量且其变动计入当期损益的金融资产、投资性房地产等项目的公允价值变动所形成的计入当期损益的利得或损失。

公允价值变动收益项目质量分析一般从以下两个方面进行。

（1）分析公允价值变动收益是否具有含金量：能够以公允价值计量且其变动计入当期损益的金融资产、投资性房地产等项目只要没有出售交割，其利得或损失即为浮盈或浮亏，就不会产生现金流，此时的公允价值变动收益就没有含金量。

（2）分析投资性房地产公允价值的主观性：在不活跃市场和不正常情况下，投资性房地产的公允价值分析有一定的主观性，这会影响企业利润的真实性。

（七）投资收益项目质量分析

投资收益是指企业对外投资所取得的收益（或发生的损失）。它是由企业拥有或控制的投资性资产所带来的收益，如投资性资产的持有收益、投资性资产的处置收益、投资性资产的类别转换收益等。

投资收益项目质量分析一般应从以下两个方面进行。

（1）分析投资收益的含金量：投资收益含金量的高低主要取决于现金股利政策是宽松还是紧缩。

（2）分析投资收益是否具有持续性：高质量的投资收益应该具有持续增长性。

（八）资产处置收益项目质量分析

资产处置收益是指企业处置划分为持有待售的非流动资产时产生的处置利得或损失，以及处置未划分为持有待售的固定资产、在建工程、生产性生物资产及无形资产而产生的处置利得或损失。

我们在进行资产处置收益项目质量分析时要注意，虽然资产处置收益可以改善企业的营业利润，但是这种"改善"和企业的营业收入没有关系，且不具有持续性。

（九）营业外收入与支出项目质量分析

营业外收入与支出是指企业获取的与其日常生产经营活动没有直接关系的各种收入和各项损失，如非货币性资产交换利得、一次性政府补贴、盘盈利得、盘亏损失、非常损失、罚款支出等。

营业外收入与支出项目质量分析一般应注意以下三个方面。

（1）分析营业外收入与支出的配比性。

(2) 分析营业外收入和支出的持续性。

(3) 分析营业外收入与支出在企业利润中的占比情况。

(十) 所得税费用项目质量分析

所得税费用是指企业应从当期利润总额中扣除的税费。所得税费用、应交所得税、递延所得税资产、递延所得税负债之间存在如下关系：

$$所得税费用 = 调整后的会计利润 \times 所得税税率$$

$$应交所得税 = 应纳税所得额 \times 所得税税率$$

$$递延所得税资产 = 应交所得税 - 所得税费用（应交所得税 > 所得税费用）$$

$$递延所得税负债 = 应交所得税 - 所得税费用（应交所得税 < 所得税费用）$$

所得税费用的计算基数是根据会计准则调整后的会计利润，当会计准则和税法在确认应税项目和可抵扣项目方面存在不一致的规定时，企业应交所得税和所得税费用之间就会出差异。因此，从两者差异的大小可以看出会计准则和税法在确认该企业经营成果问题上的分歧大小。

(十一) 其他综合收益项目质量分析

其他综合收益是指企业根据会计准则的规定未在当期损益中确认的各项利得和损失。其他综合收益项目质量分析一般应注意以下两个方面。

(1) 其他综合收益在当期属于未实现损益，既不纳入计税范围，也不会带来实际的现金流量。

(2) 其他综合收益在未来可能会影响企业的经营成果，因此它对信息使用者具有预测价值。

三、利润质量分析

企业生产经营活动的目的是最大限度地获取利润，为此，企业必须具备采购能力、生产能力、营销能力、创新能力、费用管控能力及规避风险能力等。在实际中，我们往往会遇到这样的企业，其利润表的利润金额很大，但其盈利能力很弱，这就是企业的利润质量出了问题。因此，财务分析人员在进行利润分析时，除了关注利润金额的大小，更应该关注利润的质量，即利润的含金量、利润的持续性和利润与企业战略的吻合性等问题。

利润的含金量强调企业获得现金的能力，利润的持续性强调企业的成长能力，利润与企业战略的吻合性强调企业战略的实施效果。

(一) 利润的含金量分析

利润的含金量是指企业主要利润构成项目获得现金流量的能力。利润表是在权责发生制的会计基础上编制而成的，虽然收入和费用的确认时间与企业实际收付现金的时间有差异，但在企业回款和付款等各项经营活动相对正常的情况下，利润与现金流量之间会保持一个大体稳定的比例关系。企业获取利润的最终目的是拥有充足的可自由支配的现金，因此，利润的含金量是利润质量的最终表现。

1. 核心利润的含金量分析

核心利润是指企业开展经营活动所赚取的经营利润。我们通过比较核心利润与经营活动产生的现金流量净额，就可以了解核心利润产生现金净流量的能力。由于核心利润与

经营活动产生的现金流量净额在计算口径上存在差异,我们需要先把核心利润调整为同口径核心利润。计算公式如下:

同口径核心利润＝核心利润＋固定资产折旧＋其他长期资产价值摊销＋利息费用－所得税费用

在稳定发展的条件下,同口径核心利润应该与现金流量表中经营活动产生的现金流量净额大体相当。

如果经营活动产生的现金流量净额严重不足,则企业可能存在下列情况:企业收款不正常减少,导致回款不足;企业因信用下降、行业竞争加剧、原材料超储、大量屯地等原因而增加付款;企业增加了其他与经营活动有关的不正常货币资金运作;经营活动的收付款主要发生在关联方身上;财务会计报表编制错误;等等。

2. 投资收益的含金量分析

投资收益是指由企业拥有或控制的投资性资产所带来的收益,包括持有收益、处置收益等。

1) 持有收益含金量分析

投资企业对合营企业和联营企业的长期股权投资采用权益法计算,把被投资企业所实现利润(或者发生的净亏损)的相应份额确认为投资收益,因此,这种投资收益的含金量取决于被投资企业的分红政策。只要被投资企业不将净利润全部用于分红,投资企业所确认的投资收益就会存在不同程度的"泡沫",从而造成投资企业有利润而没有现金流的结果。

投资企业对其子公司的长期股权投资采用成本法计算,将子公司所宣告分配的现金股利按照其持股比例确认为投资收益,因此,这种投资收益的含金量基本上是有保障的。

投资企业持有的其他投资性资产在持有期间所带来的投资收益,无论是股利还是利息,一般情况下都会带来相应的现金流入,因此,这种投资收益的含金量也可以得到保障。

2) 处置收益含金量分析

投资性资产的售价与账面价值之间的差额通常被确认为利润表中的投资收益,而在现金流量表上,"收回投资收到的现金"则主要取决于各项投资性资产的售价高低。因此,处置收益具有很大的不确定性。

(二) 利润的持续性分析

利润的持续性是指企业盈利能力在过去与未来一段时期内持续发展的状况。盈利能力是企业竞争地位和核心竞争力的体现,而人们判断企业投资价值的核心要素是企业实现的利润是否具有持续性。同时,利润的持续性也是衡量企业利润质量的重要因素。利润的持续性体现为成长性和波动性。

1. 利润的成长性分析

1) 营业收入增长率

营业收入增长率是指本期营业收入增长额与上期营业收入的百分比。其计算公式如下:

营业收入增长率＝本期营业收入增长额÷上期营业收入×100%

本期营业收入增长额＝本期营业收入－上期营业收入

营业收入增长率越高,表明企业产品的市场需求越大,业务扩张能力越强。该指标是反映企业经营状况和市场占有能力的重要指标。在不考虑行业差别的情况下,营业收入增长率与企业相关指标的关系如表 3-1 所示。

表 3-1 营业收入增长率与企业相关指标的关系

营业收入增长率	产品生命周期	是否开发新产品
＞10%	成长期	不开发
＞30%	高成长期	不开发
5%～10%	稳定期	开发
＜5%	衰退期	开发

2) 毛利率

行业平均毛利率反映了该行业的竞争状况、成熟程度等基本特征,而行业内企业将自身毛利率与行业平均毛利率相比就可以在一定程度上了解企业产品的竞争能力和企业的核心竞争力。

具有较高毛利率的企业可能存在以下几种情况:产品经营活动具有垄断性;产品经营活动具有核心竞争力;产品经营活动因行业周期性波动导致毛利率提高;产销失衡或存货失衡导致毛利率提高;企业故意调高毛利率。

具有较低毛利率的企业可能存在以下几种情况:产品生命周期进入衰退期;产品品牌、质量、成本、价格等方面没有竞争力;企业故意调低毛利率。

3) 核心利润与核心利润率

以经营性资产为主的企业,在排除人为调整利润的情况下,核心利润是其业绩的基础,核心利润率是其经营活动盈利能力的体现。核心利润率的计算公式如下:

$$核心利润率 = 核心利润 \div 营业收入 \times 100\%$$

我们将企业的核心利润率与其目标核心利润率、特定企业的核心利润率以及同行业平均核心利润率进行比较,可以考察企业的核心竞争力、竞争地位等情况,从而判断其是否具有投资价值。

2. 利润的波动性分析

影响利润波动性的因素有很多,如行业特点、竞争程度、发展战略等。其中,非经常性损益对利润波动性的影响较大。

非经常性损益是指公司发生的与经营业务没有直接关系,以及虽然与经营业务相关但由于其性质、金额或发生频率而不能真实、公允地反映公司正常盈利能力的各项收入和支出。其低频率、偶发性的特征导致了利润的波动,影响了利润的质量。非经常性损益包括以下四种情况。

(1) 企业经营活动中不公允的关联方交易损益、资产处置损益、资产置换损益、资产盘盈盘亏、政府补贴收入、税收优惠等。这些损益应记入利润表中的"营业外收入""营业外支出""资产处置收益""其他收益"等科目。其中,"营业外收入""营业外支出""资产处置收益"科目的"一次性"决定了其波动性最强,"其他收益"等科目的波动性视政策的连续性而定。

(2) 企业投资活动中的长期投资处置收益。这种收益具有一次性和间断性的特征,不具有持续性。

(3) 企业筹资活动中的财务费用。

(4) 捐赠支出、债务重组收益、债务重组损失、罚款收入、罚款支出、会计政策变更损益等。

(三) 利润与企业战略的吻合性分析

不同的企业战略会产生不同的资源配置、资产结构(经营性资产和投资性资产的比例)和利润结构。只有利润结构与资产结构相匹配,企业战略才能得以实施,企业才能获得高质量的利润。

1. 利润与企业战略吻合性分析

利润与企业战略吻合性分析一般通过以下两个步骤进行。

(1) 计算两个比例:经营性资产与投资性资产之比和核心利润与投资收益之比。

(2) 比较两个比例:如果以上两个比例接近,则说明企业战略实施情况较好,企业利润质量较高;如果两个比例差异较大,则说明企业战略实施情况较差,企业利润质量较差。

适用条件:在不考虑商业模式差异、行业间的盈利性差异以及企业不同发展阶段的盈利差异的条件下,我们可以通过比较以上两个指标分析评价上市公司的利润与其企业战略的吻合性。

2. 企业各类资产的盈利能力分析

1) 经营性资产盈利能力分析

经营性资产的盈利能力可以通过经营性资产报酬率来反映。其计算公式如下:

$$经营性资产报酬率=核心利润÷经营性资产平均余额×100\%$$

我们可以将企业的经营性资产报酬率进行横向和纵向比较,以考察企业经营性资产的盈利能力。但要注意的是,不同项目的经营性资产的利润贡献方式存在差异,因此,我们应特别关注经营性资产的结构差异对企业利润贡献的影响。

2) 投资性资产盈利能力分析

投资性资产的盈利能力可以通过投资性资产报酬率来反映。其计算公式如下:

$$投资性资产报酬率=投资收益÷投资性资产平均余额×100\%$$

我们可以将企业的投资性资产报酬率进行横向和纵向比较,以考察企业投资性资产的盈利能力。但要注意的是,不同项目的投资性资产产生的投资收益在确认和计量方法上存在较大差异,因此,我们应特别关注不同投资性资产在利润确认方面的差异。

3. 企业资产管理能力分析

如上所述,投资收益与投资性资产之比反映投资性资产的盈利能力,核心利润与经营性资产之比反映经营性资产的盈利能力。我们将这两个指标进行对比可以产生三种结果:两类资产的盈利能力接近、投资性资产的盈利能力高于经营性资产的盈利能力和投资性资产的盈利能力低于经营性资产的盈利能力。据此,我们可以考察企业的资产管理能力,进一步分析利润与企业战略的吻合性。

四、利润质量恶化情况分析

由于利润质量的恶化总会反映在企业经营的某些方面,财务会计报表信息使用者可以从某些外在表现上及时发现以下利润质量恶化的情况。

(一) 企业发展过快和举债过度

企业发展过快的话,可能触及自己不熟悉的领域,从而使资金、资源、管理水平难以满足发展需求,导致企业获利质量恶化。

企业发展过快以及日常经营活动、投资活动现金流量不足,都会导致企业举债过度,虽然解决了暂时的资金需求,但未来巨额的本息压力将导致企业利润质量恶化。

(二) 会计政策和会计估计不断变更

现行会计准则要求,企业会计政策和会计估计一经确定,不得随意更改。但很多企业通过变更固定资产折旧方法、延长固定资产折旧年限、降低资产减值准备比例等手段掩盖利润账面价值的恶化。

(三) 企业应收(付)账款规模增加异常及平均收(付)款期限异常

在正常情况下,企业的应收账款规模与其营业收入规模存在一定的相关性,企业的信用政策也是相对稳定的。但如果企业的应收账款规模不正常增加,应收账款的平均收账期不正常变长,说明企业放松了信用政策,应收账款规模增加会导致坏账增加、利润质量恶化。

同样,在正常情况下,企业的应付账款规模与其采购规模存在一定的相关性,供应商不会主动放松信用政策。因此,如果企业的应付账款规模不正常增加,应付账款的平均付账期不正常延长,说明其现金支付能力恶化,利润质量恶化。

(四) 企业存货周转异常缓慢,业绩过度依赖非经常性损益项目

企业存货周转过于缓慢会造成资金被占用、利息支出增加、存货损失增加、保管成本增加等,从而进一步导致利润持续性降低和利润质量恶化。在这种情况下,企业就可能通过处置固定资产等非经常性收益来弥补核心利润和投资收益的不足,从而掩盖利润质量恶化的现象。

(五) 企业无形资产等项目规模的增加异常

企业如果存在无形资产或者开发支出等资产项目规模不正常增加的情况,可能是其收入不足以弥补应当归于当期的费用或支出,企业为了减少研发支出对利润表的冲击而利用这些虚拟资产将费用资本化,从而掩盖利润质量恶化的现象。

(六) 企业销售费用、管理费用等期间费用异常

在正常情况下,企业的销售费用和管理费用等相对固定且有逐年增长的趋势,如果这些费用出现异常降低的情况,其原因一般是企业为"改善"利润质量而采用人为手段操纵账面价值。

(七) 企业酌量性支出大幅度降低

酌量性支出包括研发支出、广告支出、职工教育支出等,这类支出相对稳定,对企业的长远发展至关重要。如果此类费用大幅降低,可能是企业为了避免当期利润大幅下降而为,这将造成利润质量的恶化。

(八) 企业可分配利润多但长期无现金股利

现金股利分配的条件是企业盈利较多且现金流充裕。如果企业账面利润较多但长期不分配现金股利的话,说明企业可能出现现金流枯竭、资金链断裂、利润质量恶化的情况。

第二节 职业能力训练

我们以云南白药集团为分析对象,对 2016—2020 年云南白药集团的利润表进行项目质量分析和利润质量分析。在利润表项目质量分析部分,根据重要性原则,我们选取对公司利润影响较大的营业收入、营业成本、期间费用(销售费用、管理费用、研发费用)项目进行分析,对影响较小的资产与信用减值损失、其他收益、公允价值变动收益、投资收益、资产处置收益、营业外收入与支出、所得税费用、其他综合收益项目不再展开详尽分析。在利润质量分析部分,我们分别从利润的含金量、利润的持续性、利润与企业战略的吻合性三个方面进行分析。

一、利润表项目质量分析

(一) 营业收入项目质量分析

1. 营业收入的产品构成分析

2016—2020 年云南白药集团财务报告附注中披露的营业收入产品构成信息如表 3-2 所示,下面我们根据表格对营业收入的产品构成进行分析。

表 3-2 2016—2020 年云南白药集团营业收入产品构成 单位:万元

产品类别	2016年		2017年		2018年		2019年		2020年	
	金额	占营业收入比重	金额	占营业收入比重	金额	占营业收入比重	金额	占营业收入比重	金额	占营业收入比重
工业产品(自制)	908 038.42	40.51%	996 202.47	40.97%	107 213.71	40.16%	1 102 394.76	37.16%	1 171 643.38	35.78%
批发零售药品	1 327 589.04	59.24%	1 428 355.43	58.74%	1 593 743.40	59.67%	1 855 073.24	62.53%	2 097 423.23	64.06%
农产品	—	—	—	—	—	—	325.19	0.01%	37.62	0.00%
其他产品	590.14	0.03%	340.88	0.02%	1 558.21	0.06%	728.11	0.03%	453.74	0.01%
其他	4 847.83	0.22%	6 562.63	0.27%	2 806.03	0.11%	7 946.09	0.27%	4 718.71	0.14%

从年度间产品类别的比较数据来看,2016—2020 年云南白药集团的产品集中度较高,虽然该集团营业收入在两个主要产品领域均取得了较大幅度的增长,但其批发零售药品的地位尤为突出,"主导产品单一化"的特色较为明显,这意味着其聚焦主业、科技创新的发展

战略得到持续推进,集团的核心竞争力较为稳固。但在未来,集团可以通过销售政策、资源倾斜等举措,不断提高工业产品(自制)在经营规划中的地位,逐渐完成"主导产品下的多元化"战略转型,从而使集团的盈利能力和核心竞争力得到进一步的提升。

2. 营业收入的地区构成分析

2016—2020年云南白药集团财务报告附注中披露的营业收入地区构成信息如表3-3所示,下面我们根据表格对营业收入的地区构成进行分析。

表3-3　2016—2020年云南白药集团营业收入地区构成　　单位:万元

地区	2016年		2017年		2018年		2019年		2020年	
	金额	占营业收入比重	金额	占营业收入比重	金额	占营业收入比重	金额	占营业收入比重	金额	占营业收入比重
国内	2 225 639.38	99.31%	2 402 611.37	98.81%	2 611 821.39	97.79%	2 908 233.42	98.04%	3 238 211.90	98.90%
国外	15 426.06	0.69%	28 850.04	1.19%	58 999.96	2.21%	58 233.97	1.96%	36 064.78	1.10%

从年度间营业收入的区域结构比较数据来看,2016—2020年云南白药集团营业收入在国内区域较为稳定,逐年增长;其国外的营业收入占比不大且增长相对缓慢,特别是2020年受疫情的影响,国外营业收入较2019年大幅下降了38.07%。相比之下,集团在国内的营业收入占比较大且增长较为显著。集团未来产品布局的战略应该是巩固已有业务,重点发展国内市场,同时加大国外市场的营销力度。

3. 营业收入的客户构成分析

2016—2020年云南白药集团财务报告附注中披露的营业收入客户构成信息如表3-4所示,下面我们根据表格对营业收入的客户构成进行分析。

表3-4　2016—2020年云南白药集团营业收入客户构成　　单位:万元

序号	客户名称	2016年		2017年		2018年		2019年		2020年	
		销售额	占年度销售总额比例	销售额	占年度销售总额比例	销售额	占年度销售总额比例	销售额	占年度销售总额比例	销售额	占年度销售总额比例
1	客户A	72 157.21	3.22%	101 491.74	4.17%	122 691.79	4.59%	156 313.32	5.27%	185 082.31	5.65%
2	客户B	47 910.08	2.14%	48 564.61	2.00%	79 596.96	2.98%	76 371.88	2.57%	100 030.61	3.06%
3	客户C	45 240.81	2.02%	39 012.39	1.61%	52 101.71	1.95%	67 186.05	2.26%	68 773.98	2.10%
4	客户D	40 797.91	1.82%	37 013.81	1.52%	57 086.31	2.14%	54 311.23	1.83%	42 595.46	1.30%
5	客户E	35 608.23	1.59%	21 259.75	0.87%	45 782.21	1.71%	52 994.21	1.79%	38 180.51	1.17%
	合计	241 714.24	10.79%	247 342.30	10.17%	357 258.98	13.38%	407 176.69	13.72%	434 662.88	13.28%

表3-4显示,2016—2020年云南白药集团前五位大客户的销售收入占比合计最高达到全部收入的13.72%,最低时也达到全部收入的10.17%。前五大客户中,第一大客户销售收入占全部收入比重连续5年持续增长且最高时达5.65%,而其他四个大客户销售收入占比相对稳定且增幅不大。因此,维护好与现有大客户的关系仍然是集团未来营销活动的重

要内容。

但是,由于云南白药集团的大客户集中度过高,一旦其中一个大客户发生信用风险,公司产生坏账的可能性会提高,营业收入回款风险也会加大。这从侧面反映出集团产品的市场化程度有待提高,行业竞争力有待增强。因此,集团未来需要均衡前五大客户的销售占比,并积极开拓新客户,减缓业绩波动,提高营业收入质量。

(二)营业成本项目质量分析

2016—2020年云南白药集团营业成本构成信息如表3-5所示,下面我们根据表格对其营业成本项目质量进行分析。

表3-5 2016—2020年云南白药集团营业成本构成   单位:万元

项目	2016年		2017年		2018年		2019年		2020年	
	营业成本(万元)	本年增幅	营业成本(万元)	本年增幅	营业成本(万元)	本年增幅	营业成本(万元)	本年增幅	营业成本(万元)	本年增幅
商业销售成本	1 223 481.00	13.35%	1 324 218.34	8.23%	1 463 500.00	10.52%	1 684 900.00	15.13%	1 906 800.00	13.17%
工业销售成本	344 164.26	−4.28%	342 634.47	−0.44%	388 478.96	13.38%	430 192.30	10.74%	454 859.27	5.73%
其他(补充)	3 698.45	185.16%	6 059.29	63.83%	1 137.84	−81.22%	3 091.35	171.69%	3 450.19	11.61%
技术服务成本	140.97	−57.23%	117.90	−16.37%	242.41	105.61%	482.27	98.95%	492.50	2.12%
种植业销售成本	311.44	—	127.52	−59.05%	1 538.56	1 106.52%	422.75	−72.52%	14.09	−96.67%

表3-5显示,云南白药集团各年的营业成本构成中,商业销售成本年度间变化相对比较稳定,但是工业销售成本、技术服务成本年度间的波动比较大。根据年报显示,云南白药集团原材料采购价格波动较大,而原材料成本占工业销售成本比重高达85%左右,因此其工业销售成本年度间波动较大。原材料价格波动主要是由外部不可控因素导致的,且其会加大集团利润的波动性。技术服务成本的主要构成为技术开发成本,技术服务成本的年度间波动主要受企业对技术开发的重视和投入程度的影响。

(三)期间费用项目质量分析

1.销售费用项目质量分析

2016—2020年云南白药集团财务报告附注中披露的销售费用结构信息如表3-6所示,下面我们根据表格对其销售费用项目质量进行分析。

表3-6 2016—2020年云南白药集团销售费用结构   单位:万元

项目	2016年	2017年	2018年	2019年	2020年
市场维护费	77 115.21	145 483.53	155 508.2	165 300.56	167 391.34
职工薪酬	73 528.29	84 763.35	84 615.34	99 584.56	98 577.23
广告宣传费	70 689.72	68 952.07	68 908.40	53 911.79	52 655.75

(续表)

项目	2016年	2017年	2018年	2019年	2020年
运输装卸费	22 870.32	26 971.60	25 649.41	29 780.51	2 249.07
策划服务费	3 593.69	8 766.12	8 814.25	9 625.29	6 871.53
医院综合管理费	—	—	—	13 922.17	13 245.27
制作费	4 995.14	4 955.14	7 159.14	5 374.56	3 479.23
租赁费	5 155.66	4 528.19	6 167.70	7 349.99	7 717.89
差旅费	5 694.93	4 098.04	4 916.07	7 161.15	5 528.19
样品费	1 291.46	2 074.37	4 306.63	4 379.32	1 287.45
办公费	3 488.84	3 120.38	4 153.08	5 167.59	5 237.73
促销费	2 809.11	1 405.08	2 737.14	2 313.59	3 247.83
物料消耗	1 020.90	1 519.36	1 821.06	1 764.38	1 201.27
服务费	—	—	1 011.16	1 344.31	783.32
仓储费	1 205.28	1 810.11	1 305.95	1 305.19	1 405.62
其他	10 590.32	9 903.90	15 085.95	7 345.34	8 624.68
销售费用合计	284 048.87	368 351.24	392 159.48	415 630.29	379 503.40
销售费用率（销售费用÷营业收入×100%）	12.67%	15.15%	14.68%	14.01%	11.59%

受医保费用控制、招标降价等政策影响，药品销售面临的压力较大，2016—2019年云南白药集团的销售费用增长幅度较大，累计增长了46.32%。受新冠肺炎疫情等方面影响，2020年度云南白药集团在营销方面的开支规模较上年下降了8.69%。销售费用附注信息显示，2016—2019年云南白药集团的职工薪酬、运输装卸费、策划服务费等均有不同幅度的上涨，2020年受新冠肺炎疫情等方面影响，这些费用均有不同幅度的下降。2016—2020年云南白药集团的市场维护费、办公费等均增幅较大，说明公司为了保住市场、持续提升公司的品牌专业形象和影响力而作出了努力。

这些增加的销售费用的有效程度可以通过分析销售费用率指标来判断。从表3-6可以看出，云南白药集团的销售费用率在2017年最高，其后逐年持续降低，原因是云南白药集团充分结合新媒体多渠道、多方式进行精准营销，进一步提高了销售费用的投放效率。

2. 管理费用项目质量分析

2016—2020年云南白药集团财务报告附注中披露的管理费用结构信息如表3-7所示，下面我们根据表格对其管理费用项目质量进行分析。

表 3-7 2016—2020 年云南白药集团管理费用结构　　　　　　　　　　　单位：万元

项目	2016年	2017年	2018年	2019年	2020年
职工薪酬	17 694.47	15 994.44	21 542.02	46 963.98	52 788.91
股份支付费用	88.06	80.30	—	16 547.92	10 462.27
中介机构服务费	557.07	1 098.87	1 529.20	9 015.28	4 958.28
折旧与摊销	3 717.28	4 142.50	4 364.26	7 799.37	8 655.51
业务招待费	1 114.66	1 025.09	1 266.46	1 480.34	1 476.07
广告及宣传费	82.04	113.87	—	1 186.74	836.16
技术服务费	8 992.70	8 403.54	—	696.72	512.55
办公费	1 632.60	473.43	601.36	574.00	868.69
差旅费	502.13	488.19	563.18	560.24	321.22
安保及清洁费	423.51	410.18		520.11	578.77
绿化、排污费	493.27	505.03	500.24	461.88	497.95
租赁费	26.32	69.86	—	381.79	600.54
水电及物业管理费	318.98	783.82	243.75	337.23	450.69
其他	12 711.27	5 087.20	596.22	9 220.26	3 037.18
管理费用合计	48 354.36	38 676.32	31 206.69	95 745.86	86 044.79
管理费用率（管理费用÷营业收入×100%）	2.16%	1.59%	1.17%	3.23%	2.63%

表 3-7 显示，2016—2019 年云南白药集团的管理费用呈先降后升的趋势，2020 年受新冠肺炎疫情影响管理费用有所下降。在各项管理费用中，职工薪酬占比最大，2020 年较上年增长 12.40%，这意味着云南白药集团在 2020 年对管理层的薪酬计划进行了调整，在业绩增长的情况下提高了管理层的薪酬水平。这也充分体现了云南白药集团坚持"以人为本"的发展理念，通过搭建科学合理的薪酬管理体系和人才培养机制，有效激励员工不断提高组织工作效率，为企业的可持续发展提供人才支持与保障。

此外，从表 3-7 可知，云南白药集团的管理费用率在 2017—2018 年有所降低，在 2019 年之后有所提高。这说明自 2019 年之后云南白药集团管理费用的有效性有待加强。

3. 研发费用项目质量分析

2016—2020 年云南白药集团财务报告附注中披露的研发费用结构信息如表 3-8 所示，下面我们根据表格对其研发费用项目质量进行分析。

表 3-8 2016—2020 年云南白药集团研发费用结构   单位：万元

项目	2016 年	2017 年	2018 年	2019 年	2020 年
职工薪酬	—	3 735.01	4 186.11	5 638.80	8 314.10
材料消耗及检查费	—	2 471.26	3 994.45	4 387.08	3 425.18
折旧及摊销	—	964.94	901.50	916.55	499.06
委托研发费用	—	—	—	2 705.10	2 120.97
新产品设计费	—	—	—	1 374.52	2 162.53
其他费用	—	1 232.32	1 948.35	2 366.74	1 586.41
研发费用合计	8 992.70	8 403.54	11 030.41	17 388.79	18 108.25
研发费用率（研发费用÷营业收入×100%）	0.40%	0.35%	0.41%	0.59%	0.55%

注：受会计准则变更影响，2018 年以后云南白药集团研发费用单独列示，明细详列如表所示。

表 3-8 显示，2016—2020 年云南白药集团的研发费用呈增长趋势，从规模来看，2020 年云南白药集团在研发费用上的投入比 2016 年有了大幅度提升，比 2019 年也增长了 4.14%，如果再考虑到 2020 年度其他费用的大幅度下降，云南白药集团 2020 年度在研发方面的重视程度和投入追加程度就更大。2020 年云南白药集团研发投入与营业收入的比率达到 0.55%。另外，从结构来看，2020 年云南白药集团研发人员的薪酬总额增长幅度特别大，较上年增长了 47.44%，薪酬涨幅明显，这说明云南白药集团通过推出更具吸引力的薪酬体系来吸引优秀的研发人员，从而使新产品研发后劲十足；同时，2020 年云南白药集团新产品设计费比 2019 年增加了 57.33%，这意味着公司开展新产品研发活动的强度在大幅度提高。但是，云南白药集团的研发费用率连续 5 年低于 1%，说明公司研发费用投入占营业收入比重较低。由于药品研发投入大、研发周期长、审核注册获批历时较长，且存在获批产品市场发生重大变化的风险，云南白药集团在加大研发投入的同时需要做好风险管控。

（四）利润结构分析

2016—2020 年云南白药集团利润结构信息如表 3-9 所示，下面我们根据表格对其利润质量进行分析。

表 3-9 2016—2020 年云南白药集团利润结构   单位：万元

项目	2016 年	2017 年	2018 年	2019 年	2020 年
营业收入	2 241 065.44	2 431 461.40	2 670 821.35	2 966 467.39	3 274 276.68
减：营业成本	1 571 796.12	1 673 157.52	1 854 943.36	2 119 136.44	2 365 587.81
毛利（营业收入－营业成本）	669 269.32	758 303.88	815 877.99	847 330.95	908 688.87
毛利率（毛利÷营业收入×100%）	29.86%	31.19%	30.55%	28.56%	27.75%
税金及附加	15 383.12	16 965.30	17 625.43	14 364.62	16 462.82
销售费用	284 048.87	368 351.24	392 159.48	415 630.29	379 503.40
销售费用率（销售费用/营业收入×100%）	12.67%	15.15%	14.68%	14.01%	11.59%
管理费用	48 354.36	38 676.32	31 206.69	95 745.86	86 044.79

(续表)

项目	2016年	2017年	2018年	2019年	2020年
管理费用率（管理费用÷营业收入×100%）	2.16%	1.59%	1.17%	3.23%	2.63%
研发费用	—	—	11 030.41	17 388.79	18 108.25
研发费用率（研发费用÷营业收入×100%）	0.40%	0.35%	0.41%	0.59%	0.55%
财务费用	8 968.28	7 254.35	16 331.19	−6 280.36	−23 194.57
其中：利息费用	12 490.50	12 788.26	19 430.66	12 558.21	16 915.37
利息费用率（利息费用÷营业收入×100%）	0.56%	0.53%	0.73%	0.42%	0.52%
核心利润（毛利−税金及附加−销售费用−管理费用−研发费用−利息费用）	308 992.47	321 522.76	344 425.32	291 643.18	391 654.24
核心利润率（核心利润÷营业收入×100%）	13.79%	13.22%	12.90%	9.83%	11.96%
净利润	293 088.96	313 253.42	328 974.60	417 305.20	551 103.62
销售净利率（净利润÷营业收入）	13.08%	12.88%	12.32%	14.07%	16.83%

注：2016年和2017年的研发费用包含在管理费用中，2018年受会计准则变更的影响，研发费用从管理费用中分拆出来单独列示。

从表3-9来看，2016—2020年云南白药集团的盈利能力存在波动式的增减变动情况，但总体向好。第一，2017—2020年云南白药集团在业务增长的同时毛利率略微下降，基本保持了原有的市场竞争力。第二，2019—2020年云南白药集团的销售费用率和销售费用额均出现了一定的负增长态势，说明其营销力度有所下降，这可能是受新冠肺炎疫情的影响，也可能是企业营销策略主动选择的结果。第三，2019—2020年云南白药集团的管理费用额和管理费用率呈现负增长，表明企业管理层在该项费用控制上取得了一定的成效。第四，2019—2020年云南白药集团的研发费用额有所增长，但研发费用率略微下降，这意味着公司研发投入基本保持原有规模。第五，2019—2020年云南白药集团的利息费用率和利息费用额均有增长，说明其自身有一定的现金需求，筹资规模有所增长。

从核心利润指标来看，2019—2020年云南白药集团核心利润的绝对规模增长较大，核心利润率也有一定提高，说明公司的核心利润较好。

从净利润和销售净利率指标来看，2016—2020年云南白药集团的净利润逐年上升，呈现出较为强劲的增长态势，销售净利率总体波动不大，2020年为五年中最高，说明其盈利能力总体向好。

二、利润质量分析

（一）利润含金量分析

2016—2020年云南白药集团财务报表中与核心利润相关的财务数据如表3-10所示，

下面我们对云南白药集团利润质量的含金量进行分析。

表 3-10　2016—2020 年云南白药集团核心利润相关指标　　　　　　　　单位:万元

项目	2016 年	2017 年	2018 年	2019 年	2020 年
营业收入	2 241 065.44	2 431 461.40	2 670 821.35	2 966 467.39	3 274 276.68
减:营业成本	1 571 796.12	1 673 157.52	1 854 943.36	2 119 136.44	2 365 587.81
毛利(营业收入－营业成本)	669 269.32	758 303.88	815 877.99	847 330.95	908 688.87
税金及附加	15 383.12	16 965.30	17 625.43	14 364.62	16 462.82
销售费用	284 048.87	368 351.24	392 159.48	415 630.29	379 503.40
管理费用	48 354.36	38 676.32	31 206.69	95 745.86	86 044.79
研发费用	—	—	11 030.14	17 388.79	18 108.25
财务费用	8 968.28	7 254.35	16 331.19	－6 280.36	－23 194.57
其中:利息费用	12 490.50	12 788.26	19 430.66	12 558.21	16 915.37
核心利润(毛利－税金及附加－销售费用－管理费用－研发费用－利息费用)	308 992.47	321 522.76	344 425.32	291 643.18	391 654.24
经营活动产生的现金流量净额(取自现金流量表)	298 475.77	115 568.99	262 980.72	210 474.48	382 890.66
核心利润获现率(经营活动产生的现金流量净额÷核心利润)	96.60%	35.94%	76.35%	72.17%	97.76%

从表 3-10 来看,2016—2020 年云南白药集团的核心利润指标存在波动式的增减变动情况,但总体向好。第一,2019—2020 年云南白药集团核心利润的绝对规模增长较大,核心利润率也有大幅提高,说明云南白药集团的核心利润较好。第二,2019—2020 年云南白药集团经营活动产生的现金流量净额大幅增加,说明其核心利润整体质量高,盈利能力强。第三,2019—2020 年云南白药集团的核心利润获现率大幅提升,说明其核心利润有充足的现金流支撑,核心利润的含金量有所提高。

(二)利润持续性分析

2016—2020 年云南白药集团利润成长性相关数据如表 3-11 所示,利润波动性数据如表 3-12 所示,下面我们从利润的成长性与利润的波动性两个方面考察云南白药集团的利润持续性。

表 3-11 2016—2020 年云南白药集团利润成长性数据   单位:万元

项目	2016 年	2017 年	2018 年	2019 年	2020 年
营业收入	2 241 065.44	2 431 461.40	2 670 821.35	2 966 467.39	3 274 276.68
营业收入增长率	8.06%	8.50%	9.84%	11.07%	10.38%
营业成本	1 571 796.12	1 673 157.52	1 854 943.36	2 119 136.44	2 365 587.81
毛利	669 269.32	758 303.88	815 877.99	847 330.95	908 688.87
毛利率	29.86%	31.19%	30.55%	28.56%	27.75%
毛利率增长率	−2.18%	4.45%	−2.05%	−6.51%	−2.84%
核心利润	308 992.47	321 522.76	344 425.32	291 643.18	391 654.24
核心利润增长率	—	4.06%	7.12%	−15.32%	34.29%

根据表 3-11 可知,2016—2020 年云南白药集团的营业收入增长率稳定在 8.06%～11.07%,说明企业产品已进入稳定期,营业收入增长速度放缓,集团需要着手开发新的产品,寻找新的收入来源。从毛利率来看,云南白药集团的毛利率稳定在 27% 以上,说明其产品具有较强的核心竞争力。但是云南白药集团的毛利率增长率年度间出现正负交替波动,说明其受到行业周期波动影响较大,需要继续强化并保持核心竞争力的稳定性。虽然云南白药集团的核心利润一直保持正数,但是核心利润增长率年度间波动非常大,尤其在 2019 年出现较大程度的负增长,反映了其经营活动创造核心利润的能力有待提高。

表 3-12 2016—2020 年云南白药集团利润波动性数据   单位:万元

项目	2016 年	2017 年	2018 年	2019 年	2020 年
净利润	293 088.96	313 253.42	328 974.60	417 305.20	551 103.62
净利润增长率	6.36%	6.88%	5.02%	26.85%	32.06%
非经常性损益	21 982.81	36 372.08	60 343.85	189 448.94	261 719.46
非经常性损益变动率	41.28%	65.46%	65.91%	213.95%	38.15%

根据表 3-12 可知,从 2016 年到 2020 年,云南白药集团的净利润一直保持正增长,但是 2017 年和 2018 年的增幅较小,2019 年和 2020 年的增幅较大。此外,云南白药集团的利润构成中存在无法持续发生的非经常性损益,而且非经常性损益年度间变化幅度较大,这会在一定程度上增加公司利润的波动性。

(三)利润与企业战略的吻合性分析

2016—2020 年云南白药集团财务报表相关科目的财务数据如表 3-13 所示,下面我们对云南白药集团利润与企业战略的吻合性进行分析。

表 3-13 2016—2020 年云南白药集团相关财务数据

单位：万元

年度	资产结构					利润结构					对应的现金结构					经营性资产报酬率	投资性资产报酬率
	经营性资产	投资性资产	经营性资产占比	投资性资产占比	合计	核心利润	投资收益和公允价值变动损益	核心利润比例	投资收益和公允价值变动损益占比	合计	经营活动产生的现金流量净额	取得投资收益收到的现金	经营活动现金流占比	投资活动现金流占比	合计		
2016	2 242 150.13	216 514.47	91.19%	8.81%	2 458 664.60	308 992.47	19 385.91	94.10%	5.90%	328 378.38	298 475.77	18 575.84	94.14%	5.86%	317 051.61	14.31%	8.95%
2017	2 076 388.39	693 864.66	74.95%	25.05%	2 770 253.05	321 522.76	27 691.16	92.07%	7.93%	349 213.92	115 568.99	28 753.83	80.08%	19.92%	144 322.83	15.48%	3.99%
2018	2 290 034.56	747 724.45	75.39%	24.61%	3 037 759.01	344 425.32	32 383.95	91.41%	8.59%	376 809.27	262 980.72	5 614.79	97.91%	2.09%	268 595.52	15.04%	4.33%
2019	3 869 238.19	1 096 566.72	77.92%	22.08%	4 965 804.91	291 643.18	169 731.01	63.21%	36.79%	461 374.19	210 474.48	26 763.51	88.72%	11.28%	237 237.99	7.54%	15.48%
2020	4 191 505.77	1 330 439.05	75.91%	24.09%	5 521 944.82	391 654.24	263 254.19	59.80%	40.20%	654 908.43	382 890.66	21 635.97	94.65%	5.35%	404 526.64	9.34%	19.79%

我们从表 3-13 可以看出,云南白药集团的资源配置战略以经营性资产为主,投资性资产为辅。但是其经营性资产占比自 2017 年以后有所降低,投资性资产占比有所上升。在云南白药集团的利润来源中,核心利润占比在逐年降低,投资收益和公允价值变动损益占比在逐年上升。综合各类资产占比、利润占比来看,云南白药集团的核心利润占比下降的幅度大于经营性资产占比下降的幅度,反映出利润与企业战略的吻合性有待提高。

从各类资产的盈利能力指标来看,云南白药集团的投资性资产报酬率从 2017 年起逐年上升,但经营性资产报酬率却呈现降低的趋势。同时,云南白药集团的利润结构仍然以核心利润为支柱,资产结构与利润结构的吻合度较好。由此可见,云南白药集团经营驱动型的经营战略取得了一定的效果。2016—2020 年云南白药集团经营活动产生的现金流量净额占比在 80% 以上,这一比例超过经营性资产的历年平均占比,说明其经营性资产利润整体质量比较高。但是云南白药集团仍然需要提高内部资产的利用效率、消除不良占用,以提升其产品在市场上的竞争力和经营性资产的盈利能力。

第三节 实训任务

一、实训任务 1:苏泊尔利润质量分析

(一) 实训目标
(1) 根据苏泊尔近 5 年的财务报表,对其利润结构进行分析。
(2) 结合行业特征,对苏泊尔利润表的项目质量进行分析。
(3) 对苏泊尔的利润质量进行分析。

(二) 实训企业描述
浙江苏泊尔股份有限公司(简称苏泊尔)是我国知名的炊具研发制造商,是我国炊具行业首家上市公司(股票代码 002032),其控股股东为拥有 150 余年历史、在小型家用电器和厨具行业占据全球领导地位的法国赛博集团。苏泊尔创立于 1994 年,总部设在中国杭州,在我国杭州、玉环、绍兴、武汉和越南胡志明市建立了 5 大研发制造基地,拥有 10 000 多名员工。苏泊尔拥有明火炊具、厨房小家电、厨卫电器三大事业板块,其丰富的产品线可以全面满足人们的厨房生活需求。苏泊尔生产的炊具及生活家电产品销往全球 41 个国家和地区,其中压力锅、炒锅、煎锅、蒸锅等产品的国内市场占有率连续多年稳居第一。

品质和创新是苏泊尔矢志追求的企业理念。苏泊尔通过不断努力,造就值得信赖的品质、智巧的设计与技术的创新,让全球消费者体验健康、舒适、愉悦的现代厨房生活。在 2012 年和 2013 年,苏泊尔连续获得"中国消费者最喜爱品牌"大奖。在 2014 年,苏泊尔以 14 亿元的品牌价值荣登"胡润中国品牌榜"。

同时,秉承"让偏远山区的乡村孩子得到公平的受教育机会"的公益助学宗旨,苏泊尔先后在中西部贫困偏远山区投入建设 16 所小学,累计投入 1 600 多万元,有 8 000 多名师生从中得到帮助。苏泊尔践行社会责任的务实公益行动得到了社会认可,2013 年,苏泊尔在

中国公益节上荣获"最佳公益项目奖"和"公益品牌形象奖"。

(三) 实训准备

(1) 学生分组。每组 6～8 人,并确定 1 名正组长和 1 名副组长。

(2) 学生分工。由正、副组长对组内学生按任务要求进行合理分工。

(3) 制订工作计划。每个小组制订一份工作计划,格式如表 3-14 所示。

表 3-14 工作计划

主要工作任务	实施时间	实施形式	主要负责人

实训小组组长:

实训小组成员:

年　月　日

指导老师审阅意见:

签名:

年　月　日

(四) 实训流程

(1) 各小组学习任务目标和任务描述,复习利润质量分析相关知识,确定分析思路和拟使用的分析方法。

(2) 各小组讨论制订工作计划。

(3) 指导老师审阅各小组制订的工作计划,并签批。

(4) 各小组通过网络收集苏泊尔近 5 年的财务报表、年度报告、公司资讯、公司研究报告等信息。

(5) 各小组选定至少 2 家同行业公司作为对比公司,并通过网络收集这些对比公司近 5 年的财务报表、年度报告、公司资讯、公司研究报告等信息,做同行对比分析。

（6）各小组运用多种分析方法对苏泊尔的利润质量进行分析，并根据分析结果总结苏泊尔存在的问题，给出针对性建议。

（7）各小组撰写苏泊尔利润质量分析报告。

（五）完成分析报告

各小组根据分析结果撰写苏泊尔利润质量分析报告，格式如表 3-15 所示。

表 3-15　苏泊尔利润质量分析报告

1. 利润表项目质量分析
2. 利润表项目质量评价
3. 利润质量分析
4. 利润质量评价

（六）填写实训进度表

各小组根据任务完成时间填写实训进度表，格式如表 3-16 所示。

表 3-16　实训进度表

实训任务	完成时间	主要负责人
实训小组组长：		

(七)实训评价

(1)各组将完成的苏泊尔利润质量分析报告上传至班级学习信息平台,如 qq 群、微信群、"雨课堂"等,并选派代表参加班级讨论交流。

(2)各组之间进行互评,完成实训评价表,格式如表 3-17 所示。

表 3-17 实训评价表

评分点	评分要点	得分
层次分明(30 分)	条理清楚,逻辑严谨	
内容翔实(30 分)	充分结合案例进行成因分析,内容具有一定的深度	
思考全面(20 分)	全方位、多层次、多角度思考	
观点新颖(10 分)	具有创新性观点	
表达清晰(10 分)	语言流畅,举止大方得体	

二、实训任务 2:长城汽车利润质量分析

(一)实训目标

(1)根据长城汽车近 5 年的财务报表,对其利润结构进行分析。

(2)结合行业特征,对长城汽车利润表的项目质量进行分析。

(3)对长城汽车的利润质量进行分析。

(二)实训企业描述

长城汽车股份有限公司(简称长城汽车)是我国规模最大的集体所有制汽车制造企业之一,也是国内首家在中国香港上市的汽车企业。公司以稳健发展而著称,经济实力雄厚,连续 10 余年创造高增长的业绩。长城汽车下属控股子公司 30 余家,产品涵盖哈弗 SUV、长城轿车、风骏皮卡三大品类。长城汽车现拥有 50 万辆整车产能,具备发动机、前后桥等核心零部件的自主配套能力。长城汽车屡获殊荣,两次入选"福布斯中国顶尖企业 100 强";连续 4 年蝉联"中国 500 最具价值品牌";先后被评为"最具价值汽车类上市公司""中国汽车上市公司十佳之首""国家汽车整车出口基地企业";获得"民营上市公司十强""中国企业 500 强""中国机械 500 强""中国制造 500 强""中国工业企业 500 强""中国汽车工业销售收入 30 强""中国汽车工业主营业务收入 30 强""中国企业 500 强"等称号。2018 年 7 月 10 日,长城汽车与宝马公司签署合资协议,合资成立光束汽车有限公司。2019 年 11 月 13 日,长城汽车上榜"单项冠军培育企业(第一批)"。2020 年 1 月 4 日,长城汽车获得"可持续发展绿色奖"。2020 年 9 月 10 日,"2020 中国民营企业 500 强"榜单发布,长城汽车位列第 63 位。长城汽车经营稳健,基础雄厚,2019 年营业收入达 9 621 069 万元。

(三)实训准备

(1)学生分组。每组 6~8 人,确定 1 名正组长和 1 名副组长。

(2)学生分工。由组长对组内学生按任务要求进行合理分工。

(3)制订工作计划。每个小组制订一份工作计划,格式如表 3-18 所示。

表 3-18　工作计划

主要工作任务	实施时间	实施形式	主要负责人

实训小组组长：

实训小组成员：

　　　　　　　　　　　　　　　　　　　　　　　　年　　月　　日

指导老师审阅意见：

　　　　　　　　　　　　　　　　　　　　签名：

　　　　　　　　　　　　　　　　　　　　年　　月　　日

（四）实训流程

（1）各小组学习任务目标和任务描述，复习利润质量分析相关知识，确定分析思路和拟使用的分析方法。

（2）各小组讨论制订工作计划。

（3）指导老师审阅各小组制订的工作计划，并签批。

（4）各小组通过网络收集长城汽车近 5 年的财务报表、年度报告、公司资讯、公司研究报告等信息。

（5）各小组选定至少 2 家同行业公司作为对比公司，并通过网络收集这些对比公司近 5 年的财务报表、年度报告、公司资讯、公司研究报告等信息，做同行对比分析。

（6）各小组运用多种分析方法对长城汽车的利润质量进行分析，并根据分析结果总结长城汽车存在的问题，给出针对性建议。

（7）各小组撰写长城汽车利润质量分析报告。

(五)完成分析报告

各小组根据分析结果撰写长城汽车利润质量分析报告,格式如表 3-19 所示。

表 3-19　长城汽车利润质量分析报告

1. 利润表项目质量分析
2. 利润表项目质量评价
3. 利润质量分析
4. 利润质量评价

(六)填写工作进度表

各小组根据任务完成时间填写实训进度表,格式如表 3-20 所示。

表 3-20　实训进度表

实训任务	完成时间	主要负责人
实训小组组长:		

(七)实训评价

(1) 各组将完成的长城汽车利润质量分析报告上传至班级学习信息平台,如 qq 群、微信群、"雨课堂"等,并选派代表参加班级讨论交流。

(2) 各组之间进行互评,完成实训评价表,格式如表 3-21 所示。

表 3-21 实训评价表

评分点	评分要点	得分
层次分明(30 分)	条理清楚,逻辑严谨	
内容翔实(30 分)	充分结合案例进行成因分析,内容具有一定的深度	
思考全面(20 分)	全方位、多层次、多角度思考	
观点新颖(10 分)	具有创新性观点	
表达清晰(10 分)	语言流畅,举止大方得体	

 课后习题

一、单选题

1. 下列不属于营业收入质量分析的是(　　)。
   A. 营业收入的客户构成　　　　　　B. 销售人员对营业收入的贡献程度
   C. 关联方交易对营业收入的贡献程度　D. 营业收入的品种构成
   E. 营业收入的地区构成

2. 下列非经常性损益项目如果在企业利润构成中占比过大,则要额外关注(　　)项目对企业利润含金量所造成的影响。
   A. 公允价值变动收益　　　　　　　B. 财务费用
   C. 营业外支出　　　　　　　　　　D. 投资收益
   E. 营业外收入

3. 以经营性资产为主导型的企业,其主要业绩表现为(　　)和经营活动产生的现金净流量。
   A. 利润总额　　　　　　　　　　　B. 毛利
   C. 息税前利润　　　　　　　　　　D. 营业利润
   E. 核心利润

4. 企业自身经营活动所带来的经营效果用核心利润反映更加具有质量,核心利润一般不考虑资产减值损失等项目,它由毛利、税金及附加、(　　)等项目组成。
   A. 投资收益　　　　　　　　　　　B. 营业成本
   C. 利息费用　　　　　　　　　　　D. 营业外收入
   E. 期间费用

5. 长期股权投资以控制性投资为主,采用成本法核算时,分析长期股权投资的投资业绩应该通过(　　)考察。
   A. 子公司的核心利润　　　　　　　B. 合并报表的核心利润
   C. 合并报表的投资收益　　　　　　D. 母公司的投资报酬率
   E. 母公司的投资收益

二、多项选择题

1. 下列项目中,可以通过(　　)等的分析结果来评价企业的利润质量。
   A. 利润结构与企业资源配置战略的吻合性
   B. 资产报酬率
   C. 权益报酬率
   D. 企业利润的含金量
   E. 企业利润的持续性

2. 企业非经常性损益项目可能包括(　　)。
   A. 资产的盘盈或盘亏
   B. 罚款收入或支出
   C. 非流动资产处置收益
   D. 捐赠支出
   E. 资产减值损失

3. 在正常情况下,如果企业核心利润与现金流量表中经营活动产生的现金流量净额相差很大,可能存在的问题有(　　)。
   A. 企业在采购付款方面有较强的议价能力
   B. 企业本期增资扩股,融进大量资金
   C. 企业报表编制有错误
   D. 企业收款不正常,导致回款不足
   E. 企业存在不恰当的资金运作行为

4. 下列项目中,存在利润质量恶化的情况有(　　)。
   A. 业绩过度依赖非主营业务
   B. 期间费用出现反常性的压缩
   C. 存货规模增加
   D. 反常压缩酌量性支出
   E. 应收账款规模不正常增加

5. 下列项目中,可能造成企业毛利率较低的有(　　)。
   A. 会计处理不当,故意采用调低毛利率的手段
   B. 企业经营管理不善,期间费用未能严格控制
   C. 新产品在研究阶段投入过高
   D. 产品的生命周期已经到达衰退期
   E. 产品的品牌、质量、成本和价格等在市场上没有竞争力

三、综合题

1. 2019—2020 年 X 集团的财务数据如表 3-22 所示。请根据表中的相关数据计算 X 集团 2019 年和 2020 年的毛利、毛利率、销售费用率、管理费用率、研发费用率、利息费用率、核心利润、核心利润率、核心利润获现率、销售净利率,并对 X 集团的盈利能力进行分析。

表 3-22　2019—2020 年 X 集团财务数据　　　　　　　　　　　　　　单位:万元

项目	2019 年	2020 年
营业收入	2 966 467.39	3 274 276.68
减:营业成本	2 119 136.44	2 365 587.81

(续表)

项目	2019年	2020年
毛利(营业收入－营业成本)		
毛利率(毛利÷营业收入×100%)		
税金及附加	14 364.62	16 462.82
销售费用	415 630.29	379 503.40
销售费用率(销售费用÷营业收入×100%)		
管理费用	95 745.86	86 044.79
管理费用率(管理费用÷营业收入×100%)		
研发费用	17 388.79	18 108.25
研发费用率(研发费用÷营业收入×100%)		
财务费用	－6 280.36	－23 194.57
其中:利息费用	12 558.21	16 915.37
利息费用率(利息费用÷营业收入×100%)		
核心利润(毛利－税金及附加－销售费用－管理费用－研发费用－利息费用)		
核心利润率(核心利润÷营业收入×100%)		
经营活动产生的现金流量净额(取自现金流量表)	210 474.48	382 890.66
核心利润获现率(经营活动产生的现金流量净额÷核心利润)		
净利润	417 305.20	551 103.62
销售净利率(净利润÷营业收入)		

2. 2016—2020年X集团的营业收入数据如表3-23所示。请计算2016—2020年X集团的营业收入增长额和营业收入增长率,并对X集团的成长性进行分析。

表3-23 2016—2020年X集团营业收入数据　　　　　　　　　　　　单位:万元

项目	2016年	2017年	2018年	2019年	2020年
营业收入	2 241 065.44	2 431 461.40	2 670 821.35	2 966 467.39	3 274 276.68
营业收入增长额					
营业收入增长率					

3. 华帝股份有限公司(股票代码002035)成立于2001年11月28日,其前身中山华帝燃具有限公司成立于1992年4月。华帝股份有限公司主要从事生产和销售燃气用具、厨房用具、家用电器及企业自有资产投资和进出口经营业务。

华帝股份有限公司的产品已形成以灶具(燃气灶、沼气灶)、热水器(电热水器、燃气热水器和太阳能热水器)、抽油烟机、消毒柜、橱柜等系列产品为主的500多个品种,其中燃气灶具成为中国灶具领先品牌,燃气热水器、抽油烟机分别进入全国行业前三强。2006年4月28日,华帝股份有限公司获批成为北京2008年奥运会燃气具独家供应商。2008年3月,华帝股份有限公司成为北京奥运会祥云火炬制造商。

2019年8月29日,广东省企业联合会、广东省企业家协会联合公布"2019广东企业500强"榜单,其中,华帝股份有限公司排名第226。2020年1月11日,"2019中国企业社会责任500优"榜单发布,其中,华帝股份有限公司列第139位。

请结合华帝股份有限公司近5年的财务报表,对其利润的含金量进行分析。

拓展阅读

电商巨头竞争加剧

流量红利日渐消退,电商巨头竞争加剧。一方面,无论是活跃用户,还是营业收入,电商企业一定要保持增长,每一年都要比前一年有所增长,而且每一次财报出来的时候总要有亮点数据。另一方面,传统的业务见顶,电商企业必须要有新的"花招",或者开辟新的业务领域。从2018年开始,淘宝搞了"直播带货",京东搞了"下沉市场",而拼多多除了搞社区卖菜,还大批量吸引品牌商家进驻,打进京东和天猫的腹地。2021年5月份,互联网企业的财报相继出炉。

(一)阿里巴巴首次季度亏损

2021年5月13日,阿里巴巴发布2020年第四财季及全年财报。① 相比以往,本次阿里巴巴财报最受关注的是:集团将此前的182亿元罚款计入第四财季的费用当中。这直接导致了阿里巴巴上市以来首次季度亏损。根据财报,阿里巴巴第四财季经营亏损额为76.63亿元人民币。但如果别除一次性的罚款影响,阿里巴巴的经营利润为105.65亿元,同比增长48%。很明显,阿里巴巴仍然行驶在增长的轨道上。财报显示,阿里巴巴第四财季营收为1 874亿元,同比增长64%,高于市场预估的1 804亿元。在活跃用户数方面,截至2021年3月31日的12个月期间,阿里巴巴在中国零售市场上的年度活跃消费者为8.11亿人。根据财报,截至2021年3月31日,淘宝特价版的年度活跃消费者超过1.5亿人。在2020年,阿里巴巴大约有70%的新增年度活跃消费者来自欠发达地区。阿里巴巴在财报中表示,阿里巴巴将淘宝App定义为"中国最大的社交电商平台",即商家能在平台上通过直播、短视频、互动游戏、图文等方式与消费者互动。此外,阿里巴巴还着重强调了直播的增长情况:2020年,淘宝直播的GMV②超过5 000亿元。此外,阿里巴巴还提及了平台互动对用户留存和复购的积极影响。由于用户在阿里系平台购物的时间增长、品类增加,2020年消费者在阿里巴巴中国零售市场上的年均花费达到9 200元。

对于阿里巴巴的上述财报,有三点值得关注:第一,如果别除182亿元的罚款,阿里巴巴在2021年第一季度的经营利润同比增长为48%;第二,年度活跃用户为8.11亿人,远高于

---

① 阿里巴巴的财年与自然年不同步,其财报从每年的4月1日开始,至第二年的3月31日结束。
② GMV全称为Gross Merchandise Volume,即网站成交金额,多用于电商行业,一般包含拍下未支付的订单金额。

京东,略低于拼多多;第三,淘宝特价版专攻"下沉市场"跟拼多多硬扛,发端于淘宝的直播依然在贡献很大的GMV。

(二)京东财报表现出精细化运营

2021年5月19日,京东发布了2021年第一季度财报。财报显示,2021年第一季度京东集团净收入为2032亿元,同比增长39%;净服务收入增长至279亿元,同比大增73%,其中物流及其他服务收入同比增长超过109%。2021年第一季度京东经营利润为17亿元,2020年同期为23亿元。2021年第一季度京东零售经营利润率为4%,2020年同期为3.7%。截至2021年3月31日,京东的活跃购买用户达到4.998亿人,较2020年第一季度末大幅净增了1.12亿人,创历史最大同期增幅。其中,"下沉市场"是京东新增用户的主要来源。在2021年第一季度京东的新增用户中,来自"下沉市场"的用户比例首次超过了81%。和2020年相比,京东在新增用户方面做得更灵活,一是用户增长拉新的渠道和方式;二是对成本和质量的动态控制。同时,京东对用户增长的运营效率也在提升,用户转化率比前两年有非常明显的提升;新用户的质量也在持续不断地改善,复购率和留存率明显上升,单用户平均收入不断上升;老用户的各项数据在变好,包括频率、频率的宽度、单用户平均收入和留存率都在提升。2021年第一季度,京东的商品销售收入同比增长了34.7%,创下近3年同期的最高增幅。其中,日用百货商品销售收入同比增长35.9%,电子产品及家用电器商品销售收入同比增长34.0%,均超过市场平均增速。京东执行董事徐雷表示,从品类上来讲,大商超的食品、快消品等品类对新用户增长方面的贡献非常明显,手机和家电也带来了较好的新用户增长,而此前增长一般的美妆和服装在这个季度也得到了明显的改善。此外,京东与多家国际时尚品牌达成合作,如2021年3月迪卡侬入驻京东,4月京东与路易威登开启了新合作。

对于京东的上述财报,有四点值得关注:第一,从体量上来看,包括活跃用户人数、利润规模这些方面,京东要远低于阿里巴巴;第二,京东在用户拉新方面与阿里巴巴类似,杀入了"下沉市场",抢夺原来属于拼多多的市场份额;第三,京东作为唯一自营商品占比最高的电商,其用户忠诚度很高,老用户的复购率、用户的人均客单价很高;第四,作为规范化的线上商城,京东不断提升商品的档次和质量,国际时尚品牌甚至奢侈品开始进驻,这对京东来说是非常必要的。

(三)拼多多持续向"五环内"进军

2021年5月26日,拼多多公布了第一季度财报。财报显示,其营收增长239%,净亏损收窄,年度活跃买家迈入8亿用户时代。由于对买菜业务和物流的持续投入,拼多多成本大增。但拼多多"烧钱"相对克制,有意识地收缩亏损。在"造血"能力上,品牌商家成为拼多多下一阶段的争取重点,从2021年3月份起,拼多多开始对部分"百亿补贴"商家抽佣,提升主站的变现能力。2021年第一季度,拼多多实现营收221.671亿元,较上年同比增长239%,营收增长主要源于在线营销技术服务收入和交易服务收入的强劲增长。非通用会计准则下,归属于普通股东的净亏损为18.903亿元,相比2020年同期净亏损31.696亿元有所收窄。截至2021年3月31日,拼多多年度活跃买家达到8.238亿人,较上年同期净增1.957亿人,较2020年年底时的7.884亿人环比达到3540万人的增长。品牌商家曾是阿里巴巴遏制拼多多发展的"杀手锏",双方曾多次就"二选一"问题打口水仗。如今,在阿里巴巴被反垄断调查后,"二选一"被明令禁止,拼多多明显加大了对品牌商家的吸引力度。在财报发布后的电话会上,拼多多战略副总裁表示:"我们在品牌商家方面取得了稳固的进展,因为我们以用户为中心的理念和品牌商寻找触达、服务目标客户新渠道的需求相符合。我们可以看到,越来越多的品牌商寻求与我们合作。"阿迪达斯、强生、联合利华等公司已经与拼多多建立合作,共同定制C2M(用户直连制造)产品。拼多多"新掌门人"陈磊同样谈到了竞争问题:"中国互联网行业竞争一直非常激烈,消费者的行为在快速变化,每一家公司都有自身的优势,归根结底要看每一家公司给消费者带来什么样的价值。良性的竞争永远都是对消费者有利的,随着平台的发展,消费者会得到更好的服务。"

对于拼多多的上述财报,有三点值得关注。第一,拼多多依然在亏损。其财报中提到,拼多多通过"百亿补贴"获得了大量的新用户,但是这显然不是可以持续的长久之计。第二,京东和阿里巴巴都披露了单个用户的GMV贡献值,但是拼多多没有公布该数据。这个数据是非常重要的衡量用户黏性的指标,因为光活跃用户并不能代表什么,高净值用户才有价值。第三,拼多多加大力度引进品牌商进驻,这很显然是要抢夺阿里巴巴和京东的核心业务领地。

参考资料来源:老刀.从一季度财报看,电商巨头也内卷[EB/OL].(2021-06-02)[2021-07-01]. http://www.linkshop.com.cn/web/archives/2021/468963.shtml.

思考:

1. 电商企业的利润来源和传统企业有何不同?
2. 电商企业如何在竞争加剧的情况下实现利润的有效增长?

第四章 现金流量表分析实训

 知识目标

了解现金流的概念;理解现金流量表的作用;掌握现金流量表的三个组成部分以及现金流量表的分析方法。

 能力目标

能够运用相关理论知识对现金流量表进行分析,培养学生在特定的业务情境中分析问题和运用知识的能力,使其能通过对现金流量表的分析评价企业财务状况和预测企业的发展。

 思政目标

培养学生建立"现金是企业生命线"的观念,激发学生的创业热情。

培养学生诚实守信、不做假账的"工匠精神",使学生在走向社会之前充分认识到财务领域所需要的敬业精神,提升自己的职业素质。

导引案例

2014年"OFO小黄车"项目在北京大学创立,戴威和他的4位合伙人开始为这份事业奔走。短短几个月的时间,该项目就获得了2 000多辆自行车。由此,戴威的项目正式试点成功,并开始向北京市及其他一二线城市推广。戴威在2015年成立了北京拜克洛克科技有限公司(以下简称OFO公司),并完成了首轮融资,该项目也正式开始推广。

自2015年6月启动以来,OFO公司已拥有1 000万辆共享单车,累计向全球20个国家、超过250座城市和2亿用户提供了超过40亿次的出行服务,和OFO公司合作的自行车供应商占到共享单车行业的70%。

OFO公司的共享单车模式成功后,摩拜单车等二十多家共享单车公司也在2016年相继冒出,开始加入市场份额争夺战。2016年OFO公司完成了6轮融资,金额高达十多亿元。但紧随其后的是持续攀升的单车破损率和占用率。根据相关数据调查显示，OFO公司的单车破损率高达40%，不少小黄车因破损无法完成使命而成为"城市垃圾"。此时，OFO的局面就有些尴尬了：大量的企业涌入，疯狂"烧钱"，谁也不知道谁能撑到最后，只能不断地投钱进去。

2018年9月，因拖欠货款，OFO公司被凤凰自行车公司起诉。同年10月27日，有媒体披露称OFO小黄车退押金周期再度延长，由原来1~10个工作日延长至1~15个工作日。2018年10月至11月，OFO公司被北京市第一中级人民法院、海淀区人民法院等多个法院列入被执行人名单，涉及执行超标的5 360万元。

相关报道显示，已经有超过千万人在OFO公司的App上排队退押金，创始人戴威还被列入"老赖"名单。

参考资料来源：榴莲科技说.资金链断裂之际，多次拒绝融资，OFO最终走上自我毁灭之路[EB/OL].(2018-11-30)[2021-02-20]. https://www.163.com/dy/article/E1UFRUS9053110C7.html.

思考：从一个令所有互联网从业者都为之狂欢的"独角兽"，成为拖欠千万名用户押金的"老赖公司"，OFO公司经历了什么？为什么会出现这种情况？

第一节 理论知识

一、现金流量表的作用

现金流量表是体现企业现金流入与流出信息的会计报表，它可以反映企业经营活动、投资活动和筹资活动所产生的现金收支活动，以及现金流量净额增减情况。现金流量表分析的目的受到分析主体和服务对象的制约，因为不同的分析主体其目的不同，不同的服务对象所关心的问题也不同。

(一) 帮助投资者、债权人评估公司未来的现金流量

投资者、债权人从事投资与信贷的主要目的是增加其未来的现金流入。利润是直接目标，经济效益是核心目标。在进行相关决策时，债权人必须考虑利息的收取和本金的偿还，而投资者必须考虑股利的获得、股票市价变动的收益和原始投资的保障。这些决策均取决于被投资公司或贷款公司本身现金流量的情况。因为一个公司只有拥有充足的现金流量，才有能力还本付息、支付股利。现金流量表披露的经营活动产生的净现金流入量信息能客观地衡量公司偿还债务、支付股利和对外筹资的能力。经营活动产生的净现金流入量从本质上代表了公司自我创造现金的能力，尽管公司可以通过对外筹资的途径取得现金，但企业债务本息的偿还有赖于经营活动产生的净现金流入量。因此，如果经营活动产生的净现金流入量在现金流量的来源中占有较高比例，则公司的财务基础就较为稳定，其偿债能力和对外筹资能力也就越强。

(二) 便于会计报表用户分析净利润质量

就全部经营时间而言,公司净利润的总和应等于结束清算、变卖资产并偿还各种债务后的净现金流入。但由于会计分期假设和权责发生制的存在,公司在某一会计期间实现的净利润并不正好等于当期经营活动产生的现金流量,一般情况下,两者存在差异。从短期看,损益确认的时间与现金收付的时间不可能完全保持一致,以致有些年份有净利润而无现金,而有些年份则刚好相反。现金流量表分析可以揭示本期净利润与经营活动产生的现金流量之间的差异及原因,便于投资者、债权人更合理地预测公司未来的现金流量。

另外,在某一会计期间,权责发生制的固有缺陷给人为调节收益留有余地,如通过虚列债权和收入的手段虚增利润等,从而造成会计信息失真。但在收付实现制下,虚增的利润并不能产生现金流量增量,企业以收付实现制为基础编制的现金流量表也就难以"粉饰"其经营业绩。因此,现金流量表分析可以促使企业加强债权、债务管理,提高企业盈利能力和现金支付能力;同时也有利于投资者和债权人了解企业的现金流量信息,从而做出正确的决策。

(三) 排除通货膨胀的影响,帮助投资者利用会计报表信息进行正确决策

在通货膨胀环境下,货币的购买力下降,传统会计报表披露的利润就失去了真实性。在资本市场上,这种情形会反过来降低公司股票的吸引力,使公司财务问题更加恶化。对投资者、债权人而言,由于通货膨胀侵蚀了货币的购买力,在复杂的不确定的经济环境下,他们更关心的是所持资产(股票、债券)是否有高度的变现能力。而现金流量表提供的有关现金流量的信息可以真实地反映企业的资金状况,帮助投资者和债权人进行正确决策,并促使企业采取相应的措施应对通货膨胀的影响。

(四) 便于会计报表用户评估报告期内与现金无关的投资及筹资活动

现金流量表除了披露经营活动、投资活动和筹资活动产生的现金流量之外,还可以披露与现金收付无关但是对企业有重要影响的投资及筹资活动产生的现金流量。这对报表用户制定合理的投资与信贷决策、评估公司未来现金流量同样具有重要意义。

二、现金流量表质量分析

在对企业的现金流量质量进行分析时,财务分析人员不仅要关注现金流量的增减变化和结构变化,而且要针对各类活动现金流量的变化过程分别展开分析。由于经营活动、投资活动和筹资活动在企业的资金周转过程中发挥着不同的作用,体现着不同的质量特征,其现金流量质量分析的侧重点也应有所不同。

(一) 经营活动现金流量质量分析

经营活动现金流量是指企业在某一会计期间所有的交易和事项产生的现金流量,是企业通过运用所拥有或控制的资产创造的现金流量。它是企业现金的主要来源,反映企业经营活动创造现金的状况及其带来的营运资金的变动。由于各个企业所处行业不同,各行业的周期性特征及销售特征等情况各不相同,再加上受到宏观经济环境等因素的影响,各行业企业的经营活动现金流量呈现出各自的特点,不能一概而论。经营活动现金流量的最大特点在于它与企业的日常经营活动直接相关,无论是现金流入量还是现金流出量,都体现了企业在维持目前生产能力和生产规模状态下对现金及其等价物的获得与支持水平。经

营活动现金净流量反映出的财务状况、现金流量结构十分重要,总量相同的现金流量在经营活动、投资活动、筹资活动之间分布不同,则意味着不同的财务状况,反映了企业真实的经营成果。一般来说,如果企业所拥有现金的绝大部分不是从经营活动中获得的,企业就无法长久地存续下去。

1. 充足性分析

经营活动现金流量的充足性是指企业是否具有足够的经营活动现金流量来满足正常运转和规模扩张的需要。如果一个企业的经营活动现金流量充足,那么它应该能靠其内部积累维持目前的生产经营,其经营活动现金流入量必须能够抵补当期费用。通常只有在一些特殊情况下,比如初创期、转型期、金融危机期等才允许企业出现负的经营活动现金净流量。在其他正常情况下,如果企业的经营活动现金流量十分有限,可视为企业自身的"造血"功能不足,企业更多的是靠外来资金维持经营。如果外部融资环境出现较大变化,企业的生存发展就会受到直接影响。

2. 合理性分析

经营活动现金流量的合理性分析包括企业经营活动现金流入的顺畅性分析、经营活动现金流出的恰当性分析、经营活动现金流量结构的合理性分析和经营活动现金流入与流出的匹配性分析。

1) 经营活动现金流入的顺畅性分析

经营活动现金流入的主要项目是销售商品、提供劳务收到的现金,该项目的规模主要取决于企业营业收入的规模、信用政策的松紧程度和企业实际的回款状况等因素。对于企业经营活动现金流入是否顺畅,我们可以通过利润表中的营业收入以及资产负债表中的商业债权(应收账款和应收票据)、预收款项等项目的期初、期末余额的变化情况来分析和判断。另外,企业所处行业的结算特点、企业与经销商和客户之间的议价能力以及市场竞争状况等因素也会对其造成不同程度的影响。

2) 经营活动现金流出的恰当性分析

经营活动现金流出的主要项目通常是购买商品、接受劳务支付的现金,该项目的规模主要取决于企业营业成本的规模、采购规模、相应的采购政策和企业的实际付款状况等因素。对于企业经营活动现金流出是否恰当,我们可以通过利润表中的营业成本以及资产负债表中的应付账款、应付票据、存货、预付款项等项目的变化情况来分析和判断。另外,企业所处行业的结算特点、企业与供应商之间的议价能力以及市场竞争状况等因素也会对其造成不同程度的影响。

3) 经营活动现金流量结构的合理性分析

由于不同企业的商业模式、管理方式各有特点,其经营活动现金流量结构也会有很大差异。例如,一些企业是季节性经营,即在个别季度投资建立存货,而大部分销售在其余季节发生。在购进存货的季节,经营活动现金流出大于现金流入;而在存货销售的季节,经营活动现金流出小于现金流入。对一些公司来说,暂时性的经营活动现金净流量为负是可以接受的,如有的制造商必须在生产初期购进存货并改进工艺以适应新产品的生产,此时会产生大量的经营活动现金流出。

4) 经营活动现金流入量和现金流出量的匹配性分析

为尽量避免现金闲置或现金紧张局面的发生,企业采取有效措施实现现金流入与流出的同步协调也是很有必要的。在正常经营情况下,企业的购销和信用政策一般比较稳定,销售业务也较少出现大起大落的情形。因此,企业经营活动现金流量年度内应保持一定的均衡性,否则表明其经营现金流量存在被粉饰的可能。但需要指出的是,为了使结论更为准确合理,财务分析人员还应当同时考虑企业的会计行为(如是否存在年底结账的习惯)、结算方式(如是否采用国际信用证方式结算)以及所属行业的具体特征(如是否具有季节性生产的特点)。此外,关联方交易对企业现金流也存在一定的影响,财务分析人员应关注企业是否存在与关联方进行期末大额款项往来等情况。

3. 稳定性分析

经营活动现金流量的稳定性分析是分析企业各会计期间的经营活动现金流量规模是否存在剧烈波动状况、内部构成是否基本符合所处行业特征以及是否存在异常变化情况。利润的稳定性是投资者做出投资决策的可靠依据,而高质量的现金流量是利润稳定的前提,经营活动产生的现金流量是影响利润稳定的主要因素,它是否能够弥补非付现成本决定着企业的发展。我们将经营活动产生的现金净流量与资产负债表和利润表中的相关科目作对比,能够揭示企业利润的真实情况。持续平稳的现金流量是企业正常运营和规避风险的重要保证。

如果企业主营业务活动流入的现金量明显高于其他经营活动流入的现金量,表明企业经营活动现金流入结构比较合理,经营活动现金流量的稳定程度较高、质量也较好;反之,则说明企业主营业务活动的创现能力不强,维持企业运行和支撑企业发展的大部分资金由非核心业务活动提供,企业缺少稳定可靠的核心现金流量来源,其经营活动现金流量的稳定性与质量较差。

(二) 投资活动现金流量质量分析

企业大部分投资收益的获取通常具有一定的滞后性,即本期投资引发的现金流出也许在当期并不能带来相应的回报。因此,各期投资活动现金流入量和投资活动现金流出量之间并不存在直接的对应关系,在实践中我们需要从投资活动现金流量与企业战略的吻合性和投资活动现金流量的盈利性两个方面进行质量分析。

1. 投资活动现金流量与企业战略的吻合性分析

企业的投资活动主要有三个目的:第一,为企业正常生产经营活动奠定基础,如购建固定资产、无形资产和其他长期资产等;第二,为企业对外扩张和其他发展性目的进行权益性投资和债权性投资;第三,利用企业暂时不用的闲置货币资金进行短期投资,以求获得较高的投资收益。其中,前两类活动将为企业未来的发展奠定基础,应该体现企业长期发展战略的要求。因此,企业投资活动的现金流量应与企业发展战略相吻合。这种战略吻合性是企业投资活动应具备的基本质量特征。

1) 对内扩张或调整的战略吻合性分析

我们将投资活动现金流出量中"购建固定资产、无形资产和其他长期资产支付的现金"与现金流入量中"处置固定资产、无形资产和其他长期资产收回的现金"的现金规模进行比较,可以考察企业经营活动发展的战略意图。

若两者均具有较大规模,通常表明企业正处在长期经营性资产的大规模置换与优化阶段,这体现出企业战略转型的主动选择,意味着企业技术装备水平的改善、产品适应市场能力的提高,企业核心竞争力有可能会因此有所增强。这种转型或调整的实施效果可以通过以后期间的核心利润和经营活动现金流量的表现来检验。

若前者远大于后者,通常表明企业在原有生产经营规模的基础上,试图通过对内扩张战略来进一步提升市场占有率和主业的竞争力。在原有资产结构中,经营性资产占主要地位的话,这种对内扩张态势在一定程度上表明了企业坚持经营主导型战略的意图。

若前者明显小于后者,通常表明企业在收缩主业经营战线和规模,但也有可能是企业在资金紧张或者市场前景暗淡情况下的无奈之举。

2) 对外扩张或调整的战略吻合性分析

对外长期股权投资活动现金流出量的规模和结构分布可以揭示企业的战略信息。投资活动现金流出量中"投资所支付的现金"与现金流入量中"收回投资所收到的现金"的规模对比,可以反映企业对外投资发展战略的实施和调整情况。

若两者均具有较大规模,且规模相当,通常表明企业正处在对外投资的结构性调整阶段,财务分析人员应密切关注这种投资战略调整对企业未来盈利能力和现金流量的影响。

若前者远大于后者,通常表明企业的对外投资呈现总体扩张的态势,财务分析人员应关注企业新的投资方向是否会提升企业的行业竞争力或者分散企业的经营风险。

若前者明显小于后者,通常表明当期企业的对外投资呈现总体收缩的态势,财务分析人员首先要关注所收回投资的盈利性,其次要关注收缩的真正意图是企业在主动处置不良资产(主要指效益不好或发展前景暗淡的投资对象)还是在资金紧张等情况下的无奈之举。

3) 对内对外投资相互转移的战略吻合性分析

在有些情况下,企业会在对内投资和对外投资之间进行调整,要么在大规模处置固定资产、无形资产和其他长期资产的同时大规模进行投资支付,要么在大规模收回投资的同时大规模购建固定资产、无形资产和其他长期资产。这些情况的出现可能意味着企业在对经营主导型战略或投资主导型战略进行调整,以实现盈利模式的转变。我们在分析时应结合行业市场环境和宏观经济环境等因素来判断其对企业未来发展的影响。

2. 投资活动现金流量的盈利性分析

投资意味着发展,投资活动的最终目的当然是获取盈利。因此,盈利性是企业投资活动应具备的另一基本质量特征。

对于购建固定资产、无形资产和其他长期资产支付的现金,我们要关注持续增加的固定资产对企业营业收入与核心利润的贡献,以及在建工程规模变化与固定资产规模变化之间的关系。从在建工程到固定资产以及从形成固定资产到产生效益的时间不能太久,因为在建工程规模过大、转化成固定资产的时间过长、短时间内企业固定资产原值增长过快,都可能使企业近期的财务效益下降。

企业投资活动产生现金流入主要有两种情况:一是收回投资成本或残值(包括收回对外投资本金和处置固定资产、无形资产和其他长期资产的变现价值)。对此,我们应重点进行变现价值与投资初始成本的比较,可通过分析财务报表附注中处置各类投资取得的投资收益情况以及营业外收入或营业外支出的明细项目,来考察收回投资成本过程中所体现的盈利性。二是取得投资收益收到的现金。对此,我们应主要通过对比投资收益附注中有关"成本法、权益法核算的长期股权投资收益"和现金流量表中"取得投资收益收到的现金"来分析投资收益的现金获取能力。

（三）筹资活动现金流量质量分析

筹资活动产生的现金流量可以用于维持企业经营活动、投资活动的正常运转。在满足企业经营活动和投资活动现金需求的同时,企业应尽量降低融资成本,优化资本结构,避免不良融资行为。

1. 适应性分析

适应性分析是考察筹资活动现金流量是否与经营活动现金流量和投资活动现金流量相适应。当企业经营活动和投资活动现金流量净额之和小于零、企业又没有足够的现金可以动用时,筹资活动应该及时、足额地筹集到相应数量的现金,以满足企业的资金需求。当企业经营活动和投资活动现金流量净额之和大于零、企业需要降低现金闲置余额时,筹资活动应适时地调整筹资规模和速度,并积极归还借款本金。当债务融资到期且企业没有足够的自有资金积累时,企业应有能力适时举借新的债务或者通过其他渠道筹集到资金,以保证如期偿清债务。

2. 多样性分析

多样性分析是考察企业的筹资渠道及方式是否多样化。因为不同的筹资渠道及方式的成本和风险相差很大,企业必须根据自身实际情况选择适合企业发展的渠道和方式,确定合理的筹资规模、期限和还款方式,实现筹资渠道和方式的多样化,从而优化资本结构,将财务风险控制在适当范围内。

3. 恰当性分析

恰当性分析是考察企业是否存在超过实际需求的过度融资。在筹资活动现金流量净额大于零的情况下,我们要着重分析企业的筹资活动是否与企业未来的发展战略相一致,判断这是企业管理层以扩大投资和经营活动为目标的主动筹资行为,还是企业因投资活动和经营活动现金流出失控而被迫采取的筹资行为。

此外,筹资活动现金流量质量分析还包括对筹资成本(包括借款利息和现金股利)的现金支付状况、到期债务的偿还状况等方面的分析。

（四）现金流量表附注中包含的企业现金流量质量信息

现金流量表附注一般包括现金流量表补充资料、不涉及现金收支的筹资和投资活动以及现金和现金等价物的净变动情况。这三方面的内容都会在一定程度上涉及企业现金流量质量的信息。

第二节　职业能力训练

一、经营活动现金流量的质量分析

经营活动现金流量是企业持续发展的内部动力,是企业自我"造血"能力的表现。现金流量质量分析的核心是经营活动现金流量分析。

(一) 经营活动现金流量的充足性分析

核心利润反映了整个企业经营活动的盈利能力。一般来说,在存货周转次数大于2的情况下,企业经营现金净流量是核心利润的1.2～1.5倍。如果存货周转次数小于2,从经营周期的角度来看,在一个经营周期内,企业的核心利润与经营现金净流量之间也应该满足上述比值关系。2016—2020年云南白药集团存货周转次数及经营现金净流量如表4-1所示。

表4-1 2016—2020年云南白药集团存货周转次数及经营现金净流量

项目	2016年	2017年	2018年	2019年	2020年
存货周转次数(次)	2.51	2.15	1.99	1.95	2.08
营业收入(万元)	2 241 065.44	2 431 461.40	2 670 821.35	2 966 467.39	3 274 276.68
营业成本(万元)	1 571 796.12	1 673 157.52	1 854 943.36	2 119 136.44	2 365 587.81
税金及附加(万元)	15 383.12	16 965.30	17 625.43	14 364.62	16 462.82
销售费用(万元)	284 048.87	368 351.24	392 159.48	415 630.29	379 503.40
管理费用(万元)	48 354.36	38 676.32	31 206.69	95 745.86	86 044.79
研发费用(万元)	—	—	11 030.41	17 388.79	18 108.25
利息费用(万元)	12 490.50	12 788.26	19 430.66	12 558.21	16 915.37
核心利润(万元)	308 992.47	321 522.76	344 425.32	291 643.18	391 654.24
充裕状态下经营现金净流量范围(亿元)	37.08～46.35	38.58～48.23	41.33～51.66	34.99～43.74	47.00～58.75
实际经营现金净流量(亿元)	29.85	11.56	26.30	21.05	38.29

经计算,2016—2020年云南白药集团的核心利润最低为29.16亿元,最高为39.17亿元,按照经营现金净流量为核心利润1.2～1.5的要求计算,这5年充裕状态下经营现金净流量范围如表4-1所示。我们将这一数据和实际经营现金净流量相比,发现云南白药集团这5年的实际经营现金净流量充裕程度不足。其原因主要有以下两点。

1. 抵补固定资产折旧和无形资产、长期资产摊销

年报显示,云南白药集团2016年的固定资产折旧、油气资产折耗、生产性生物资产折旧为1.07亿元,无形资产摊销为0.10亿元,长期资产摊销为0.03亿元,上述三项合计为1.20亿元。2017—2020年这三项合计分别为1.33亿元、1.39亿元、1.78亿元和1.89亿元。

2. 支付现金股利

如果企业股利分配过高,把以前年度的累计利润都进行分配,可能会导致后续年度经营活动产生的现金流量不够充裕。

相关资料显示,云南白药集团2016年度利润分配方案如下:以总股数1 041 399 718股为基数,向全体股东每10股派发现金红利8元(含税),送红股0股,不以公积金转增股本。由此可见,云南白药集团在2016年共派发现金股利83 311.98万元,导致现金大量流出。此外,2017—2020年云南白药集团派发现金股利分别为156 209.96万元、208 279.94万元、383 221.00万元和491 674.29万元。

(二)经营活动现金流量的合理性分析

经营活动现金流量的合理性分析是考察企业经营活动现金流入是否顺畅,经营活动现金流出是否恰当,结构是否合理,经营活动的现金流入量与流出量之间是否规模匹配、协调。下面我们以云南白药集团2016年的相关数据为例对其经营活动现金流量的合理性进行分析。云南白药集团2016年资产负债表部分数据如表4-2所示。

表4-2 云南白药集团2016年资产负债表部分数据——收款安排　　单位:万元

项目	年初	年末
应收票据①	360 607.07	394 336.18
应收账款②	105 773.51	101 203.64
应收款项融资③	0.00	0.00
商业债权合计=①+②+③	466 380.58	495 539.82
存货	562 500.50	691 803.04
预收款项	42 474.90	106 991.28
合同负债	0.00	0.00

1. 债权的回款情况

表4-2表明,云南白药集团2016年的商业债权合计从年初的46.64亿元增加至年末的49.55亿元,增加了2.91亿元。也就是说,当年的赊销款中至少少收回2.91亿元的货款。这意味着该集团在面临市场竞争压力比较大的情况下放松了赊销的回款条件。

2. 债权结构的变化

表4-2表明,云南白药集团2016年应收项目的主体是应收票据和应收账款,其中,回收风险较大、质量相对较低的应收账款金额较小,而金额较大的应收票据通常是银行承兑的商业汇票,回款是有保证的。由此可见,云南白药集团的债权质量较高,可回收性较强。

3. 考察预收款项与合同负债之和年末与年初的变化

云南白药集团2016年没有合同负债,其预收款项从年初的4.25亿元增至年末的10.70亿元,增加了6.45亿元。这表明企业的预收款能力得到增强。

总体来看,云南白药集团的商业债权规模较大,但债权结构良好,企业不存在较大的债权危机。具体表现为:①企业预收款项增加,销售有所增强;②企业对其供应商有较强的付款安排能力,在采购环节获得了大量的商业信用;③企业在收款方面有所放松,其商业债权上的资金占用相对增长较快,但债权结构和质量均比较理想。

二、投资活动现金流量的质量分析

1. 从投资流出量的结构看战略

企业购建固定资产和无形资产是对内扩大再生产(对内扩张),对外进行长期股权投资尤其是控制性投资是对外扩张。因此,我们可以从投资活动现金流出量的规模和结构来观察企业的战略信息。

根据表4-3可知,公司购建固定资产、无形资产和其他长期资产所支付的现金占公司现金流出量比重在2018年大幅增加到13.19%,而在其他年度维持在1.73%~4.93%,这说明公司除了在2018年进行了大规模对内扩大再生产,其余年度对内扩张速度较缓慢且变化不大。

云南白药集团投资所支付的现金占投资活动现金流出量的比重在所有投资活动现金流出项目中比重最大,尤其在2017年、2019年和2020年占比高达90%以上,反映出公司把更多的现金用于对外扩张或者证券投资。

表4-3　2016—2020年云南白药投资活动现金流量明细　　　　　　　　　单位:万元

项目	2016年	2017年	2018年	2019年	2020年
收回投资所收到的现金	302 217.24	672 556.37	315 228.82	2 724 959.65	2 869 582.50
取得投资收益所收到的现金	18 575.84	28 753.83	5 614.79	26 763.51	23 635.97
处置固定资产、无形资产和其他长期资产所收回的现金净额	651.90	6 235.10	16.08	1 299.10	1 548.81
处置子公司及其他营业单位收到的现金净额	—	—	—	44 578.31	0.00
收到的其他与投资活动有关的现金	420.23	52 023.47	2 285.13	188 887.98	29 192.09
投资活动现金流入小计	321 865.22	759 568.77	323 144.82	2 986 488.54	2 921 959.37
购建固定资产、无形资产和其他长期资产所支付的现金	14 063.20	19 320.68	53 962.07	78 328.37	48 642.06
投资所支付的现金	556 405.61	775 428.15	334 929.75	1 445 934.02	2 728 667.95
取得子公司及其他营业单位支付的现金净额	8 612.03	—	33.63	—	—
支付的其他与投资活动有关的现金	141 504.08	—	20 100.00	65 600.00	36 000.00
投资活动现金流出小计	720 584.92	794 748.84	409 025.45	1 589 862.39	2 813 310.00
投资活动产生的现金流量净额	−398 719.70	−35 180.07	−85 880.64	1 396 626.16	108 649.37

2. 现金流量变化与效益的关系分析

对于云南白药集团利用现金支付购建固定资产、无形资产和其他长期资产的情况,我们应关注增加的固定资产对云南白药集团营业收入及核心利润的影响。由之前分析结果可知,2016—2020年云南白药集团投资支出的现金主要用于扩大自身生产经营能力。如表4-1所示,云南白药集团这5年的营业收入、核心利润等关键效益及质量指标呈现上升的态势,说明其投资活动是有成效的。

三、筹资活动现金流量的质量分析

1. 适应性分析

企业是否会进行筹资活动以及筹资活动产生的现金流量规模主要取决于企业经营活动产生的现金流量净额与投资活动产生的现金流量净额之和是大于零还是小于零。也就是说,如果企业经营活动产生的现金流量净额与投资活动产生的现金流量净额之和大于零,那么就不需要进行筹资活动;反之,企业就需要筹资活动带来的现金流量。

2016—2020年云南白药集团现金流量表部分数据如表4-4所示。从表4-4可知,云南白药集团2016年经营活动与投资活动产生的现金流量净额之和小于零,于是云南白药集团发行了公司债,以满足上述两类活动的资金需求。其筹资活动产生的现金流入主要表现为取得借款收到的现金,筹资活动产生的现金流量净额为正。进一步来看,云南白药集团2017—2020年经营活动与投资活动产生的现金流量净额之和大于零,于是云南白药集团适时调整了筹资规模和速度,故其筹资活动产生的现金流量净额为负。

表4-4 2016—2020年云南白药集团现金流量表部分数据　　　　　单位:万元

项目	2016年	2017年	2018年	2019年	2020年
经营活动现金净流量	298 475.77	115 568.99	262 980.72	210 474.48	382 890.66
投资活动现金净流量	−398 719.70	−35 180.07	−85 880.64	1 396 626.16	108 649.37
经营活动与投资活动现金净流量合计	<0	>0	>0	>0	>0
筹资活动产生的现金流量净额	22 534.73	−91 172.81	−161 982.28	−934 067.60	−297 844.34
吸收投资收到的现金	1 190.00	—	4 974.00	3 225.00	25 305.00
其中:子公司吸收少数股东投资收到的现金	490.00		4 974.00	3 225.00	25 305.00
取得借款收到的现金	89 654.40	—	—		202 544.31
收到其他与筹资活动有关的现金	3 562.72	3 066.46	—	20 236.81	56 129.58
筹资活动现金流入小计	94 407.12	3 066.46	4 974.00	23 461.81	283 978.90

(续表)

项目	2016年	2017年	2018年	2019年	2020年
偿还债务支付的现金	2 000.00	1 110.00	—	319 862.96	2 200.00
分配股利、利润或偿付利息所支付的现金	69 168.78	93 079.27	166 917.04	267 051.59	390 832.76
其中:子公司支付给少数股东的股利、利润	—	—	—	—	—
支付其他与筹资活动有关的现金	703.61	50.00	39.24	370 614.86	188 790.48
筹资活动现金流出小计	71 872.39	94 239.27	166 956.28	957 529.41	581 823.24

2. 多样性分析

不同的筹资渠道及筹资方式,其成本和风险相差很大。因次,企业必须根据自身实际情况选择适合自身发展的筹资渠道和筹资方式,确定合理的筹资规模、期限和还款方式,实现筹资渠道和方式的多样化。

表 4-4 数据显示,2016 年云南白药集团经营活动产生的现金流入量远远不能满足其投资活动产生的现金流出量需求,其筹资活动现金流入表现为吸收投资收到的现金、取得借款收到的现金和收到其他与筹资活动有关的现金,筹资渠道和方式多样化。也就是说,2016 年云南白药集团投资活动产生的资金缺口需要通过筹资活动来弥补。

2017—2020 年云南白药集团筹资活动产生的现金流量净额为负,其中 2017 年筹资活动现金流入全部来源于收到其他与筹资活动有关的现金;2018 年全部来源于吸收投资收到的现金,这两年的筹资渠道和方式较单一;2019 年筹资活动现金流入来源于吸收投资收到的现金与收到其他与筹资活动有关的现金;2020 年筹资活动现金流入还有一部分来源于取得借款收到的现金,且所占比例很大,表明公司的筹资渠道和方式开始多样化。

第三节 实训任务

一、实训任务 1:西藏旅游现金流量表分析

(一) 实训目标

(1) 根据西藏旅游近 5 年的财务报表,分析其现金流入结构、现金流出结构和现金净流量结构。

(2) 结合行业特征,对西藏旅游核心利润产生现金流量的能力进行分析。

(3) 对西藏旅游的投资能力、筹资能力进行分析。

(4) 通过对企业现金流结构的分析,考察西藏旅游资源配置战略的实施情况。

(5) 分析西藏旅游现金流结构与公司发展战略的吻合性。

(二) 实训企业描述

西藏旅游股份有限公司(简称西藏旅游)是西藏旅游业的旗舰企业(股票代码 600749),是西藏自治区唯一一家以旅游、文化传媒为主业的上市公司。该公司下设西藏圣地国际体育旅游公司、西藏旅游股份有限公司喜玛拉雅饭店、西藏旅游股份有限公司林芝分公司、西藏巴松措旅游开发有限公司、西藏圣地旅游汽车有限公司、西藏雪巴拉姆艺术演出有限公司。这六家下属公司构成了稳固的旅游服务体系。此外,文化传媒版块的西藏圣地文化有限公司和西藏国风广告有限公司也是西藏旅游的下属企业,它们以文化消费的方式实现西藏文化的导引、传播,让世界了解西藏。

(三) 实训准备

(1) 学生分组。每组 6~8 人,确定 1 名正组长和 1 名副组长。
(2) 学生分工。由组长对组内学生按任务要求进行合理分工。
(3) 制订工作计划。每个小组制订一份工作计划,格式如表 4-5 所示。

表 4-5　工作计划

主要工作任务	实施时间	实施形式	主要负责人

实训小组组长:

实训小组成员:

年　月　日

指导老师审阅意见:

签名:

年　月　日

(四)实训流程

(1) 各小组学习任务目标和任务描述,复习现金流量表相关知识,确定分析思路和拟使用的分析方法。

(2) 各小组讨论制订工作计划。

(3) 指导老师审阅各小组制订的工作计划,并签批。

(4) 各小组通过网络收集西藏旅游近5年的财务报表、年度报告、公司资讯、公司研究报告等信息。

(5) 各小组选定至少2家同行业公司作为对比公司,并通过网络收集这些对比公司近5年的财务报表、年度报告、公司资讯、公司研究报告等信息,做同行对比分析。

(6) 各小组运用多种分析方法对西藏旅游的现金流进行分析,并根据分析结果总结该公司存在的问题,给出针对性建议。

(7) 各小组撰写西藏旅游现金流量表分析报告。

(五)完成分析报告

各小组根据分析结果撰写西藏旅游现金流量表分析报告,格式如表4-6所示。

表4-6 西藏旅游现金流量表分析报告

一、计算现金流量表分析的相关财务指标
二、相关财务指标变化趋势分析
三、现金流量表质量分析 (一)经营活动现金流量的质量分析 (二)投资活动现金流量的质量分析 (三)筹资活动现金流量的质量分析

(六)填写实训进度表

各小组根据任务完成时间,填写实训进度表,格式如表4-7所示。

表 4-7 实训进度表

实训任务	完成时间	主要负责人

实训小组组长：

（七）实训评价

(1) 各小组将完成的西藏旅游现金流量表分析报告上传至班级学习信息平台，如 qq 群、微信群、"雨课堂"等，并选派代表参加班级讨论交流。

(2) 各小组之间进行互评，并填写实训评价表，格式如表 4-8 所示。

表 4-8 实训评价表

评分点	评分要点	得分
层次分明(30分)	条理清楚，逻辑严谨	
内容翔实(30分)	充分结合案例进行成因分析，内容具有一定的深度	
思考全面(20分)	全方位、多层次、多角度思考	
观点新颖(10分)	具有创新性观点	
表达清晰(10分)	语言流畅，举止大方得体	

二、实训任务 2：东方航空现金流量表分析

（一）实训目标

(1) 根据东方航空近 5 年的财务报表，分析其现金流入结构、现金流出结构和现金净流量结构。

(2) 结合行业特征，对东方航空核心利润产生现金流量的能力进行分析。

(3) 对东方航空投资能力、筹资能力进行分析。

(4) 通过对企业现金流结构的分析，考察东方航空资源配置战略的实施情况。

(5) 分析东方航空现金流结构与公司发展战略的吻合性。

（二）实训企业描述

中国东方航空集团有限公司（简称东方航空）总部位于上海，是中国三大国有骨干航空

运输集团之一,截至2020年年底,东方航空总资产超过2 824亿元,经营业务涵盖航空客运、航空物流、航空金融、航空地产、航空食品、融资租赁、进出口贸易、航空传媒、实业发展、产业投资等航空高相关产业。在建立起现代航空综合服务集成体系的基础上,公司全力打造MRO(维修)、航空食品、科技创新、金融贸易、产业投资平台五大产业板块。截至2020年年底,东方航空的机队规模是全球规模航企中最年轻的机队之一,拥有中国规模最大、商业和技术模式领先的互联网宽体机队。目前,东方航空构建起以上海和北京为主的"两市四场"双核心枢纽网络,通达全球170个国家和地区的1 036个目的地,每年为全球超过1.3亿旅客提供服务,旅客运输量位列全球前十。

一直以来,东方航空积极履行社会责任,执行一系列应急救灾和海外公民接运任务,以航空扶贫、产业扶贫等方式多年定点帮扶云南省临沧市的双江县和沧源县,助力两县实现脱贫摘帽,持续推进乡村振兴。东方航空全面推动"绿色飞行",打赢"蓝天保卫战",在"十三五"期间实现减碳200万吨。自新冠肺炎疫情发生以来,东方航空承担中国民航1/3以上的抗疫运输任务,率先推出"定制包机"、民航最大"客改货"机队和"随心飞"系列创新产品,全力为复工复产和生产供应链稳定提供服务。

(三)实训准备

(1) 学生分组。每组6~8人,确定1名正组长和1名副组长。

(2) 学生分工。由组长对组内学生按任务要求进行合理分工。

(3) 制订工作计划。每个小组制订一份工作计划,格式如表4-9所示。

表4-9 工作计划

主要工作任务	实施时间	实施形式	主要负责人

实训小组组长:

实训小组成员:

年　月　日

指导老师审阅意见:

签名:

年　月　日

(四)实训流程

(1) 各小组学习任务目标和任务描述,复习现金流量表相关知识,确定分析思路和拟使用的分析方法。

(2) 各小组讨论制订工作计划。

(3) 指导老师审阅各小组制订的工作计划,并签批。

(4) 各小组通过网络收集东方航空近5年的财务报表、年度报告、公司资讯、公司研究报告等信息。

(5) 各小组选定至少2家同行业公司作为对比公司,并通过网络收集这些对比公司近5年的财务报表、年度报告、公司资讯、公司研究报告等信息,做同行对比分析。

(6) 各小组运用多种分析方法对东方航空的现金流结构进行分析,并根据分析结果总结该公司存在的问题,给出针对性建议。

(7) 各小组撰写东方航空现金流量表分析报告。

(五)完成分析报告

各小组根据分析结果撰写东方航空现金流量表分析报告,格式如表4-10所示。

表4-10 东方航空现金流量表分析报告

一、计算现金流量表分析的相关财务指标
二、相关财务指标变化趋势分析
三、现金流量表质量分析 (一)经营活动现金流量的质量分析 (二)投资活动现金流量的质量分析 (三)筹资活动现金流量的质量分析

（六）填写实训进度表

各小组根据任务完成时间，填写实训进度表，格式如表 4-11 所示。

表 4-11　实训进度表

实训任务	完成时间	主要负责人

实训小组组长：

（七）实训评价

（1）各小组将完成的东方航空现金流量表分析报告上传至班级学习信息平台，如 qq 群、微信群、"雨课堂"等，并选派代表参加班级讨论交流。

（2）各小组之间进行互评，并填写实训评价表，格式如表 4-12 所示。

表 4-12　实训评价表

评分点	评分要点	得分
层次分明(30 分)	条理清楚，逻辑严谨	
内容翔实(30 分)	充分结合案例进行成因分析，内容具有一定的深度	
思考全面(20 分)	全方位、多层次、多角度思考	
观点新颖(10 分)	具有创新性观点	
表达清晰(10 分)	语言流畅，举止大方得体	

 课后习题

一、单选题

1. 下列财务活动中不属于企业筹资活动的是（　　）。
   A. 发行债券　　　　　　　　　　B. 分配股利
   C. 吸收权益性投资　　　　　　　D. 购建固定资产

2. 下列各项不属于现金流量表分析目的的是( )。
   A. 了解企业资产的变现能力　　　　B. 了解企业现金变动情况和变动原因
   C. 判断企业获取现金的能力　　　　D. 评价企业盈利的质量
3. 下列各项属于工业企业投资活动产生的现金流量的是( )。
   A. 向银行借款收到的现金　　　　　B. 以现金支付的债券利息
   C. 发行公司债券收到的现金　　　　D. 以现金支付的在建工程人员工资
4. 下列各项不在"销售商品、提供劳务收到的现金"项目中反映的是( )。
   A. 应收账款的收回　　　　　　　　B. 预收销货款
   C. 向购买方收取的增值税销项税额　D. 本期的购货退回
5. 在企业处于高速成长阶段,投资活动现金流量往往是( )。
   A. 流入量大于流出量　　　　　　　B. 流出量大于流入量
   C. 流入量等于流出量　　　　　　　D. 不一定

二、多选题

1. 现金流量表中的现金是指( )。
   A. 库存现金　　　　　　　　　　　B. 银行存款
   C. 其他货币资金　　　　　　　　　D. 现金等价物
   E. 长期股票投资
2. 一般而言,对于一个正常发展的企业,其( )。
   A. 经营活动现金流入和流出比率应大于1
   B. 投资活动现金流入和流出比率应小于1
   C. 投资活动现金流入和流出比率应大于1
   D. 筹资活动现金流入和流出比率应小于1
   E. 筹资活动现金流入和流出比率应围绕1上下波动
3. 我国的《企业会计准则——现金流量表》将现金流量分为( )。
   A. 经营活动现金流量　　　　　　　B. 税收活动现金流量
   C. 投资活动现金流量　　　　　　　D. 筹资活动现金流量
   E. 租赁活动现金流量
4. 经营活动现金流量质量分析包括( )。
   A. 充足性分析　　　　　　　　　　B. 合理性分析
   C. 多样性分析　　　　　　　　　　D. 稳定性分析
   E. 融资行为的恰当性分析
5. 现金流量表的作用包括( )。
   A. 有助于解释、评价和预测企业的现金流量和现金获取能力
   B. 有助于管理者作出固定资产购买与投资的决策
   C. 有助于分析企业利润的含金量,评价企业的支付能力和偿债能力
   D. 有助于了解和判断企业的现金流量质量以及战略支撑能力
   E. 有助于管理者作出更为科学的经营决策

三、综合题

2020年X公司现金流量情况如表4-13所示。

表4-13　2020年X公司现金流量　　　　　　　　　　　单位:万元

项目	2020年
经营活动现金流入	418 233.62
经营活动现金流出	398 140.44
经营活动产生的现金流量净额	20 093.18
投资活动现金流入	481.93
投资活动现金流出	8 553.94
投资活动产生的现金流量净额	−8 072.01
筹资活动现金流入	143 343.42
筹资活动现金流出	145 843.25
筹资活动产生的现金流量净额	−2 499.83
现金流入总量	562 058.97
现金流出总量	552 537.63
现金净流量	9 521.34

思考: 请分析评价X公司2020年的现金流量质量。

拓展阅读

千亿巨债压顶！张近东"卖身"救急,苏宁易购要凉了?

2021年2月25日,苏宁易购突发停牌,张近东被迫出售百亿股权"续命"！而付出的代价是张近东或将彻底失去对苏宁易购的控制权。至此,巨债压顶的苏宁易购,最后的"遮羞布"被揭开……

一、导火索:一场"200亿"的蝴蝶效应！

2021年开年以来,苏宁易购等来的是一个又一个坏消息。

2021年1月29日,苏宁易购发布2020年度业绩报告称,实现营业收入2 575.62亿元至2 595.62亿元,预计2020年归属上市公司股东的净利润为−39.52亿至−34.53亿元,同比下滑140.16%至135.08%。但在整个2020年,张近东都在刻意塑造苏宁易购不差钱的假象,包括辟谣"资金链断裂传闻"和突然给员工涨薪……但明眼人都知道,苏宁电器(苏宁易购母公司)的现金流告急,早有端倪。

2019年2月前后,苏宁易购还财大气粗地一口气买下37家万达百货,耗资80亿元,为彼时财务压顶的王健林纾困,实乃"雪中送炭"的又一典范。但自2020年8月起,苏宁易购就开始了不断质押股权,12月4日,张近东被迫将苏宁控股集团100%股权质押给淘宝,以获得10亿元借款。质押股权其实是风险极高的商业行为，一旦将来触发违约，将面临全线爆仓的危险。

2021年2月10日，中诚信国际信用评级有限公司发布评级报告，将苏宁易购评级展望调整为负面，理由是苏宁电器本部债券集中兑付压力大。消息一出，市场对苏宁易购本就不足的信心再次跌到冰点。

二、转型失败，深陷千亿巨债泥潭！

苏宁易购也曾有过风光的时候，2011年11月18日，苏宁易购凭借迅猛的发展态势与创新商业模式，荣膺"2011最佳商业模式十强"。2011年，苏宁易购营收达到938.9亿元，净利润达48.9亿元，要知道当年阿里巴巴同期的净利润只有16.7亿元，营收规模也就64.2亿元，同期的京东营收211亿元，净利润为−12.8亿元。当时苏宁是妥妥的"零售霸主"。可好景不长，2012年，苏宁易购的扣非净利润腰斩，2014年开始至今便是连续7年的亏损。

截至2020年9月末，苏宁易购总资产为2 211.93亿元，总负债1 361.4亿元，资产负债率61.55%。苏宁易购的流动负债1 099.67亿元（主要为应付票据和应付账款），一年内到期的短期负债达327.13亿元。而苏宁易购账面上仅剩的308亿元货币资金和超过200亿元的受限资金不可动用，短期偿债风险较大。一边是巨额亏损，一边是债台高筑现金流告急，苏宁易购这么大的盘子，持续亏钱的原因在哪？表面上看，是因为零售业务下滑和物流成本上升导致的苏宁易购经营性业务利润差，这背后反映的本质问题其实是苏宁易购的转型失利。2012年，苏宁易购由盛转衰的一个重要原因是遭遇了京东的强烈阻击。京东刘强东率先一步展开价格战，其"上网买电器"的宣传和广告逐渐深入人心。淘宝也不甘示弱，"双11"和各种大促连绵不绝。在抢夺用户的关键一役中，苏宁掉队了。2013年，张近东宣布全面向电商转型，但用户网上买电器的习惯和钱包已经被刘强东跟马云培育好的京东和淘宝天猫"吸干"。张近东晚了一步，追悔莫及。不过，主业不见起色的张近东反而剑走偏锋，开始了贾跃亭式的蒙眼狂奔，盲目扩张。从斥2.5亿美元巨资收购PPTV 44%的股份开始，苏宁易购的大败局已不可避免。

后来，在醉心足球梦的"苏宁太子"张康阳的"软磨硬泡"下，张近东又斥巨资收购国际米兰，这两项大手笔投资一直在持续烧钱，吞食着张近东并不宽裕的现金流，终于扛不住的张近东要开始卖掉国际米兰和PPTV了。苏宁在电商转型失利的前提下浪费资源布局体育、影视、置业和金融等多条业务线，而这些子业务均没有获得预期的回报，基本都是亏损的状态。这个时候，张近东没有抽身及时止损，是其一大策略失误。

三、张近东"绝境求生"，苏宁易购能否绝处逢生？

2021年2月19日，苦苦找钱半年无果的张近东，在新春团拜会上终于提出："苏宁要做减法，收缩战线，该关的关，该砍的砍"。但他在元气大伤之际才想到要止损和造血，未免为时已晚。不过，综合情报分析来看，张近东还有翻身的可能，苏宁易购也还有盘活的机遇，因为2021年2月25日的这次资产重组，尽管以张近东丧失对苏宁易购的控制权为代价，但能够在苏宁电器和苏宁易购之间形成"隔离"防火墙，防止债务危机的蔓延。巨债压顶的张近东在回天乏力之际变卖股权，寻求国资来"接盘"，或许是又一起"大而不能倒"的鲜活案例。苏宁易购全国门店超过3 600家，涉及员工几万名，如果说倒就倒，将引发社会稳定事件,何况苏宁还是江苏民企的头号金字招牌,更是纳税大户。张近东在2016年就公开表示,苏宁的纳税规模已超过50亿元,并且预计到2021年将贡献近百亿元的税收。一个每年提供近2万个就业岗位和每年上百亿税收的知名企业,不可能说倒就倒,张近东将来彻底解决了债务危机后,出售的这部分股权还能再拿回来,他也还是苏宁易购的"掌门人"。

不过,苏宁易购与苏宁电器的彻底剥离,以及张近东控制权的正式丧失,并不意味着国资进入后的苏宁易购能高枕无忧,反而意味着"后张近东时代"的苏宁易购将直面电商江湖的"腥风血雨"。

在新零售江湖格局已定的大前提下,苏宁易购想破局绝非易事。但是,现在还没到统一战打响的最后节点,在这最后的混沌时期,谁点燃导火线引爆混战,谁将获得改写新零售市场秩序的机会。它会是谁?京东?拼多多?天猫?国美?还是苏宁?

参考资料来源:云南MAX.千亿巨债压顶!张近东"卖身"救急,苏宁易购要凉了?[EB/OL].(2021-03-01)[2021-03-15]. https://www.zhihu.com/tardis/sogou/art/353460870.

思考:如何评价苏宁易购的现金流量状况?

第五章 偿债能力分析实训

知识目标

认识偿债能力分析对企业的重要性;掌握各项偿债能力指标的内涵、计算公式和分析方法。

能力目标

能够利用相关财务数据计算相应的财务指标;能够运用不同方法分析企业的偿债能力,对企业的偿债能力做出评价,并提出改进的对策建议。

思政目标

培养学生对财务风险的预判能力,使其形成"财务自律"的职业态度,树立主动承担社会责任、追求持续发展的价值观。

让学生认识到职业道德的重要性,以及企业诚信经营和维护良好企业形象的重大意义。

导引案例

"不在零售主赛道的,该关的关,该砍的砍!"2021年苏宁集团新春团拜会上,张近东下定决心。谁料想,张近东的第一刀会砍得这么猛。

2021年2月25日,苏宁帝国的核心资产——苏宁易购(股票代码:002024)宣布停牌。有消息称,公司拟筹划控制权变更事项,控股股东、实际控制人张近东及苏宁电器拟转让比例为20%~25%的股权。

2月28日晚,苏宁易购进一步披露,张近东、苏宁集团、苏宁电器等与深圳市国资委签署股权转让框架协议,拟作价148.18亿元向后者转让23%的股权。出乎市场意料的是,深圳市国资委在本次交易后并未获取控制权,苏宁易购将处于无控股股东、无实际控制人的状态。

30年间,张近东打造了庞大的"苏宁帝国",覆盖零售、金融、地产三大板块。但自2014年以来,随着苏宁易购大踏步追赶式向电商转型,苏宁这座大厦的运转就不正常了,苏宁系频频向苏宁易购输血,在维持表面上盈利的同时,助力其持续进行产业布局。

然而，在京东、拼多多、阿里系等互联网巨头的挤压下，身为"线下之王"的苏宁易购债台高筑，经营业绩日益惨淡。截至2020年9月底，苏宁易购的债务已达469.56亿元。此时，苏宁电器、苏宁集团自身也深受财务重压，无力接济。

苏宁易购易主的消息早在坊间流传。此前有消息称，接盘方为江苏某国企和广州某国企，估值范围大约在80亿～100亿元。也有猜测称，接盘者可能是"二股东"阿里巴巴，或是已经出狱声称要东山再起的黄光裕，也有可能是拥有地利之便的江苏省国资委。谁也没想到，最终深圳市国资委成了接盘方。

在市场看来，张近东出让股权属无奈之举。2020年7月以来，关于张近东资金链紧张的传言一直存在，包括苏宁集团资金链断裂、渤海银行的贷款已经违约、民生银行和建设银行已经抽贷等。对于这些消息，苏宁方面均予以否认。

虽然苏宁方面一再否认资金链紧张问题，但在2020年12月，这一传闻得到了间接证实。当月4日，张近东、张康阳父子及南京润贤企业管理中心（有限合伙，简称南京润贤）将持有的苏宁集团10万股股权全部质押给淘宝，以获得10亿元的融资。同日，张近东还将苏宁置业6.5万股股权质押给淘宝。

如今，张近东出让苏宁易购股权似乎表明，苏宁集团内部已经没有了资金腾挪空间。

根据框架协议，张近东、苏宁集团、苏宁电器、西藏信托（苏宁电器通过信托计划持股苏宁易购）合计向深国际控股（深圳）有限公司（简称深国际）及深圳市鲲鹏股权投资管理有限公司（简称鲲鹏资本）或其指定投资主体出让23%的股权，交易价格为6.92元/股，较停牌前一个交易日的收盘价7.00元/股略有折价，股权转让总价款为148.18亿元。

本次股权受让方深国际的实际控制人为深圳市国资委，间接控制其43%的股权。另一受让方鲲鹏资本的100%权益由深圳市国资委直接持有，其是一家以股权投资管理为主业的战略性基金管理平台，致力于通过母子基金联动整合优质资源，推动深圳市产业布局优化和协同发展。

针对上述交易，苏宁易购称，股权转让有利于优化公司股权结构。深国际等作为产业投资人将积极赋能，助力公司发展，公司将与其在多个方面展开合作。

值得一提的是，本次股权转让款将优先用于通过增资苏宁电器等方式来提高转让方的资本实力，优化财务结构。由此可见，本次股权转让的主要目的是缓解张近东的债务压力。

苏宁易购试图模仿拼多多，从三四线城市突围，不断进行渠道下沉。这意味着公司仍需要较大的资金投入，而公司债务已达469.56亿元。

如果本次股权转让顺利实施，张近东的财务压力或将大幅缓解，苏宁易购的流动性问题也会解决。不过，面对竞争对手的挤压，张近东的梦想能否实现仍然是个未知数。

参考资料来源：沈右荣.苏宁易购转型遇挫扣非净利七年亏160亿　张近东受困470亿债务　148亿卖子求生.(2021-03-01)[2021-05-03]. http://www.changjiangtimes.com/2021/03/613446.html.

思考：为何苏宁易购转让股权可以缓解财务压力？

第一节 理论知识

企业偿债能力是反映企业财务状况和经营能力的重要标志。企业偿债能力弱不仅说明企业资金紧张,难以支付日常经营支出,而且说明企业资金周转不灵,难以偿还到期债务,甚至面临破产危险。偿债能力分析包括短期偿债能力分析和长期偿债能力分析。

一、短期偿债能力分析

企业的短期债务一般要用流动资产来偿付。短期偿债能力是指企业流动资产对流动负债及时足额偿还的保证程度,是衡量流动资产变现能力的重要标志。企业短期偿债能力的衡量指标主要有流动比率、速动比率和现金比率。

1. *流动比率*

流动比率是指企业流动资产与流动负债之比。其计算公式如下:

$$流动比率=流动资产\div流动负债$$

一般认为,生产企业合理的流动比率为2。只有这样,企业才能具有短期偿债能力。

我们在运用流动比率对企业短期偿债能力进行分析时,要注意以下两个问题。

(1)当流动比率较高时,一般认为企业的偿债能力较强,但这并不意味着企业有足够的现金或银行存款用于偿债。因为企业的流动资产除了货币资金,还有存货、应收账款、待摊费用等,所以有可能出现企业的流动比率高,但真正用来偿债的现金和存款却严重短缺的现象。因此,我们在分析流动比率时,还应进一步分析流动资产的构成情况。

(2)我们只有将计算出来的流动比率和同行业平均流动比率以及本企业历史流动比率进行比较,才能知道这个比率是高还是低。此外,财务分析人员还要找出流动比率过高或过低的原因,分析流动资产和流动负债的构成情况以及经营上的因素。一般情况下,营业周期、流动资产中的应收账款和存货的周转速度是影响流动比率的主要因素。

2. *速动比率*

速动比率是指企业速动资产与流动负债之比。速动资产是指流动资产减去变现能力较差且不稳定的存货、预付款项、待摊费用等项目后的余额。由于剔除了存货等变现能力较差的资产,速动比率比流动比率能更准确、可靠地评价企业资产的流动性及偿还短期债务的能力。速动比率和速动资产的计算公式如下:

$$速动比率=速动资产\div流动负债$$
$$速动资产=流动资产-存货-预付款项-待摊费用$$

在实践中,我们一般是简单地将存货从流动资产中剔除而得到速动资产。

一般认为,速动比率为1较合适。速动比率过低,企业会面临偿债风险;速动比率过高,企业会因占用现金及应收账款过多而增加机会成本。

3. 现金比率

现金比率是指企业现金类资产与当前流动负债的比率,表示每1元流动负债有多少现金及现金等价物作为偿还的保证,反映企业可用现金及通过变现方式偿还流动负债的能力。该指标可以反映企业的即刻变现能力,该指标值越大,表明企业的短期偿债能力越强。其计算公式如下:

$$现金比率=(货币资金+交易性金融资产)\div 流动负债$$

一般来说,企业没有必要总是保持足够的现金类资产用于偿还债务。但是,当企业的应收账款和存货的变现能力存在问题时,现金比率就显得很重要了。它的作用是表明在最坏情况下企业的短期偿债能力如何。

二、长期偿债能力分析

长期偿债能力是指企业偿还长期负债的能力。其分析指标主要有四项:资产负债率、产权比率、权益比率和利息保障倍数。

1. 资产负债率

资产负债率是指企业负债总额占资产总额的百分比。其计算公式如下:

$$资产负债率=(负债总额\div 资产总额)\times 100\%$$

资产负债率反映债权人所提供的资金占全部资金的比重,以及企业资产对债权人权益的保障程度。这一比率越低,表明企业的偿债能力越强。

事实上,从债权人的立场看,企业的资产负债率越低越好。因为资产负债率越低,企业的偿债能力越强,债权人不会有太大风险。从股东的立场看,当全部资本利润率高于借款利息率时,负债率越大,股东所得到的利润也就越大。从财务管理的角度看,在进行借入资本决策时,企业应当审时度势,全面考虑,充分估计预期的利润和增加的风险,权衡利弊得失,作出正确的分析和决策。

2. 产权比率

产权比率又称资本负债率,是指负债总额占所有者权益总额的百分比,它是企业财务结构稳健与否的重要标志。其计算公式如下:

$$产权比率=(负债总额\div 所有者权益总额)\times 100\%$$

产权比率不仅反映了债务人资本与所有者资本的相对关系,而且反映了企业用自有资金偿还全部债务的能力。因此,它是衡量企业负债经营是否安全的重要指标。一般来说,这一比率越低,表明企业的长期偿债能力越强,债权人的权益保障程度越高。一般认为,这一比率小于100%时,说明企业是有偿债能力的。但我们在实际应用中还应该结合企业的具体情况对其加以分析。例如,当企业的资产收益率大于负债成本率时,负债经营有利于提高资金收益率,使企业获得额外的利润,这时的产权比率可适当高些。

产权比率与资产负债率一样都可以用于评价企业的偿债能力,只是资产负债率侧重于反映企业债务偿付安全性的物质保障程度,而产权比率则侧重于揭示企业财务结构的稳健程度以及自有资金对偿债风险的承受能力。

3. 权益比率

权益比率又称自有资本比率或净资产比率,是指所有者权益总额占资产总额的百分比,它反映企业资产中有多少是所有者投入的。其计算公式如下:

$$权益比率＝（所有者权益总额÷资产总额）×100\%$$

权益比率过小,表明企业过度负债,公司抵御外部冲击的能力较差;而权益比率过大,则意味着企业没有积极地利用财务杠杆来扩大经营规模。

权益比率与资产负债率从不同的侧面反映企业的长期财务状况,两者之和等于1。其中,权益比率越大,资产负债率就越小,企业财务风险就越小,企业偿还长期债务的能力就越强。

4. 利息保障倍数

利息保障倍数又称已获利息倍数,是指企业息税前利润与利息费用之比,它可以衡量企业偿付借款利息的能力。其计算公式如下:

$$利息保障倍数＝息税前利润÷利息费用$$

其中,息税前利润是指利润表中未扣除利息费用和所得税前的利润;利息费用是指本期发生的全部应付利息,不仅包括财务费用中的利息费用,还应包括计入固定资产成本的资本化利息,因为资本化利息虽然不在利润表中扣除,但仍然是要偿还的。利息保障倍数不仅反映了企业获利能力的大小,而且反映了获利能力对偿还到期债务的保证程度,它既是企业举债经营的前提依据,也是衡量企业长期偿债能力的重要标志。企业如果没有足够大的息税前利润,其利息的支付就会发生困难。企业如果要维持正常的偿债能力,其利息保障倍数至少应大于1,且该数值越高,表明企业的长期偿债能力越强。

第二节　职业能力训练

下面我们根据2016—2020年云南白药集团的财务报表数据,对云南白药集团的偿债能力进行分析。

一、偿债能力财务指标计算

（一）短期偿债能力指标计算

云南白药集团短期偿债能力的衡量指标包括流动比率、速动比率和现金比率,计算结果如表5-1所示。

表 5-1 2016—2020 年云南白药集团短期偿债能力评价指标

项目	2016 年	2017 年	2018 年	2019 年	2020 年
流动资产(万元)①	2 206 768.72	2 510 355.70	2 728 350.13	4 470 136.76	4 926 088.02
流动负债(万元)②	673 462.62	752 436.94	1 018 637.05	961 457.91	1 563 657.76
速动资产(万元)③	1 514 965.68	1 644 027.85	1 728 948.91	3 295 450.71	3 827 053.35
现金类资产(万元)④	529 490.88	941 570.80	1 028 196.71	2 181 535.11	2 650 847.01
流动比率=①÷②	3.28	3.34	2.68	4.65	3.15
速动比率=③÷②	2.25	2.18	1.70	3.43	2.45
现金比率=④÷②	0.79	1.25	1.01	2.27	1.70

(二) 长期偿债能力指标计算

云南白药集团长期偿债能力衡量指标包括资产负债率、权益比率、产权比率和利息保障倍数,其计算结果如表 5-2 所示。

表 5-2 2016—2020 年云南白药集团长期偿债能力评价指标

项目	2016 年	2017 年	2018 年	2019 年	2020 年
负债总额(万元)①	874 311.94	955 961.31	1 045 510.06	1 155 814.12	1 687 542.78
资产总额(万元)②	2 458 664.60	2 770 253.05	3 037 759.01	4 965 804.91	5 521 944.82
所有者权益总额(万元)③	1 584 352.66	1 814 291.75	1 992 248.95	3 809 990.78	3 834 402.04
资产负债率=①÷②×100%	35.56%	34.51%	34.42%	23.28%	30.56%
权益比率=③÷②×100%	64.44%	65.49%	65.58%	76.72%	69.44%
产权比率=①÷③×100%	55.18%	52.69%	52.48%	30.34%	44.01%
息税前利润(万元)④	352 241.04	374 973.01	402 046.84	485 177.08	697 028.92
利息费用(万元)⑤	12 490.50	12 788.26	19 430.66	12 558.21	16 915.37
利息保障倍数=④÷⑤	28.20	29.32	20.69	38.63	41.21

二、纵向分析

根据上述计算结果,下面我们对云南白药集团的偿债能力进行分析。

(一) 流动比率分析

流动比率是衡量企业短期偿债能力的核心比率,通常流动比率大于 2 比较合适。2016—2020 年云南白药集团的流动比率变化如图 5-1 所示。我们从图 5-1 中可以看出,云南白药集团的流动比率在 2016—2017 年波动幅度不大,到 2018 年降至 2.68,到 2019 年因换股合并白药控股公司又升至 4.65,其主要原因是换股合并后云南白药集团的流动资产有所增加，同时流动负债有所下降。这说明换股合并大幅度提升了云南白药集团的短期偿债能力。总体来看，2016—2020 年云南白药集团的流动比率都高于 2，说明云南白药集团的短期债务偿还能力还是比较好的。

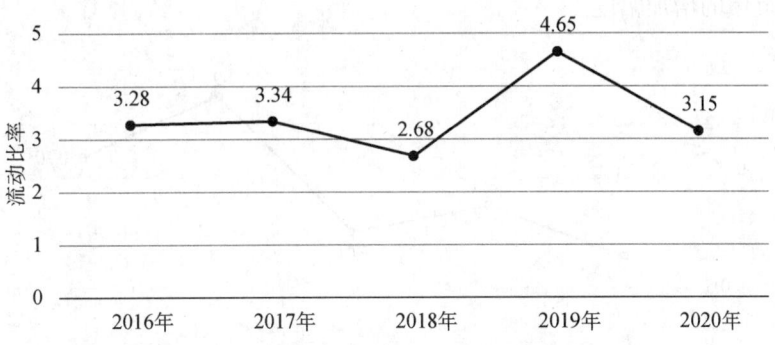

图 5-1　2016—2020 年云南白药集团流动比率变化

（二）速动比率分析

流动比率虽然可以用来评价企业的短期偿债能力，但人们还是希望获得比流动比率更进一步反映企业短期偿债能力的比率指标，这个指标就是速动比率。通常情况下，速动比率等于 1 是比较合理的。当速动比率低于 1 的时候，公司就很有可能面临比较大的偿债风险。2016—2020 年云南白药集团的速动比率变化如图 5-2 所示。由图 5-2 可知，云南白药集团的速动比率在 2016—2018 年是逐年下降的，但是在 2019 年达到了顶峰。其主要的原因是 2019 年该集团完成了混合所有制改革，集团货币资金增加了 99 亿元左右。总体来看，云南白药集团的速动比率一直处于较高水平，说明公司的短期偿债能力是比较强的。

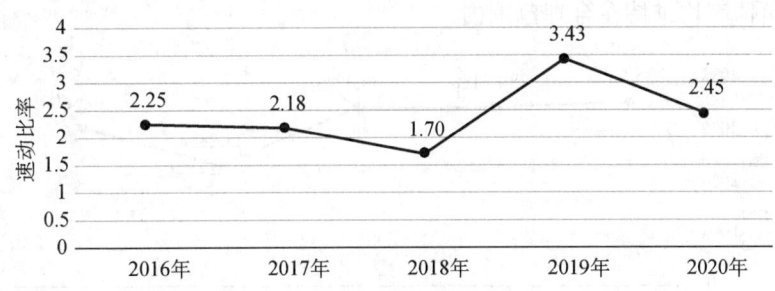

图 5-2　2016—2020 年云南白药集团速动比率变化

（三）现金比率分析

现金比率可以直接反映企业的债务偿付能力，因为现金是企业偿还债务的最终手段。2016—2020 年云南白药集团的现金比率变化如图 5-3 所示。由图 5-3 可知，2016—2020 年云南白药集团的现金比率呈上下波动的状态，2016 年云南白药集团的现金比率为 5 年中最低，2019 年云南白药集团的现金比率为 5 年中最高，相较于 2018 年上升了 1.26，这主要是因为在 2019 年云南白药集团吸收合并控股股东新增股份 668 430 196 股，其中包括云南省国资委 321 160 222 股、新华都公司 275 901 036 股、江苏鱼跃公司 71 368 938 股。通过吸收合并,云南白药集团在 2019 年获得了大量的货币资金,导致其现金比率大幅度上升。2020 年云南白药集团的现金比率有些许回落,因为疫情带来的冲击使其现金类资产增加幅度小于流动负债的增加幅度。

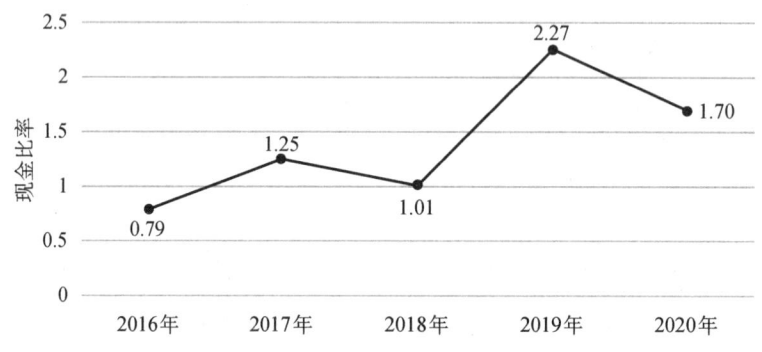

图 5-3　2016—2020 年云南白药集团现金比率变化

(四) 资产负债率分析

资产负债率也称债务比率,它可以反映企业资产总额中借债筹资的比例,同时也可以反映企业在清算时对债权人利益的保护程度。此外,它还可以衡量企业利用债权人资金进行财务活动的能力。2016—2020 年云南白药集团资产的资产负债率变化如图 5-4 所示。我们从图 5-4 中可以看出,2016—2018 年云南白药集团的资产负债率都在 35% 左右,说明云南白药集团在这期间的负债和资产情况变动不大。但是,2018—2019 年其资产负债率出现了下降趋势,因为云南白药集团在混合所有制改革之后,企业的资金变得充足,资产增加并且获利能力增强,企业的经济实力相比混改前有所增强。总体来看,云南白药集团在混改前后的资产负债率均维持在合理范围内。

图 5-4　2016—2020 年云南白药集团资产负债率变化

(五) 权益比率分析

权益比率是衡量企业长期偿债能力的一项重要指标,是指所有者权益占资产总额的百分比。对于企业来说,权益比率越大,说明财务风险越小,其偿还长期债务的能力越强。2016—2020 年云南白药集团的权益比率变化如图 5-5 所示。我们从图 5-5 中可以看出,云南白药集团的权益比率在 2019 年大幅上升,其原因是企业在 2019 年进行混合所有制改革后,企业的资金来源比较充足,自有资金比较多,企业的总体经济实力有所增强。同时需要注意的是,权益比率越高,说明企业资产对负债的依赖程度越低,企业向外融资的财务杠杆倍数就会比较小,企业将承担较小的财务风险。

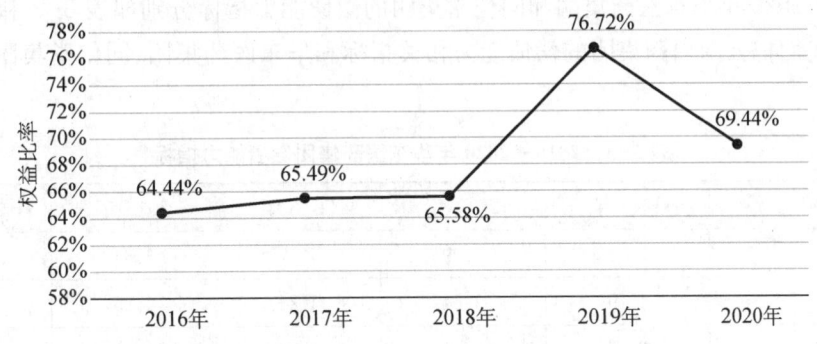

图 5-5　2016—2020 年云南白药集团权益比率变化

（六）产权比率分析

产权比率也称债务权益比率,是衡量企业长期偿债能力的主要指标之一。这个指标通过企业负债与所有者权益之比来反映企业资本来源的结构比例关系,主要用于衡量企业的财务风险程度和对债务的偿还能力。产权比率越高,说明企业偿还长期债务的能力越弱;产权比率越低,说明企业偿还长期债务的能力越强。2016—2020 年云南白药集团的产权比率变化如图 5-6 所示。我们从图 5-6 中可以看出,2016—2020 年云南白药集团的产权比率分别为 55.18%、52.69%、52.48%、30.34%、44.01%,说明企业采纳了一种低风险、低报酬的财务结构。一般认为,产权比率在 100% 以下时,企业是具有长期偿债能力的。因此,从产权比率来看,云南白药集团的长期偿债能力较强。

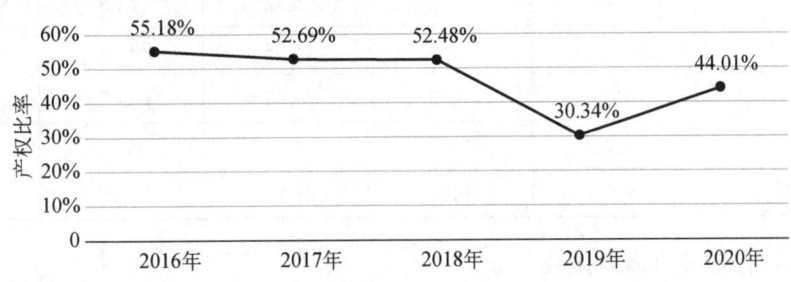

图 5-6　2016—2020 年云南白药集团产权比率变化

（七）利息保障倍数分析

利息保障倍数以企业活动中的长期债务偿还能力为依据,用于评估和衡量资产对企业债务的保护程度。利息保障倍数从偿还债务利息资金来源的角度反映了企业对债务利息的偿还能力。利息保障倍数越高,表明企业的债务利息偿还能力越强;反之,则表明企业没有足够的资金来偿还债务利息,即企业的偿债能力较弱。2016—2020 年云南白药集团的利息保障倍数依次为 28.20、29.32、20.69、38.63、41.21,均远大于 1,说明云南白药集团偿还债务利息的能力较强。

三、横向对比分析

2016—2020年华东医药集团和同仁堂集团的偿债能力指标分别如表5-3和表5-4所示。下面我们把云南白药集团的偿债能力相关指标和华东医药集团、同仁堂集团进行横向对比分析。

表5-3 2016—2020年华东医药集团偿债能力指标

项目	2016年	2017年	2018年	2019年	2020年
流动比率	2.03	2.09	1.77	1.64	1.70
速动比率	1.49	1.54	1.24	1.15	1.23
现金比率	0.46	0.41	0.33	0.29	0.37
资产负债率	47.14%	44.90%	45.75%	40.05%	37.28%
权益比率	52.86%	55.09%	54.25%	59.95%	62.72%
产权比率	89.17%	81.49%	84.33%	66.82%	59.44%
利息保障倍数	25.12	32.21	28.95	33.37	51.31

表5-4 2016—2020年同仁堂集团偿债能力指标

项目	2016年	2017年	2018年	2019年	2020年
流动比率	3.43	3.29	3.31	3.29	2.95
速动比率	2.07	1.97	2.01	2.08	1.87
现金比率	1.49	1.32	1.42	1.55	1.49
资产负债率	29.20%	29.61%	29.05%	29.93%	28.81%
权益比率	70.80%	70.39%	70.95%	70.07%	71.19%
产权比率	41.24%	42.07%	40.94%	42.71%	40.47%
利息保障倍数	75.54	50.71	97.79	44.55	38.25

(一) 短期偿债能力横向比较

通过三个集团偿债能力指标的对比,我们可以看出,2016—2020年云南白药集团的平均流动比率和速动比率均高于同仁堂和华东医药集团。这说明云南白药集团的短期偿债能力很强。从2016—2020年三者的现金比率来看,云南白药集团的平均现金比率高于华东医药集团、低于同仁堂集团,说明其现金支付能力比同仁堂集团差,但是优于华东医药集团。经过分析,我们可以得出结论:云南白药集团在2016—2020年的短期偿债能力是比较好的。

(二) 长期偿债能力横向比较

我们可以看出,2016—2020年云南白药集团的平均资产负债率比同仁堂集团高,比华东医药集团低,说明云南白药集团的借债比同仁堂集团多,支付风险较大。同时,云南白药集团在 2016—2020 年的平均产权比率比同仁堂集团高,比华东医药集团低,说明其财务结构风险性较大,债权人的权益保障程度较低。通过以上分析,我们可以得出结论:云南白药集团的长期偿债能力相对来说不如同仁堂集团稳定;其财务风险尽管比华东医药集团低,但其债权人权益保障程度也相对较低。

四、云南白药集团偿债能力方面存在的问题

(一) 流动比率和现金比率存在的问题

2016—2020 年云南白药集团的流动比率都在 2 以上,说明云南白药集团的短期偿债能力不错。但是,过高的流动比率表明企业对流动资产的利用不够合理。2016—2018 年云南白药集团的现金比率偏低,如果企业出现现金缺乏的现象,有可能发生支付困难,也会面临财务危机。2019 年云南白药集团的现金比率大幅度提高,说明其现金持有量过大,企业过多的闲散现金没有得到充分利用,同时也说明企业的对外投资能力不强。

(二) 资本结构存在风险

云南白药集团的资产负债率偏低,说明其长期偿债能力较强,财务成本偏低。云南白药集团的产权比率在 2016—2018 年处于一个相对较高的水平,都在 50% 以上,但在 2019 年下降至 30.34%,2020 年又回升至 44.01%。以上这些指标都提示我们需要关注云南白药集团的资本结构问题。

(三) 存货变现存在风险

我们通过查阅年报可知,在云南白药集团的流动资产中,其他应收款和存货的占比比较高,且近年来呈增长趋势,但存货的变现需要一定的时间,并且存货的处理依赖于公司产品在市场中的地位。虽然云南白药集团的产品销售量较大,但同时其存货规模也在不断扩大,说明该集团可能存在存货变现速度慢、库存积压等风险,这会影响其短期偿债能力。

五、提升云南白药集团偿债能力的对策

(一) 降低存货占用

对于库存率过高、库存规模过大、资金占用高、资金周转速度慢等问题,云南白药集团应该适当地降低库存。在公司发展和经营战略中,云南白药集团一方面应适当放宽准备金率,降低库存预算,减少库存损失,降低资金占用率;另一方面应制定合理有效的产品生产和销售预算管理制度,有效管理产品生产和库存,使公司的资产得到有效利用。此外,在对坏账准备和存货跌价准备进行估计提取时,公司既要尽量符合谨慎性原则,又要避免产生过多的资产减值损失。

(二) 降低流动负债

如前面所述,不同结构比例的流动负债对公司的偿债能力会有不同的影响。一般来说,如果公司当前的债务融资比率很高,其短期债务压力就会增加,但是预收款项在通常情

况下是不需要公司使用现金来偿还的,因此,如果公司有很多预收款并且公司发展正常,则公司的实际债务压力将相对较小。此外,在公司的债务结构中,还债时间的紧迫性也会增加公司偿还债务的压力,并最终可能会影响公司偿还债务的能力。

(三)提升利润含金量

销售活动产生的净现金流是一种相对高质量的资金来源,可以用于偿还相关债务、开展业务活动以及满足公司正常发展需求。公司利润的质量越高,其产生的现金流量就越多,并且可以及时偿还短期债务。公司在销售活动中如果能够产生更多的净现金流量,则公司就具有更强的偿债能力。

(四)选择适当的借款方式,制订合理的还债计划

企业日常的业务管理和资本运作与企业的还债计划紧密相关。因此,云南白药集团应该制订比较合理的还债计划,并且在企业的财务报表中提供准确可靠的有关信息,如将偿还债务的时间、金额、利息等都完整地体现在债务合同中,这样就可以确保企业的生产经营按照计划正常地进行,使其债务清算计划与资本链能够充分配合。此外,一旦重要的外部担保和未决诉讼等比较特殊的事项变为现实,企业的计划和安排将受到破坏。因此,事先对相关风险进行评估、制订合理的还债计划是企业提高短期偿债能力的关键措施。

第三节 实训任务

一、实训任务 1:电商行业偿债能力分析

(一)实训目标

(1)根据京东近 5 年的财务报表相关数据,计算分析公司的偿债能力指标。
(2)结合电商行业特征,分析京东的偿债能力。
(3)总体评价京东的偿债能力。
(4)对如何提高京东的偿债能力给出相关建议。

(二)实训企业描述

北京京东世纪贸易有限公司(简称京东)是中国最大的自营式电商企业,2010 年京东跃升为中国首家规模超过百亿元的网络零售企业。2013 年其活跃用户达到 4 740 万人,完成订单达到 3 233 亿单。

2014 年 5 月,京东在纳斯达克股票市场挂牌,成为仅次于阿里巴巴、腾讯、百度的中国第四大互联网上市公司。京东自 2004 年年初涉足电子商务领域以来,专注于该领域的长足发展,凭借其在 3C 领域的深厚积淀,先后组建了上海及广州全资子公司,将华北、华东和华南三点连成一线,使全国大部分地区都覆盖在京东的物流配送网络之下。同时,京东不断加强和充实公司的技术实力,改进并完善售后服务、物流配送及市场推广等各方面的软硬件设施和服务条件。此外,京东还组建了以北京、上海、广州、成都、沈阳、西安为中心的六大物流平台,以期能为全国用户提供更加快捷的配送服务,进一步深化和拓展公司的业务空间。作为中国 B2C

市场上的3C网购专业平台,京东商城无论在访问量、点击率、销售量以及业内知名度和影响力上,都在国内3C网购平台中具有较大的影响力。未来,京东将坚持以"产品、价格、服务"为中心的发展战略,不断增强信息系统、产品操作和物流技术三大核心竞争力,始终以服务、创新和消费者价值最大化为发展目标。

(三) 实训准备

(1) 学生分组。每组 6~8 人,确定 1 名正组长和 1 名副组长。

(2) 学生分工。由组长对组内学生按任务要求进行合理分工。

(3) 制订工作计划。每个小组制订一份工作计划,格式如表 5-5 所示。

表 5-5 工作计划

主要工作任务	实施时间	实施形式	主要负责人

实训小组组长:

实训小组成员:

年　月　日

指导老师审阅意见:

签名:

年　月　日

(四) 实训流程

(1) 各小组学习任务目标和任务描述,复习偿债能力分析相关指标,确定分析思路和拟使用的分析方法。

(2) 各小组讨论制订工作计划。

(3) 指导老师审阅各小组制订的工作计划,并签批。

(4) 各小组通过网络收集京东近 5 年的财务报表、年度报告、公司资讯、公司研究报告等信息。

（5）各小组选定至少2家同行业公司作为对比公司，并通过网络收集这些对比公司近5年的财务报表、年度报告、公司资讯、公司研究报告等信息，做同行对比分析。

（6）各小组运用多种方法对京东的偿债能力进行分析，根据分析结果总结该公司存在的问题，并给出针对性建议。

（7）各小组撰写京东偿债能力分析报告。

（五）完成分析报告

各小组根据分析结果撰写京东偿债能力分析报告，格式如表5-6所示。

表5-6　京东偿债能力分析报告

1. 短期偿债能力分析
2. 长期偿债能力分析
3. 公司偿债能力总体评价
4. 提高公司偿债能力的针对性措施

（六）填写实训进度表

各小组根据任务完成时间，填写实训进度表，格式如表5-7所示。

表5-7　实训进度表

实训任务	完成时间	主要负责人
实训小组组长：		

（七）实训评价

（1）各小组将完成的京东偿债能力分析报告上传至班级学习信息平台，如qq群、微信群、"雨课堂"等，并选派代表参加班级讨论交流。

(2) 各小组之间进行互评,并填写实训评价表,格式如表 5-8 所示。

表 5-8 实训评价表

评分点	评分要点	得分
层次分明(30 分)	条理清楚,逻辑严谨	
内容翔实(30 分)	充分结合案例进行成因分析,内容具有一定的深度	
思考全面(20 分)	全方位、多层次、多角度思考	
观点新颖(10 分)	具有创新性观点	
表达清晰(10 分)	语言流畅,举止大方得体	

二、实训任务 2:航空业偿债能力分析

(一) 实训目标

(1) 根据海南航空近 5 年的财务报表相关数据,计算分析公司的偿债能力指标。
(2) 结合航空业特征,分析海南航空的偿债能力。
(3) 总体评价海南航空的偿债能力。
(4) 对如何提高海南航空的偿债能力给出相关建议。

(二) 实训企业描述

2021 年伊始,就有两个企业破产重整,且一个比一个债务大,一个是北大方正集团,另一个是海南航空股份有限公司(简称海南航空)。

海南航空从成立开始,就不断地借钱。1989 年,已经是副处长的陈峰下海创办海南航空,当时资金只有 1 000 万元,他以"内联股份制"的融资模式向社会公开发行股份,最终将海南航空的注册资本扩充到 2.5 亿元。此后,他又将这 2.5 亿元作为信用担保,向银行贷款了 6 亿元。就这样,海南航空终于买下两架波音 737 飞机,专门飞海口—北京航线。

2003 年,海南航空巨亏 12.69 亿元,在整个沪深股市上市公司中,其亏损数额之巨也是首屈一指。很多人就发出警告,认为海南航空的资产负债率一直居高不下,甚至出现一年比一年高的趋势,其财务风险逐步加大。

2013 年,海南航空旗下的"海娜号"邮轮在韩国济州港被当地法院扣留。这起罕见的扣押邮轮事件源于沙钢船务与海南航空的一场经济纠纷。海南航空参股的大新华物流拒绝履行 5 800 万美元债务,海南航空作为担保人须履行担保责任。事实上,这不是海南航空的船第一次被扣押,早在 2011 年和 2012 年,海南航空的一条散货船和一艘邮轮分别在印度和南非被扣押,当时的解决方案是海南航空还清了所欠钱款。但这样一次次的债务危机依然没有引起人们的警觉。

相反,之后海南航空更加疯狂地投资,并且从中国走向了海外,后来陈峰总结道:"中国 22 个大行业,海南航空进入了 12 个,涉足 44 个细分行业。"他又说:"去年以前,海南航空一路高歌。年轻的投资团队一路冲下去,购买希尔顿酒店,65 亿美元一下就过去了。当时海外有很多又好又便宜的资产,看见好的、便宜的就想买。"

2021年1月29日,海南航空对外公告称,因公司不能清偿到期债务而破产重整。

(三)实训准备

(1) 学生分组。每组 6~8 人,确定 1 名正组长和 1 名副组长。

(2) 由组长将组内学生按任务要求进行合理分工。

(3) 制订工作计划。每个小组制订一份工作计划,格式如表 5-9 所示。

(四)实训流程

(1) 各小组学习任务目标和任务描述,复习偿债能力分析相关指标,确定分析思路和拟使用的分析方法。

(2) 各小组讨论制订工作计划。

表 5-9　工作计划

主要工作任务	实施时间	实施形式	主要负责人

实训小组组长:

实训小组成员:

年　　月　　日

指导老师审阅意见:

签名:

年　　月　　日

(3) 指导老师审阅各小组制订的工作计划,并签批。

(4) 各小组通过网络收集海南航空近 5 年的财务报表、年度报告、公司资讯、公司研究报告等信息。

(5) 各小组选定至少 2 家同行业公司作为对比公司,并通过网络收集这些对比公司近 5 年的财务报表、年度报告、公司资讯、公司研究报告等信息,做同行对比分析。

(6) 各小组运用多种分析方法对海南航空的偿债能力进行分析,根据分析结果总结该公司存在的问题,并给出针对性建议。

(7) 各小组撰写海南航空偿债能力分析报告。

(五) 完成分析报告

各小组根据分析结果撰写海南航空偿债能力分析报告,格式如表 5-10 所示。

表 5-10　海南航空偿债能力分析报告

1. 短期偿债能力分析
2. 长期偿债能力分析
3. 公司偿债能力总体评价
4. 提高公司偿债能力的针对性措施

(六) 填写实训进度表

各小组根据任务完成时间,填写实训进度表,格式如表 5-11 所示。

表 5-11　实训进度表

实训任务	完成时间	主要负责人
实训小组组长:		

(七) 实训评价

(1) 各小组将完成的海南航空偿债能力分析报告上传至班级学习信息平台,如 qq 群、微信群、"雨课堂"等,并选派代表参加班级讨论交流。

(2) 各小组之间进行互评,并填写实训评价表,格式如表 5-12 所示。

表 5-12 实训评价表

评分点	评分要点	得分
层次分明(30 分)	条理清楚,逻辑严谨	
内容翔实(30 分)	充分结合案例进行成因分析,内容具有一定的深度	
思考全面(20 分)	全方位、多层次、多角度思考	
观点新颖(10 分)	具有创新性观点	
表达清晰(10 分)	语言流畅,举止大方得体	

三、实训任务 3:制造业偿债能力分析

(一) 实训目标

(1) 根据贵人鸟近 5 年的财务报表相关数据,计算分析公司的偿债能力指标。
(2) 结合制造业特征,分析贵人鸟的偿债能力。
(3) 总体评价贵人鸟的偿债能力。
(4) 对如何提高贵人鸟的偿债能力给出相关建议。

(二) 实训企业描述

贵人鸟股份有限公司(简称贵人鸟)成立于 2004 年 7 月,注册资本约 15.7 亿元人民币,法定代表人为林思萍,经营范围包括鞋、服装的生产及批发,以及体育用品、运动防护用具、皮箱、包、袜子、帽的生产及批发等。

作为中国民族运动品牌,贵人鸟自成立以来发展速度迅猛,于 2014 年登陆上交所实现上市,公司市值曾一度突破 400 亿元。

但自 2017 年开始,贵人鸟就逐渐在走"下坡路",公司近年来连续亏损,业绩颓势明显。

公司财报显示,2017 年,贵人鸟净利润为 1.57 亿元,与 2016 年的 2.93 亿元相比,下滑 46.25%;2018 年,贵人鸟上市以来首次出现亏损,亏损金额达 6.86 亿元;2019 年,亏损继续扩大,亏损金额达 10.96 亿元。连续两年亏损的贵人鸟在 2020 年的业绩并未好转,亏损金额继续增加。

与业绩相对应的还有"一落千丈"的股价。贵人鸟的股价从最初的 10.6 元/股已下跌至 3.03 元/股(截至 2021 年 8 月 31 日)。

2014 年起,贵人鸟就确定了由"传统运动鞋、服装经营"转向"以体育服饰用品制造为基础,多种体育产业形态协调发展"的目标,并于 2015—2017 年加速并购扩张。

2015 年,贵人鸟以 2.4 亿元入股虎扑体育,成为其第二大股东;同年 7 月,又联合虎扑体育和景林资本成立了动域资本,通过投资西班牙足球经纪公司 The Best Of You Sports 2 000 万欧元,持有其 30.77%的股权。

2016 年,贵人鸟出资 3.83 亿元收购厦门名鞋库公司 51%的股权;同年,贵人鸟又陆续投资西班牙足球经纪公司、取得美国篮球装备品牌"AND1"在大中华区的独家运营权、控股

线下零售渠道商杰之行和名鞋库网络科技有限公司,并收购了"威尔士健身"母公司——威康健身100%的股权。

2017年,贵人鸟还出资3.68亿元收购名鞋库公司剩余49%的股权,并以1.50亿元认购了湖北胜道体育45.45%的股权。

上市以来的短短几年,贵人鸟多元化并购发展,涉及体育竞赛娱乐、体育消费、大学生体育运动、体育产业投资、足球经纪、保险等多领域。然而,这些并购投资活动并没有给公司带来正向的业绩回报。

数据显示,公司资产负债率不断上升,从2014年的46.84%增至2019年的91.15%。此外,2020年贵人鸟在各家银行的贷款已全部逾期。由于债务逾期,贵人鸟面临被司法强制执行的风险。同时,因债务违约,贵人鸟进入破产重整程序。

(三) 实训准备

(1) 学生分组。每组6~8人,确定1名正组长和1名副组长。

(2) 学生分工。由组长对组内学生按任务要求进行合理分工。

(3) 制订工作计划。每个小组制订一份工作计划,格式如表5-13所示。

表5-13 工作计划

主要工作任务	实施时间	实施形式	主要负责人

实训小组组长:

实训小组成员:

年　月　日

指导老师审阅意见:

签名:

年　月　日

(四)实训流程

(1) 各小组学习任务目标和任务描述,复习偿债能力分析相关指标,确定分析思路和拟使用的分析方法。

(2) 各小组讨论制订工作计划。

(3) 指导老师审阅各小组制订的工作计划,并签批。

(4) 各小组通过网络收集贵人鸟近5年的财务报表、年度报告、公司资讯、公司研究报告等信息。

(5) 各小组选定至少2家同行业公司作为对比公司,并通过网络收集这些对比公司近5年的财务报表、年度报告、公司资讯、公司研究报告等信息,做同行对比分析。

(6) 各小组运用多种方法对贵人鸟的偿债能力进行分析,根据分析结果总结该公司存在的问题,并给出针对性建议。

(7) 各小组撰写贵人鸟偿债能力分析报告。

(五)完成分析报告

各小组根据分析结果撰写贵人鸟偿债能力分析报告,格式如表5-14所示。

表5-14 贵人鸟偿债能力分析报告

1. 短期偿债能力分析
2. 长期偿债能力分析
3. 公司偿债能力总体评价
4. 提高公司偿债能力的针对性措施

(六)填写实训进度表

各小组根据任务完成时间,填写实训进度表,格式如表5-15所示。

表 5-15　实训进度表

实训任务	完成时间	主要负责人
实训小组组长：		

（七）实训评价

（1）各小组将完成的贵人鸟偿债能力分析报告上传至班级学习信息平台，如 qq 群、微信群、"雨课堂"等，并选派代表参加班级讨论交流。

（2）各小组之间进行互评，并填写实训评价表，格式如表 5-16 所示。

表 5-16　实训评价表

评分点	评分要点	得分
层次分明(30 分)	条理清楚，逻辑严谨	
内容翔实(30 分)	充分结合案例进行成因分析，内容具有一定的深度	
思考全面(20 分)	全方位、多层次、多角度思考	
观点新颖(10 分)	具有创新性观点	
表达清晰(10 分)	语言流畅，举止大方得体	

课后习题

一、单选题

1. 产权比率是指企业的所有者权益总额与（　　）。
   A. 资产总额的比值　　　　　　　　B. 负债总额的比值
   C. 收入总额的比值　　　　　　　　D. 利润总额的比值
2. 资产的核心特征是（　　）。
   A. 由未来的交易或事项形成　　　　B. 具有实物形态
   C. 能为企业带来经济利益　　　　　D. 规模性
3. 某企业期末现金为 320 万元，现金比率为 40%，期末流动资产为 800 万元，则该企业的流动比率为（　　）。
   A. 1　　　　　　B. 0.4　　　　　　C. 0.5　　　　　　D. 2.5
4. 某企业年末资产总额为 400 万元，流动资产占资产总额的 20%，资产负债率为 40%，流动负债占负债总额的50%，则企业的营运成本为(　　)万元。
   A. 160　　　　　　B. 80　　　　　　C. 20　　　　　　D. 0
5. 如果流动负债小于流动资产，则期末以现金偿付一笔短期借款所导致的结果是(　　)。
   A. 营运资金减少　　　　　　　　　B. 营运资金增加
   C. 流动比率降低　　　　　　　　　D. 流动比率提高

二、多选题

1. 财务分析的基本方法有(　　)
   A. 比较分析法　　　　　　　　　　B. 比率分析法
   C. 事前分析法　　　　　　　　　　D. 趋势分析法
2. 反映偿债能力的比率有(　　)。
   A. 流动比率　　　　　　　　　　　B. 已获利息倍数
   C. 现金比率　　　　　　　　　　　D. 速动比率
3. 流动比率过高，可能表明(　　)。
   A. 企业的流动资产占用较多　　　　B. 应收账款占用过多
   C. 企业难以如期偿还债务　　　　　D. 在产品和产成品呆滞、积压
4. 下列指标中，用于分析企业长期偿债能力的指标有(　　)。
   A. 产权比率　　B. 资产负债率　　C. 流动比率　　D. 速动比率
   E. 现金比率
5. 衡量企业短期偿债能力的指标有(　　)。
   A. 资产负债率　　B. 流动比率　　C. 速动比率　　D. 现金比率

三、综合题

(一) 计算题

1. A公司总资产期初数为800万元，期末数为1 000万元。其中，存货期初数为180万元，期末数为240万元；期初流动负债为150万元，期末流动负债为225万元；期初速动比率为0.75，期末流动比率为1.6；本期总资产周转次数为1.2次（假定该公司流动资产等于速动资产加存货）。

要求：

(1) 计算该公司流动资产的期初数与期末数。

(2) 计算该公司本期销售收入。

(3) 计算该公司本期流动资产平均余额和流动资产周转次数。

2. 某公司年初存货为15万元，应收账款为12万元，年末流动比率为2，速动比率为1.5，存货周转率为4次，流动资产为42万元。其中，现金类资产10万元，本期销售成本率为80%（假设该公司流动资产包括存货、应收账款和现金类资产，其他忽略不计）。

要求：计算该公司的本年销售额和应收账款的平均收账期。

3. 某公司2020年年末有关资料如下：

(1) 货币资产为750万元，固定资产净值为6 100万元，资产总额为16 200万元。

(2) 应交税金为50万元，实收资本为7 500万元。

(3) 存货周转率为 6 次,期初存货为 1 500 万元,本期销售成本为 14 700 万元。
(4) 流动比率为 2,产权比率为 0.7。

要求:计算表 5-17 中未知项目,将该简要资产负债表填列完整。

表 5-17　2020 年某公司简要资产负债表　　　　　　　　　单位:万元

项目	金额	项目	金额
货币资产	(1)	应付账款	(6)
应收账款	(2)	应交税款	(7)
存货	(3)	长期负债	(8)
固定资产净值	(4)	实收资本	(9)
资产合计	(5)	未分配利润	(10)
		负债和所有者权益合计	(11)

4. 某公司上年利润总额为 1 250 万元,销售收入为 3 750 万元,资产平均占用额为 4 687.5 万元,所有者权益为 2 812.5 万元,企业所得税税率为 33%。

要求:
(1) 计算销售净利率。
(2) 计算总资产周转率。
(3) 计算总资产净利率。
(4) 计算自有资金净利率。

5. 2020 年某公司资产负债简表如表 5-18 所示。

2020 年损益表有关资料如下:销售收入为 12 860 万元,销售成本为 11 140 万元,毛利为 1 720 万元,管理费用为 1 160 万元,利息费用为 196 万元,利润总额为 364 万元,所得税为 144 万元,净利润为 220 万元。

表 5-18　2020 年某公司资产负债简表　　　　　　　　　单位:万元

资产		负债及所有者权益	
现金	620	应付账款	1 032
应收账款	2 688	应付票据	672
存货	1 932	其他流动负债	936
固定资产净额	2 340	长期负债	2 052
资产总计	7 580	实收资本	2 888
		负债及所有者权益总计	7 580

要求:
(1) 完成表 5-19 所示的该公司财务比率表空白项的填列。

表 5-19 某公司财务比率表

项目		某公司数据	行业平均数
流动比率	(1)		1.98
资产负债率	(2)		62%
利息保障倍数	(3)		3.8
速动比率	(4)		6

(2) 与行业平均财务比率比较,说明该公司经营管理存在的问题。

6. 某公司资产负债表如表 5-20 所示。该公司 2019 年度销售利润率为 16%,总资产周转率为 0.5 次,权益乘数为 2.5,净资产收益率为 20%,2020 年度销售收入为 700 万元,净利润为 126 万元。

表 5-20 某公司资产负债表　　　　　　　　　　　　　　　　单位:万元

资产	年初	年末	负债及所有者权益	年初	年末
流动资产			流动负债合计	210	300
货币资金	100	90	长期负债合计	490	400
应收账款净额	120	180	负债合计	700	700
存货	184	288	所有者权益合计	700	700
待摊费用	46	72	总计	1 400	1 400
流动资产合计	450	630			
固定资产净值	950	770			
总计	1 400	1 400			

要求:

(1) 计算 2020 年该公司的流动比率、速动比率、资产负债率。

(2) 计算 2020 年该公司的总资产周转率、销售净利率和净资产收益率。

(二) 案例分析题

XYZ 集团公司是我国家电行业的佼佼者,经过十多年的兼并扩张,其规模已经今非昔比。根据 2020 年中报分析,公司的业绩增长非常稳定,主营业务收入和利润基本保持同步增长,这在竞争激烈、行业利润明显滑坡的家电行业中是极为可贵的。其中,公司 2020 年上半年收入增加部分主要来自冰箱产品的出口,公司的国际化战略取得了明显的经济效益。

为了实现产品多元化战略,进一步拓展国际市场,2020 年 8 月 26 日 XYZ 集团公司发出增发股票的董事会公告,决定向社会公众增发 10 000 万股股票,募集的资金将用于收购 B 公司 74.45% 的股权,此前 XYZ 公司已持有 B 公司 25.50% 的股权,此举意味着收购完成后 XYZ 公司拥有 B 公司 99.95% 的股权。作为 XYZ 集团的主要企业之一,B 公司主要生产空调、家用电器及制冷设备,是我国技术水平较高、规格品种较多、生产规模较大的空调生产基地。B公司产销状况良好,2020年上半年共生产空调器252万台,超过去年全年的产量,出口量分别是去年同期和全年的4.5倍、2.7倍,而且B公司空调产量的1/4出口海外。目前,B公司来自海外的订单已排至两年后。鉴于B公司已是成熟的高盈利企业,其可以使XYZ公司拓展主营业务结构,实现产品多元化战略,为XYZ公司进一步扩张提供强有力的支撑。

XYZ公司2020年中期财务状况如表5-21所示。

表5-21 资产负债表(简表)　　　　　　　　　　　　单位:万元

项目	金额	项目	金额
货币资金	5 124.51	应付账款	12 518.74
应收账款	39 034.59	预收账款	7 255.96
预付账款	59 990.33	流动负债合计	77 170.59
其他应收款	37 123.53	长期负债合计	25 922.22
存货净额	49 993.43	负债合计	103 092.81
待摊费用	12 113.00	股本	56 470.69
流动资产合计	236 978.99	资本公积	151 317.47
长期股权投资	30 717.84	盈余公积	32 916.03
长期债权投资	0.00	未分配利润	35 462.09
长期投资合计	30 717.84	股东权益合计	276 166.30
固定资产合计	100 788.17	负债及股东权益总计	379 259.09
无形资产	10 774.09		
资产总计	379 259.09		

要求:

(1) 对XYZ公司的短期偿债能力进行分析,主要侧重分析计算流动比率、速动比率,并结合流动资产的构成和流动负债的具体项目对XYZ公司的短期偿债能力进行评价。

(2) 对XYZ公司的长期偿债能力进行分析,主要侧重分析资产负债率、产权比率、权益比率,同时结合公司资本结构对XYZ公司的长期偿债能力进行评价。

拓展阅读

企业偿债能力分析的本质和逻辑理解

一、负债的财务本质

偿债能力分析的本质是了解负债给企业带来的作用。企业负债筹资,会给企业带来风险,这种风险称为财务风险。财务风险主要包括两层含义。第一层次的财务风险是指企业借款之后需要按照合同的规定到期偿还本金和利息,如果到期无法偿还债务,企业有可能陷入财务困境甚至是破产。因此,第一层次的财务风险分析主要是分析企业是否有能力偿还到期债务的问题,也就是偿还流动负债的问题。第二层次的财务风险是指举债会给企业的未来经营成果带来不确定性,会使企业股东的收益波动加大。例如,问题一,企业股本为10万元,如果好年景时每10万元可盈利2万元,则股本收益率是多少?如果坏年景时每10万元可亏损1万元,则股本收益率是多少?问题二,企业借入资本10万元,借款利率为10%,则好年景时股本收益率是多少,坏年景时股本收益率是多少?问题三,企业借入资本为20万元,借款利率为10%,则好年景时股本收益率是多少,坏年景时股本收益率是多少?问题一答案:好年景时股本收益率为20%,坏年景时股本收益率为-10%。问题二答案:好年景时,借来的资本和企业自有的资本收益都是2万元,利息支出1万元,股本总盈利3万元,则股本收益率为30%。坏年景时,借来的资本和企业自有的资本都亏损1万元,利息支出是刚性的,仍然需要支出1万元,总亏损3万元,股本收益率为-30%。通过问题一和问题二的答案我们可以看到,负债融资会使股东的收益波动加大。问题三答案:好年景时,借来的资本20万元和企业自有的资本10万元共盈利6万元,利息支出2万元,股本总盈利4万元,股本收益率为40%。坏年景时,借来的资本和企业自有的资本共亏损3万元,利息还需要支出2万元,总亏损5万元,股本收益率为-50%。从上述案例可以看出,负债会使股东的收益率波动变大,并且这种波动性和负债的比重有关,负债的比重越高,波动越大,杠杆的效应越大。因此,第二层次的财务风险分析侧重分析负债的比重问题。

二、企业短期偿债能力分析的本质

企业短期偿债能力侧重分析的是财务风险的第一层含义,也就是企业偿还到期债务的能力,主要是分析企业偿还流动负债的能力。从资产负债表来看,流动负债是在1年或者一个营业周期内需要偿还的一种负债,负债一般需要现金来偿还,而能在1年或者一个营业周期能够变现的资产是流动资产。因此,我们在分析企业是否具备偿还流动负债的能力时,自然会用流动资产去和流动负债比较,比较的结果有绝对数和相对数。绝对数是营业资本,等于流动资产减去流动负债,这个值越大,说明企业的短期偿债能力越强。相对数有流动比率、速动比率和现金比率。对于流动比率的理解,首先,流动比率是一个财务比率,分子是流动资产,分母是流动负债,指标计算的数据来源于企业的资产负债表,一般来说,该指标数值越高,说明企业的短期偿债能力越强。当然,流动比率过高对于企业经营也有影响,因为流动资产是一种流动性强、风险低、收益低的资产,持有过多的流动资产会影响企业的盈利能力。其次,流动比率到底多少较为合适?一般而言,营业周期短的企业对于流动比率要求低一些。比如,超市营业周转较快,其对流动比率要求会低一些;房地产企业营业周期长,其对流动比率要求高一些。最后,用流动比率分析企业短期偿债能力仍然存在着一定风险,流动比率指标的计算假设是所有的流动资产都能变现,但是像应收账款的变现由于账龄和客户的因素存在风险一样,存货的变现也存在风险,需要考虑存货的毛利率、存货周转的快慢以及影响存货价值的时间、技术等相关因素。因此,从谨慎的角度来分析,剔除这些变现风险较高的资产,人们就构造了后续的速动比率和现金比率。

对于速动比率的理解,首先,速动比率的分子是速动资产,分母是流动负债,计算的数据基础来源于企业的资产负债表。该指标越高,表明企业的短期偿债能力越强,但该指标也不宜过高,过高会影响企业的盈利能力。其次,在用速动比率分析企业短期偿债能力时,如果应收账款的回收存在风险,则用此指标分析企业的短期偿债能力是不合适的。因此,我们用速动比率分析企业的短期偿债能力时,需要考虑应收账款周转天数的因素。第三个指标是现金比率。现金比率是衡量企业即时偿债能力的指标,它最能反映企业直接偿付流动负债的能力,也是最为谨慎的指标。总之,这三个指标都是企业短期偿债能力静态分析的指标,核心指标是流动比率。

三、企业长期偿债能力分析的本质

(一) 企业长期偿债能力分析的侧重点

企业长期偿债能力分析的侧重点有两方面。第一,长期偿债能力分析的侧重点不在于分析企业是否能够到期偿还债务,因为长期债务会随着时间推移慢慢变成流动负债,而流动负债通过短期偿债能力分析可以解决。长期偿债能力侧重分析的是企业负债的比重、企业资产对于负债的保障程度、企业的举债能力以及负债给股东收益所带来的财务杠杆效应,而这一切分析内容都和负债的比重有关。第二,长期负债时间长、利息高、成本高,需要考虑每年资本创造的效益是否能够保障利息的支出。

(二) 企业长期偿债能力分析的体系

企业长期偿债能力分析主要构造了资产负债率、产权比率和权益乘数三个指标。首先,在公式的计算方面,资产负债率等于负债总额除以资产总额;产权比率等于负债总额除以所有者权益总额;权益乘数等于资产总额除以所有者权益总额。上述三个指标反应的本质是一样的,都是反映企业负债的比重。产权比率和权益乘数是资产负债率的另外两种表现形式,企业负债水平越高,三个比率数值越大,企业财务风险越大,企业长期偿债能力和举债能力越弱。其次,数据背后的含义包括:①财务指标数据反映企业资产对于负债的保障程度以及企业进一步举债的能力,负债率越高,资产对于负债的保障程度较低,企业进一步通过负债融资的空间会较小一些,即使可以融资,融资成本也会相对高一些,举债能力相对较弱。②企业不同利益相关人对于负债的比重要求不同。对于债权人来说,希望企业能够到期偿还本金和利息,要求负债的比重相对比较低。对于股东来说,希望负债的比重高一些,前提是利用总资本的报酬率高于借入资本的利息率。对于企业经营者来说,需要注意企业经营战略和财务战略的平衡,或者说企业经营风险和财务风险的平衡。

此外,从保障利息支出的角度出发,人们构造了利息保障倍数指标。利息保障倍数等于息税前利润除以利息费用。"息税前利润＝营业收入－变动经营成本－固定经营成本",这是体现息税前利润最本质的公式,息税前利润是企业在经营过程中获得的全部利润,也就是没有扣除利息费用和所得税之前的利润。"息税前利润＝净利润＋所得税＋利息费用",这是倒推式公式。该指标反映企业利用资产所实现的利润支付利息费用的能力,既反映了企业的获利能力,也反映了企业长的期偿债能力。

参考资料来源:席伟明.企业偿债能力分析的本质和逻辑理解[J].营销界,2020(47):182-183.

思考: 提高偿债能力对企业整体发展会带来哪些好处?请结合以上资料进行分析。

第六章 盈利能力分析实训

 知识目标

认识盈利能力分析对企业的重要性;掌握盈利能力分析指标的含义和计算公式。

 能力目标

学会计算企业盈利能力分析指标;能够从多个维度运用不同方法,结合企业实际业务对企业进行盈利能力分析;通过分析结果评价企业的盈利能力,发现企业存在的问题,提出针对性建议。

 **思政目标**

引导学生关注企业的盈利质量,帮助学生树立主动承担社会责任、坚持可持续发展的观念。

培养学生遵守市场法律法规、恪守财会人员职业道德的意识,以及坚持诚信经营和稳定盈利的理念。

 导引案例

北京时间 2017 年 4 月 24 日,证监会主板发审委发布的 2017 年第 61 次会议审核结果公告显示,美联钢结构建筑系统(上海)股份有限公司(简称美联钢结构)首发申请未通过。

我们通过查找美联钢结构 IPO 相关资料发现,发行人的主要产品是预制轻钢结构建筑系统产品。该产品由主钢结构系统(钢结构梁柱系统)、副次结构系统(屋檩、墙檩系统)、屋面围护系统(各类屋面板、保温材料)、墙面围护系统(各类面板、保温材料)和各类配套附件(包括门、窗、风机、采光等相关附件)五大部分组成。

从发行人 2013—2015 年的财务数据来看,发行人的净利润水平并不是很高,一直低于 4 200 万元。需要关注的是,在发行人 2015 年营业收入大幅下降并低于 2013 年的营业收入的情况下,其 2015 年的净利润并没有大幅下降,这表明美联钢结构净利润的变动趋势与营业收入的变动趋势不一致。

根据发行人2013年至2015年的净利润水平,再结合一些企业的因素考量,基本可以判断本其IPO被否决的最核心因素就是美联钢结构持续盈利能力存在重大不确定性。

(1) 发行人是做钢结构的,下游客户主要是需要建厂房或者车间的企业,这些企业的需求跟宏观经济情况有着紧密的关系。在宏观经济形势不好的情况下,发行人的生产经营也会存在很多困难。

(2) 钢结构行业是一个非常传统的行业,也是一个竞争激烈的行业,净利率只有12%左右,发行人会面临非常严酷的竞争。

(3) 发行人产品的主要原材料是钢材,钢材产品价格的波动也会对发行人的业绩产生较大的影响。

(4) 其收入增长趋势与同行业可比上市公司相比存在重大不一致性。

(5) 其毛利率水平与同行业可比公司相比也存在一定的差异,这种差异甚至引起了审核人员对发行人收入和成本核算是否真实、准确的质疑。

(6) 其期间费用率在2016年大幅下降,其合理性存疑,发行人为了保证业绩稳定可能采用了极端的方式。

参考资料来源:投行小兵.美联钢结构:多角度辨析发行人持续盈利能力是否存在重大不确定性[EB/OL].(2018-03-28)[2021-06-30].https://mp.weixin.qq.com/s/ReS27eDD47ODRlEmEmnArg.

思考:
1. 为什么美联钢结构IPO会被证监会否定?
2. 美联钢结构IPO被否的案例对我们进行企业盈利能力分析提供了哪些启示?

第一节 理 论 知 识

一、盈利能力分析的目的

盈利能力指企业在一段时间内通过经营活动获取利润的能力。盈利能力能体现公司整体的经营状况,也能体现各个具体职能部门的经营管理能力,它是企业利益相关者非常关心的一项指标。

对于企业管理层而言,进行企业盈利能力分析有两大目的:第一个目的是通过对盈利能力相关财务指标进行分析,衡量企业经营业绩的好坏;第二个目的是在分析过程中发现企业存在的问题并提出针对性措施。

二、盈利能力分析的视角及其评价指标

企业的盈利能力分析可以从利润形成、盈利质量、盈利的结构性三个视角选取相关财务指标,综合运用比率分析、比较分析、因素分析等方法进行分析。

(一) 利润形成分析

利润形成分析主要分析企业的投入与产出比率以及经营效率情况。在实践中,我们可以从以下几个角度进行分析:生产经营的盈利评价,评价指标主要是毛利率、销售净利率、营业利润率;资产的盈利评价,评价指标主要是总资产净利率;所有者投资的盈利评价,评价指标主要是净资产收益率。

1. 毛利率

毛利率是指毛利占营业收入的百分比。毛利率越高,说明企业的营业成本在营业收入中所占的比重越小,在期间费用和其他业务利润一定的情况下,营业利润就越高。其计算公式如下:

$$毛利率 = \frac{毛利}{营业收入} \times 100\%$$

其中:

$$毛利 = 营业收入 - 营业成本$$

2. 销售净利率

销售净利率是指净利润占营业收入的百分比,该指标反映每一元营业收入为企业带来净利润的多少,即反映企业营业收入的收益水平。其计算公式如下:

$$销售净利率 = \frac{净利润}{营业收入} \times 100\%$$

3. 营业利润率

营业利润率是指营业利润占营业收入的百分比,该指标能综合反映一个企业的营业效率。营业利润率越高,说明企业的盈利能力越强;反之,此比率越低,说明企业的盈利能力越弱。其计算公式如下:

$$营业利润率 = \frac{营业利润}{营业收入} \times 100\%$$

4. 总资产净利率

总资产净利率又称为总资产收益率,该指标反映企业综合经营管理水平的高低,表示企业的每一单位资产为企业带来净利润的多少,同时也反映管理层利用企业现有资源为企业创造价值的能力。其计算公式如下:

$$总资产净利率 = \frac{净利润}{总资产平均余额} \times 100\%$$

其中:

$$总资产平均余额 = \frac{总资产期初余额 + 总资产期末余额}{2}$$

5. 净资产收益率

净资产收益率又称为股东权益报酬率。它反映股东投入到企业资本的盈利能力,即反映投资与报酬的关系。它是衡量企业资本经营效益的核算指标,具有很强的综合性。其计算公式如下:

$$净资产收益率 = \frac{净利润}{所有者权益平均余额} \times 100\%$$

其中:

$$所有者权益平均余额 = \frac{所有者权益期初余额 + 所有者权益期末余额}{2}$$

(二) 盈利质量分析

盈利质量分析着重分析企业盈利现金流的持续保障性以及稳定性。衡量企业盈利现金流持续保障性的指标有销售现金比率、盈余现金保障倍数、每股经营现金流、全部资产现金回收率;衡量企业盈利现金流稳定性的指标有净收益营运指数、现金营运指数。

1. 销售现金比率

销售现金比率是指企业经营活动现金流量净额占营业收入的百分比。该指标反映每一元营业收入得到的经营活动现金流量净额,其数值越大越好。其计算公式如下:

$$销售现金比率 = \frac{经营活动现金流量净额}{营业收入} \times 100\%$$

2. 盈余现金保障倍数

盈余现金保障倍数是指企业在一定时期经营活动现金流量净额与净利润的比值。该指标反映了企业当期净利润中现金收益的保障程度。其计算公式如下:

$$盈余现金保障倍数 = \frac{经营活动现金流量净额}{净利润}$$

3. 每股经营现金流

每股经营现金流是指企业经营活动现金流量净额与普通股股数的比值。其计算公式如下:

$$每股经营现金流 = \frac{经营活动现金流量净额}{普通股股数}$$

4. 全部资产现金回收率

全部资产现金回收率是指企业经营活动现金流量净额占企业总资产平均余额的百分比。该指标反映了企业全部资产产生现金的能力。其计算公式如下:

$$全部资产现金回收率 = \frac{经营活动现金流量净额}{总资产平均余额} \times 100\%$$

5. 净收益营运指数

净收益营运指数是指企业经营净收益与净利润的比值。净收益营运指数越小,说明非经常性损益所占比重越大,企业收益质量越差。因为非经常性损益不反映公司的核心能力及正常的收益能力,可持续性较低。其计算公式如下:

$$净收益营运指数 = \frac{经营净收益}{净利润}$$

其中:

$$经营净收益 = 净利润 - 非经常性损益$$

非经常性损益主要包括非流动性资产处置损益、固定资产报废损失、财务费用、投资损失(或收益)、递延所得税资产减少(或增加)等。

6. 现金营运指数

现金营运指数是指企业经营活动现金流量净额与企业经营所得现金的比值。首先,现金营运指数小于1,说明企业的一部分收益尚未取得现金,停留在实物或债权形态,而实物或债权资产的变现风险大于现金,因为应收账款不一定能足额变现,存货也有贬值风险,所以未收现的资产质量低于已收现的资产质量。其次,现金营运指数小于1,反映企业为取得同样的收益占用了更多的营运资金,即取得收益的代价增加了。其计算公式如下:

$$现金营运指数 = \frac{经营活动现金流量净额}{经营所得现金}$$

$$经营所得现金 = 经营净收益 + 非付现费用 = 净利润 - 非经常性损益 + 非付现费用$$

其中,非付现费用含计提的资产减值准备、固定资产折旧、无形资产摊销和长期待摊费用摊销。

三、盈利的结构性分析

盈利的结构性分析主要分析企业各项费用与收入的占比情况,从而判断企业的收入结构是否存在缺陷、成本控制是否得当,主要包含收入结构分析、成本结构分析。

收入结构分析的评价指标主要有某项业务收入占营业收入的比重;成本结构分析的评价指标主要有期间费用占营业收入的比重、销售费用占营业收入的比重、财务费用占营业收入的比重、管理费用占营业收入的比重、研发费用占营业收入的比重和营业成本占营业收入的比重。

第二节 职业能力训练

本节以云南白药集团为分析对象,从盈利的利润形成分析、盈利的质量分析、盈利的结构性分析三个视角,分别选取若干指标构建表6-1中的盈利能力评价指标体系,对云南白药集团的盈利能力进行分析评价。盈利的利润形成评价侧重于企业投入产出比和经营效率情况;盈利的质量评价主要考察企业盈利现金流的持续保障性以及稳定性情况;盈利的结构性评价主要研究企业各项收入、利润以及费用的构成和占比情况。

表 6-1　云南白药集团盈利能力评价指标体系

盈利的利润形成评价指标	生产经营的盈利评价指标	毛利率
		销售净利率
		营业利润率
	资产的盈利评价指标	总资产净利率
	所有者的盈利评价指标	净资产收益率
盈利的质量评价指标	盈利的现金保障性评价指标	销售现金比率
		盈余现金保障倍数
		每股经营现金流
		全部资产现金回收率
	盈利的稳定性评价指标	净收益营运指数
		现金营运指数
盈利的结构性评价指标	收入结构评价指标	某项业务收入÷营业收入
	成本结构评价指标	期间费用÷营业收入
		销售费用÷营业收入
		管理费用÷营业收入
		财务费用÷营业收入
		营业成本÷营业收入

一、盈利的利润形成分析

(一) 纵向对比分析

2016—2020 年云南白药集团毛利率、营业利润率、销售净利率、总资产净利率、净资产收益率指标的计算过程和结果如表 6-2 所示。

表 6-2　2016—2020 年云南白药集团利润形成评价指标　　　　　　　　单位:万元

项目	2016 年	2017 年	2018 年	2019 年	2020 年
营业收入①	2 241 065.44	2 431 461.40	2 670 821.35	2 966 467.39	3 274 276.68
营业成本②	1 571 796.12	1 673 157.52	1 854 943.36	2 119 136.44	2 365 587.81
毛利 ③=①-②	669 269.32	758 303.88	815 877.99	847 330.95	908 688.87
毛利率 ④=③÷①×100%	29.86%	31.19%	30.55%	28.56%	27.75%
营业利润⑤	331 982.97	362 072.35	383 199.26	474 297.82	681 200.30

(续表)

项目	2016年	2017年	2018年	2019年	2020年
营业利润率⑥=⑤÷①×100%	14.81%	14.89%	14.35%	15.99%	20.80%
净利润⑦	293 088.96	313 253.42	328 974.60	417 305.20	551 103.62
销售净利率⑧=⑦÷①×100%	13.08%	12.88%	12.32%	14.07%	16.83%
总资产平均余额⑨	2 193 879.32	2 614 458.83	2 904 006.03	4 001 781.96	5 243 874.87
总资产净利率⑩=⑦÷⑨×100%	13.36%	11.98%	11.33%	10.43%	10.51%
所有者权益平均余额⑪	1 468 566.60	1 699 322.21	1 903 270.35	2 901 119.87	3 822 196.41
净资产收益率⑫=⑦÷⑪×100%	19.96%	18.43%	17.28%	14.38%	14.42%

根据上述计算结果,下面我们具体分析2016—2020年云南白药集团利润形成评价指标的变化趋势及其原因。

2016—2020年云南白药集团毛利率整体保持稳定,维持在27%～32%,说明公司的营业成本控制得比较好。从2016年到2017年,云南白药集团的毛利率从29.86%上升到31.19%,但是从2017年到2020年,云南白药集团的毛利率一直处于下降趋势,2020年下降到27.75%。我们通过查找公司的年报发现,2017—2020年云南白药集团直接材料成本的增加导致工业销售收入板块毛利率下降,此外,商业销售板块采购成本的上升也导致商业销售板块毛利率下降。

云南白药集团的营业利润率在2016—2018年基本保持稳定,从2019年到2020年处于稳步上升的趋势。我们发现,影响营业利润率变化的主要因素是销售费用、管理费用、财务费用和研发费用。除此之外,云南白药集团营业利润率的变化还受到资产减值损失、公允价值变动损益和投资收益的影响。

云南白药集团的销售净利率在2016—2018年出现小幅下跌,从2019年到2020年处于上升趋势,反映了2016—2018年云南白药集团营业收入带来的净利润在下降,2019年开始逐步回升。云南白药集团销售净利率的变化趋势和营业利润率基本一致,影响营业利润率的因素同样影响了销售净利率。

2016—2019年云南白药集团的总资产净利率处于持续降低的趋势,说明每一单位资产为企业带来的净利润在降低。2017年云南白药集团总资产净利率下降的原因如下:母公司新增土地使用权导致其无形资产增加到31 937.42万元;子公司云南省医药有限公司因应收账款保理业务形成的应付保理商款项增加到78 056.53万元。以上因素的变化导致2017年云南白药集团总资产平均余额比2016年增加了19.17%。2018年云南白药集团净利润只增长了5.02%,而子公司的应收账款增加到185 337.78万元,子公司库存商品余额增加到999 401.22万元,云南白药集团健康产业项目(一期)——文山七花有限责任公司搬迁扩建项目等重点工程投入增加到 61 051.31 万元,预付蜂胶及桉树叶提取物款项增加以及对部分供应商的结算方式发生变化导致预付账款增加到 60 214.78 万元。以上因素导致云南白药集团 2018 年总资产平均余额比 2017 年增加了 11.07%。2019 年公司的净利润比 2018 年增长了 26.85%,总资产平均余额增长了 37.80%,总资产净利率下降了 0.9%。2019 年公司总资产变化的原因如下:云南白药集团期末持有的基金减少,银行存款增加到 1 299 420.72 万元;健康产业项目投入增加到 97 029.03 万元;期末持有的用于贴现、背书转让票据增加到 175 633.90 万元,期末持有信厚 4 号基金余额为 199 900 万元;金融资产增加到 55 959.33 万元。以上因素导致云南白药集团 2019 年总资产平均余额比 2018 年增长了 37.80%。

2016—2019 年云南白药集团净资产收益率整体处于下降趋势,2020 年略有回升,反映了股东投入资本的盈利能力在下降。通过查看公司的利润表,我们发现云南白药集团 2016—2020 年的净利润持续上升,尤其是在 2019 年上升了 26.85%,2020 年上升了 32.06%,但是公司的净资产收益率却处于整体下降的趋势。通过分析相关资料,我们发现所有者权益平均余额大幅上升是云南白药集团净资产收益率变化的主要原因。

(二) 横向对比分析

1. 毛利率横向对比

把云南白药集团的毛利率和华东医药集团、同仁堂集团作对比,结果如图 6-1 所示。

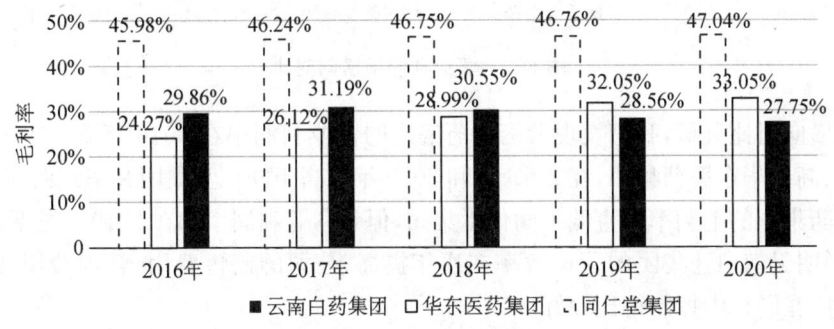

图 6-1 毛利率横向对比

如图 6-1 所示,把云南白药集团的毛利率和华东医药集团、同仁堂集团的毛利率作横向对比分析,我们可以发现,从 2016 年到 2018 年,云南白药集团的毛利率高于华东医药集团、低于同仁堂集团;2019—2020 年云南白药集团的毛利率同时低于同仁堂集团和华东医药集团。

2016—2020 年华东医药集团的毛利率处于逐渐上升的趋势,说明华东医药集团的成本控制能力在增强。通过查找公司年报,我们发现华东医药集团商业板块的毛利率稳定在 7% 左右,而制造业板块的毛利率稳定在 80% 以上,由于其商业板块的毛利率远远低于制造业板块的毛利率,公司近年来积极调整收入结构,到了 2020 年,华东医药集团商业板块营业收入占比下降到 66.26%,制造业板块营业收入占比上升到 32.82%,国内医美业务和国际医美业务占比达到 2.80%。综上所述,华东医药集团从 2016 年到 2020 年销售毛利率稳步上升反映了公司优化收入结构、开拓医美业务市场的成果。

2016—2020年同仁堂集团的毛利率基本稳定在46%左右。通过查找同仁堂集团的年度报告,我们发现2019年同仁堂集团医药工业板块的毛利率下降了3.37%,医药商业板块的毛利率增加了1.24%,其余年度医药工业板块和医药商业板块的毛利率增幅都不超过1%,所以同仁堂集团年度间的毛利率比较稳定。我们通过对比发现,同仁堂集团工业销售成本中原材料成本占营业成本的比重基本维持在60%左右,而云南白药集团工业销售成本中原材料成本占营业收入成本的比重高于80%。由于原材料采购成本容易受上游供应商和外部经济环境影响,云南白药集团的毛利率相较于同仁堂集团波动比较大。

2. 营业利润率横向对比

把云南白药集团的营业利润率和华东医药集团、同仁堂集团作对比,结果如图6-2所示。

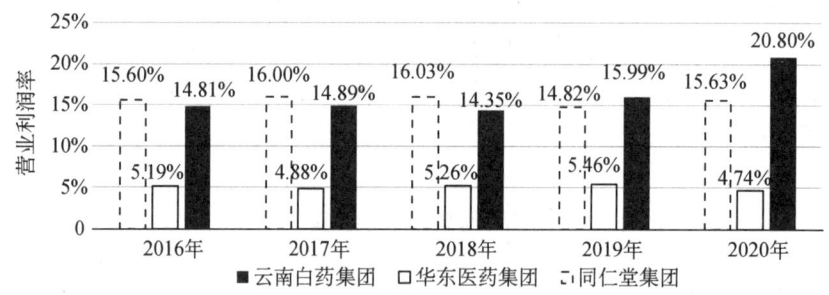

图6-2 营业利润率横向对比

通过横向对比分析,我们发现云南白药集团的营业利润率在2016年到2018年低于同仁堂集团、高于华东医药集团,在2019年和2020年均高于同仁堂集团和华东医药集团。虽然云南白药集团的毛利率一直低于同仁堂集团,但是营业利润率却在2019年之后高于同仁堂集团,说明云南白药集团的营业效率在逐年提高,公司的销售费用、管理费用、财务费用和研发费用在同行中控制得比较好。

3. 销售净利率横向对比

把云南白药集团的销售净利率和华东医药集团、同仁堂集团作对比,结果如图6-3所示。

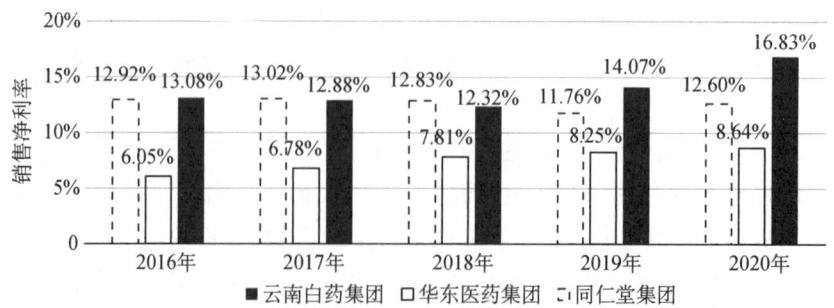

图6-3 销售净利率横向对比

通过横向对比分析，我们发现云南白药集团的销售净利率在2016年、2019年和2020年均高于同仁堂集团和华东医药集团，在2017年和2018年略低于同仁堂集团但高于华东医药集团。虽然2016—2020年云南白药集团的毛利率低于同仁堂集团，但销售净利率和同仁堂集团基本相当，说明云南白药集团对期间费用的控制能力较强；华东医药集团的销售净利率从2016年到2020年持续低于云南白药集团，而且从2019年到2020年差距越来越大。以上对比结果反映了云南白药集团对期间费用的控制能力相比于同仁堂集团和华东医药集团有一定的优势。

4. 总资产净利率横向对比

把云南白药集团的总资产净利率和华东医药集团、同仁堂集团作对比，结果如图6-4所示。

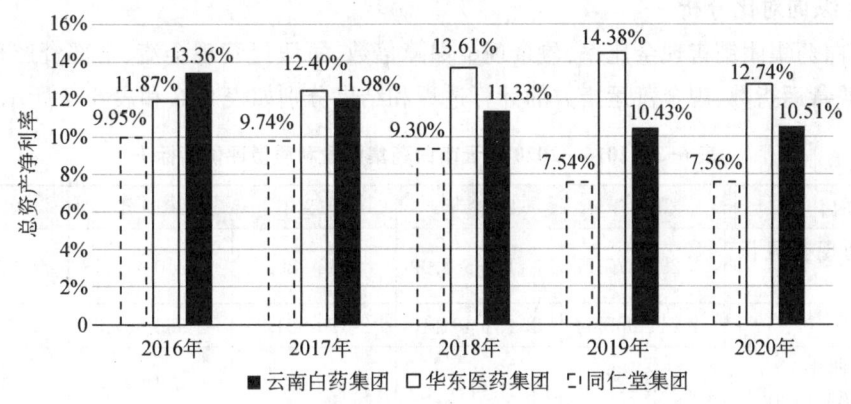

图6-4　总资产净利率横向对比

通过横向对比分析，我们发现云南白药集团的总资产净利率在2016年高于同仁堂集团和华东医药集团，在2017年之后被华东医药集团赶超。总体来看，云南白药集团的总资产净利率低于华东医药集团、高于同仁堂集团，说明云南白药集团的总资产利用效率在同行中居于中间水平。

5. 净资产收益率横向对比

把云南白药集团的净资产收益率和华东医药集团、同仁堂集团作对比，结果如图6-5所示。

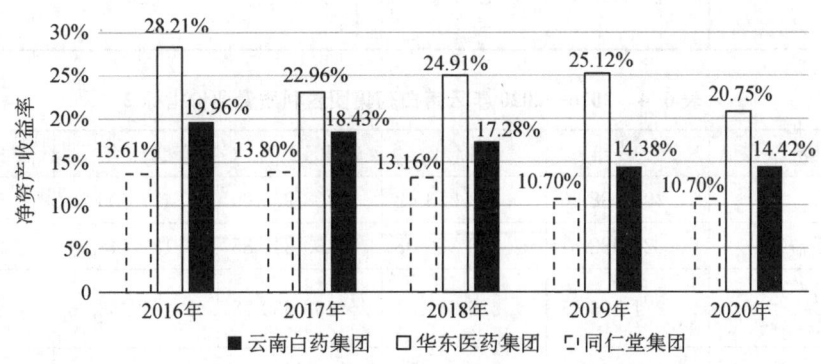

图6-5　净资产收益率横向对比

通过横向对比分析，我们发现云南白药集团的净资产收益率在2016—2020年均高于同仁堂集团、低于华东医药集团，这说明云南白药集团股东投入资本的盈利能力居于行业中间水平。具体来看，2016—2020年云南白药集团的净资产收益率总体处于下降趋势，且其净资产收益率一直低于华东医药集团，在2019年两者差距最大，达到10.74%；在2017年两者差距最小，为4.53%。与同仁堂集团相比，虽然2016—2020年云南白药集团的净资产收益率均高于同仁堂集团，但其净资产收益率的波动幅度较大，且随着时间推移两者之间净资产收益率的差距逐渐收窄。

二、盈利的质量分析

（一）纵向对比分析

云南白药集团销售现金比率、盈余现金保障倍数、每股经营现金流、全部资产现金回收率、净收益营运指数、现金营运指数的计算过程和结果分别如表6-3和表6-4所示。

表6-3 2016—2020年云南白药集团盈利质量评价指标1 单位：万元

项目	2016年	2017年	2018年	2019年	2020年
经营活动现金流量净额①	298 475.77	115 568.99	262 980.72	210 474.48	382 890.66
营业收入②	2 241 065.44	2 431 461.40	2 670 821.35	2 966 467.39	3 274 276.68
销售现金比率 ③=①÷②×100%	13.32%	4.75%	9.85%	7.10%	11.69%
④净利润	293 088.96	313 253.42	328 974.60	417 305.20	551 103.62
盈余现金保障倍数 ⑤=①÷④	1.02	0.37	0.80	0.50	0.69
⑥普通股股数	104 139.97	104 139.97	104 139.97	127 740.33	127 740.33
每股经营现金流 ⑦=①÷⑥	2.87	1.11	2.53	1.65	3.00
⑧总资产平均余额	2 193 879.32	2 614 458.83	2 904 006.03	4 001 781.96	5 243 874.87
全部资产现金回收率 ⑨=①÷⑧×100%	13.60%	4.42%	9.06%	5.26%	7.30%

表6-4 2016—2020年云南白药集团盈利质量评价指标2 单位：万元

项目	2016年	2017年	2018年	2019年	2020年
净利润①	293 088.96	313 253.42	328 974.60	417 305.20	551 103.62
非经常性损益②	21 982.81	36 372.08	60 343.85	189 448.94	261 719.46
经营净收益 ③=①-②	271 106.15	276 881.34	268 630.75	227 856.26	289 384.16
净收益营运指数 ④=③÷①	0.92	0.88	0.82	0.55	0.53

(续表)

项目	2016年	2017年	2018年	2019年	2020年
非付现费用⑤	11 816.74	19 754.52	19 616.47	46 665.35	51 959.79
经营所得现金⑥=③+⑤	282 922.89	296 635.86	288 247.22	274 521.61	341 343.95
经营活动现金流量净额⑦	298 475.77	115 568.99	262 980.72	210 474.48	382 890.66
现金营运指数⑧=⑦÷⑥	1.05	0.39	0.91	0.77	1.12

根据上述计算结果,下面我们分析云南白药集团从2016年至2020年的盈利质量指标变化趋势及其原因。

1. 销售现金比率

从2016年到2020年,云南白药集团的销售现金比率处于上下波动的状态,反映出云南白药集团销售得到的现金流量净额不稳定。通过分析,我们发现云南白药集团2016年到2020年的营业收入稳步增长,年度间增幅变化不大,而经营活动现金流量净额波动很大,导致公司销售现金比率上下波动很大。

2. 盈余现金保障倍数

从2016年到2020年,云南白药集团的盈余现金保障倍数处于上下波动的状态,反映了企业当期净利润中现金收益的保障程度不稳定。云南白药集团净利润在2016年到2020年稳步增长,而经营活动现金流量净额上下波动幅度较大,导致公司盈余现金保障倍数不稳定。所以,云南白药集团需要在保持净利润增长的基础上进一步提高经营活动现金流量净额的稳定性。

3. 每股经营现金流

云南白药集团从2016年到2020年的每股经营现金流处于上下波动的状态,反映了公司平均每股所获得的现金流量不稳定。通过分析,我们发现云南白药集团在2019年因为公司实施混合所有制改革,普通股股数增长了22.66%,其余年度的普通股股数没有变化,表明经营活动现金流量净额不稳定是云南白药集团每股经营现金流变化的主要原因。

4. 全部资产现金回收率

云南白药集团全部资产现金回收率从2016年到2020年处于上下波动的状态,反映了云南白药集团总资产产生现金的能力不稳定。2017年,云南白药集团经营活动现金流量净额比2016年减少了61.28%,总资产平均余额增长了19.17%,现金流下降幅度远远高于总资产增长幅度,所以公司全部资产现金回收率较上年大幅下降;2018年,公司经营活动现金流量净额增长了127.55%,总资产平均余额增长了11.07%,现金流增长幅度远远高于总资产增长幅度,所以公司的全部资产现金回收率较上年大幅上升;2019年,云南白药集团经营活动现金流量净额下降了19.97%,而总资产平均余额增长了37.80%,所以全部资产现金回收率较上年有所下降;2020年,云南白药集团经营活动现金流量净额增长了81.92%,而公司总资产平均余额增长了31.04%,所以全部资产现金回收率较上年有所提高。

5. 净收益营运指数

2016—2020年云南白药集团的净收益营运指数整体处于下降趋势,且各年度该指数均小于1,说明2016—2020年云南白药集团的非经常性损益所占比重越来越小,收益质量在变差。云南白药集团净收益营运指数同时受到净利润变化和经营净收益变化的影响,其中2019年和2020年变化比较大。2019年云南白药集团净利润同比增长了26.85%,而经营净收益则同比下降了15.18%,所以公司的净收益营运指数大幅下降到0.55。2020年云南白药集团净利润同比增长了32.06%,而经营净收益增长了27.00%,所以当年的净收益营运指数下降为0.53。

6. 现金营运指数

从2016年到2020年,云南白药集团的现金营运指数处于上下波动的状态。其中,除了2016年和2020年的现金营运指数大于1,其他年度的现金营运指数均小于1。这说明2017—2019年云南白药集团为取得同样的收益占用了更多的营运现金,即取得收益的代价增加了,收益质量不高。

(二)横向对比分析

1. 销售现金比率横向分析

把云南白药集团的销售现金比率和华东医药集团、同仁堂集团作对比,结果如图6-6所示。

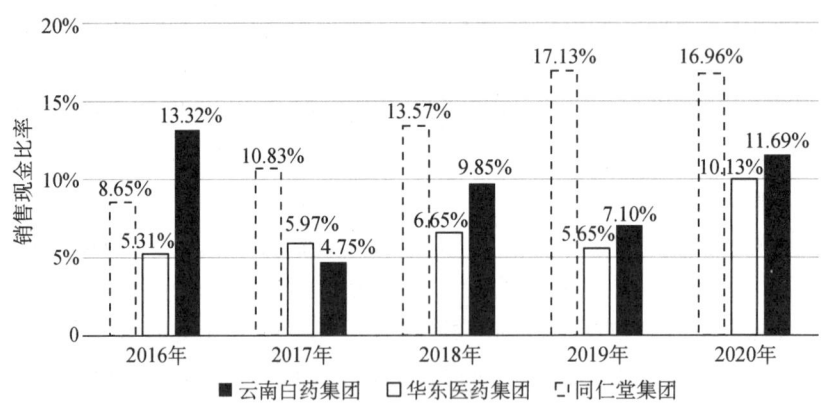

图6-6 销售现金比率横向对比

通过横向对比分析,我们发现云南白药集团的销售现金比率在2016年高于华东医药集团和同仁堂集团,在2017年处于三者中最低,在2018年、2019年和2020年低于同仁堂集团但高于华东医药集团。华东医药集团销售现金比率从2016年到2018年持续上升,2019年下降了1%,2020年又回升到10.13%,增长幅度比较大。从2017年到2020年,同仁堂集团的销售现金比率一直处于三家公司最高值,除了2020年略有下降,其余年度一直处于增长的趋势,反映了同仁堂集团每1元营业收入中的现金比例最大,收款条件较好,盈利质量较高。

2. 盈余现金保障倍数横向分析

把云南白药集团的盈余现金保障倍数和华东医药集团、同仁堂集团作对比,结果如图 6-7 所示。

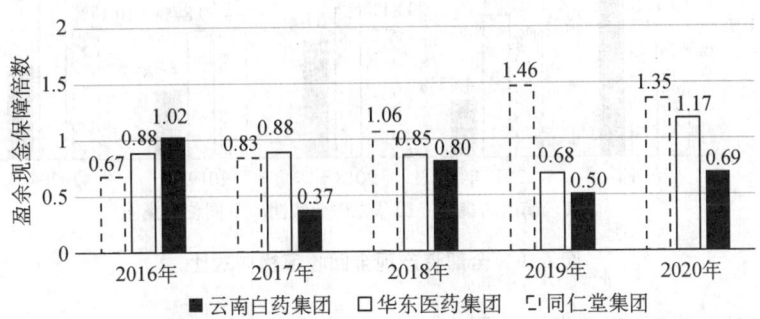

图 6-7　盈余现金保障倍数横向对比

通过横向对比分析,我们发现云南白药集团 2016 年的盈余现金保障倍数高于华东医药集团和同仁堂集团,之后一直处于三家公司的最低值,说明云南白药集团净利润中现金收益的保障程度有待提高。

3. 每股经营现金流横向分析

把云南白药集团的每股经营现金流和华东医药集团、同仁堂集团作对比,结果如图 6-8 所示。

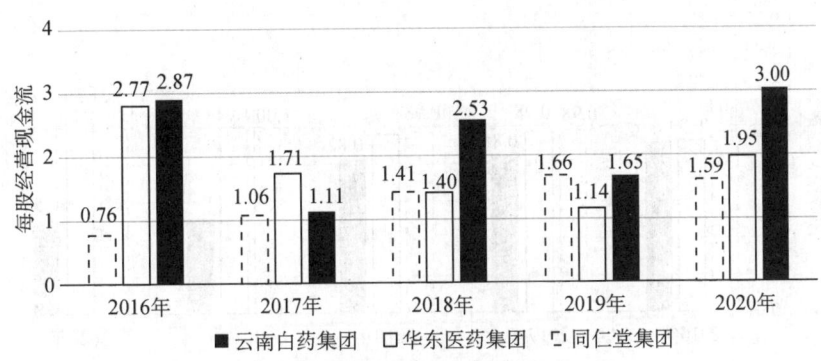

图 6-8　每股经营现金流横向对比

通过横向对比分析,我们发现云南白药集团 2016 年、2018 年和 2020 年的每股经营现金流处于三家公司最高值,2017 年和 2019 年处于中间状态。从 2016 年到 2019 年,华东医药集团的每股经营现金流处于持续下降的趋势,2020 年华东医药集团的每股经营现金流上升到 1.95。从 2016 年到 2019 年,同仁堂集团的每股经营现金流处于持续上升的趋势,2020 年其每股经营现金流略有下降。

4. 全部资产现金回收率横向分析

把云南白药集团的全部资产现金回收率和华东医药集团、同仁堂集团作对比,结果如图 6-9 所示。

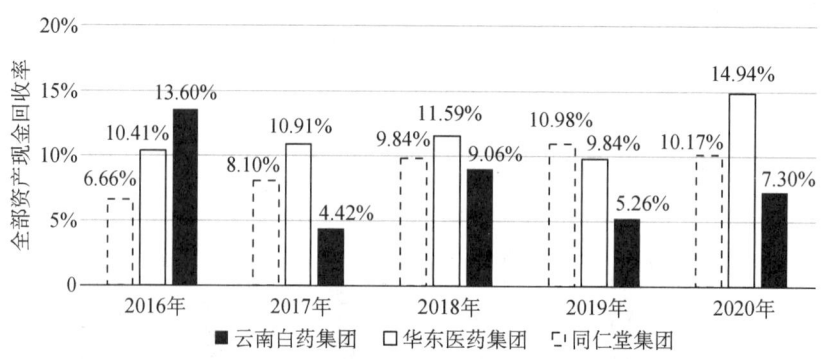

图 6-9　全部资产现金回收率横向对比

通过横向对比分析,我们发现除了 2016 年云南白药集团的全部资产现金回收率高于其他两家公司,其他年度的全部资产现金回收率均为最低,这反映了云南白药集团全部资产产生现金的能力有待提高。华东医药集团的全部资产现金回收率除了在 2019 年略有下降,其他年度均处于同比上升的趋势。同仁堂集团的全部资产现金回收率从 2016 年到 2019 年处于持续上升的趋势,2020 年略有下降。

5. 净收益营运指数横向分析

把云南白药集团的净收益营运指数和华东医药集团、同仁堂集团作对比,结果如图 6-10 所示。

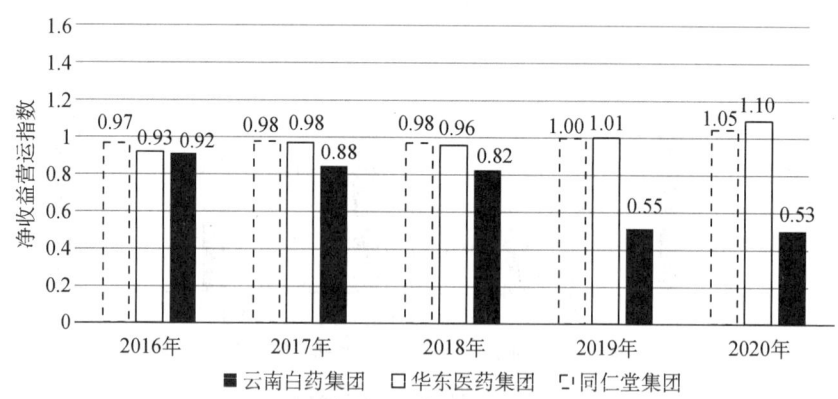

图 6-10　净收益营运指数横向对比

通过横向对比分析,我们发现云南白药集团 2016—2020 年的净收益营运指数均小于华东医药集团和同仁堂集团,说明云南白药集团的净利润中非经常性损益所占比重较大,盈利质量有待提高。华东医药集团的净收益营运指数在 2016 年到 2020 年之间都比较稳定,其中,2016 年到 2018 年的净收益营运指数小于 1,而 2019 年和 2020 年净收益营运指数大于 1,且处于上升的趋势,反映了华东医药集团的盈利质量也在提高。2016—2018 年同仁堂集团的净收益营运指数小于 1,在三家公司中处于最高水平,但是自 2019 年以后,同仁堂集团的净收益营运指数低于华东医药集团。

6. 现金营运指数横向分析

把云南白药集团的现金营运指数和华东医药集团、同仁堂集团作对比,结果如图 6-11 所示。

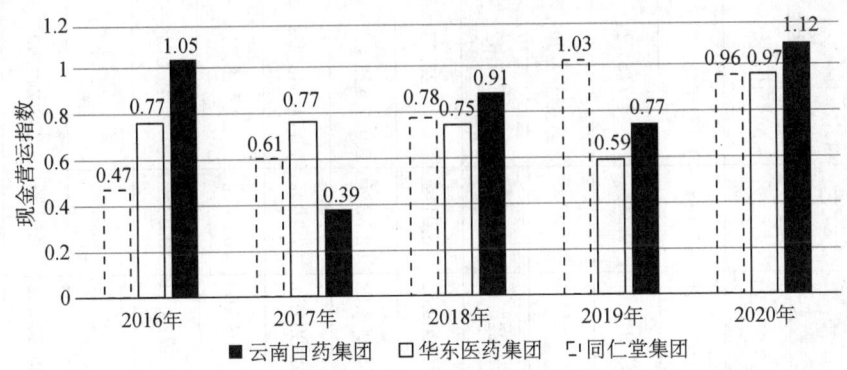

图 6-11 现金营运指数横向对比

在 2016 年、2018 年和 2020 年,云南白药集团的现金营运指数高于其他两家公司,其他年度处于较低水平,说明云南白药集团经营活动现金流量净额与企业经营所得现金的比值不稳定,其经营所得现金流的质量有待提高。

三、盈利的结构性分析

(一)收入结构分析

收入结构分析主要分析企业的各项收入及其占比,从而帮助企业优化收入结构,提升盈利水平。

根据云南白药集团 2016—2020 年的年报数据,云南白药集团各年的营业收入构成如表 6-5 所示。

从表 6-5 可知,按行业分类,2016—2020 年云南白药集团的主要收入来源为商业销售收入,其占比连续 5 年均超过 50%,在 2019 年和 2020 年甚至超过 60%;工业销售收入为云南白药集团的第二大收入来源,历年占比为 35.78%~40.97%;种植业收入和技术服务收入占比非常小,合计不到 1%;公司从 2019 年开始出现旅店饮食业收入,说明从 2019 年开始其采用了非相关多元化战略。按产品分类,云南白药集团收入来源中 60% 左右来自药品批发零售,35.78%~40.97% 来自自制工业产品销售;农产品和其他产品销售占比不到 1%。按地区划分,云南白药集团 98% 左右的销售收入来自国内,国外销售收入占比在 2% 左右。

(二)成本结构分析

成本结构分析主要分析企业营业成本中各项成本的构成及其占比,它可以反映企业各项成本的构成情况,帮助企业寻找降低成本、提高盈利的途径。

根据云南白药集团 2016—2020 年的年报数据,云南白药集团各年的营业成本构成如表 6-6 所示。

从表 6-6 可以看出,2016—2020 年云南白药集团的营业成本中,58.74%~64.06% 为商业销售成本,35.78%~40.97% 为工业销售成本,而种植业成本、技术服务成本和旅店饮食业成本占比非常小。

表 6-5 2016—2020 年云南白药集团营业收入构成

单位：万元

项目		2016 年		2017 年		2018 年		2019 年		2020 年	
		金额	占营业收入比重	金额	占营业收入比重	金额	占营业收入比重	金额	占营业收入比重	金额	占营业收入比重
按行业分类	商业销售收入	1 327 589.04	59.24%	1 428 355.43	58.74%	1 593 743.4	59.67%	1 855 073.24	62.53%	2 097 423.23	64.06%
	工业销售收入	908 038.42	40.51%	996 202.47	40.97%	1 072 713.11	40.16%	1 102 394.76	37.16%	1 171 643.38	35.78%
	其他	4 847.83	0.22%	6 562.63	0.27%	2 806.04	0.11%	7 946.09	0.27%	4 718.71	0.14%
	技术服务收入	147.53	0.01%	133.67	0.01%	346.40	0.01%	518.30	0.02%	427.95	0.02%
	种植业销售收入	442.61	0.02%	207.22	0.01%	1 211.81	0.05%	325.19	0.01%	37.62	0.00%
	旅店饮食业收入	—	—	—	—	—	—	209.81	0.01%	25.78	0.00%
按产品分类	药品收入	1 327 589.04	59.24%	1 428 355.43	58.74%	1 593 743.40	59.67%	1 855 073.24	62.53%	2 097 423.23	64.06%
	工业产品（自制）收入	908 038.42	40.51%	996 202.47	40.97%	1 072 713.11	40.16%	1 102 394.76	37.16%	1 171 643.38	35.78%
	其他	4 847.83	0.22%	6 562.63	0.27%	2 806.04	0.11%	7 946.09	0.27%	4 718.71	0.14%
	其他产品收入	590.14	0.03%	340.88	0.02%	1 558.21	0.06%	728.11	0.03%	453.74	0.01%
	农产品收入	—	—	—	—	—	—	325.19	0.01%	37.62	0.00%
按地区分类	国内销售收入	2 225 639.38	99.31%	2 402 611.37	98.81%	2 611 821.39	97.79%	2 908 233.42	98.04%	3 238 211.90	98.90%
	国外销售收入	15 426.06	0.69%	28 850.04	1.19%	58 999.96	2.21%	58 233.97	1.96%	36 064.78	1.10%

注：2016—2018 年"农产品"项目未单独列报，包含在"其他产品"项目中。

表6-6 2016—2020年云南白药集团营业成本构成

单位：万元

<table>
<tr><th colspan="2">项目</th><th colspan="2">2016年</th><th colspan="2">2017年</th><th colspan="2">2018年</th><th colspan="2">2019年</th><th colspan="2">2020年</th></tr>
<tr><th colspan="2"></th><th>金额</th><th>占营业收入比重</th><th>金额</th><th>占营业收入比重</th><th>金额</th><th>占营业收入比重</th><th>金额</th><th>占营业收入比重</th><th>金额</th><th>占营业收入比重</th></tr>
<tr><td rowspan="6">按行业分类</td><td>商业销售成本</td><td>1 223 481.00</td><td>77.84%</td><td>1 324 218.34</td><td>79.14%</td><td>1 463 545.58</td><td>78.90%</td><td>1 684 947.77</td><td>79.51%</td><td>1 906 771.76</td><td>80.60%</td></tr>
<tr><td>工业销售成本</td><td>344 164.26</td><td>21.90%</td><td>342 634.47</td><td>20.48%</td><td>388 478.96</td><td>20.94%</td><td>430 192.30</td><td>20.30%</td><td>454 859.27</td><td>19.23%</td></tr>
<tr><td>其他</td><td>3 698.45</td><td>0.23%</td><td>6 059.29</td><td>0.36%</td><td>1 137.84</td><td>0.06%</td><td>2 977.72</td><td>0.14%</td><td>3 450.19</td><td>0.15%</td></tr>
<tr><td>技术服务成本</td><td>140.97</td><td>0.01%</td><td>117.9</td><td>0.01%</td><td>242.41</td><td>0.01%</td><td>482.27</td><td>0.02%</td><td>492.5</td><td>0.02%</td></tr>
<tr><td>种植业成本</td><td>311.44</td><td>0.02%</td><td>127.52</td><td>0.01%</td><td>1 538.56</td><td>0.09%</td><td>422.75</td><td>0.02%</td><td>14.09</td><td>0.00%</td></tr>
<tr><td>旅店饮食业成本</td><td>—</td><td>—</td><td>—</td><td>—</td><td>—</td><td>—</td><td>113.63</td><td>0.01%</td><td>—</td><td>—</td></tr>
</table>

表6-7 云南白药各年期间费用构成表

单位：万元

<table>
<tr><th>项目</th><th colspan="2">2016年</th><th colspan="3">2017年</th><th colspan="3">2018年</th><th colspan="3">2019年</th><th colspan="3">2020年</th></tr>
<tr><th></th><th>本年费用</th><th>本年占比</th><th>本年费用</th><th>本年占比</th><th>本年增幅</th><th>本年费用</th><th>本年占比</th><th>本年增幅</th><th>本年费用</th><th>本年占比</th><th>本年增幅</th><th>本年费用</th><th>本年占比</th><th>本年增幅</th></tr>
<tr><td>销售费用</td><td>284 048.87</td><td>83.21%</td><td>368 351.24</td><td>88.91%</td><td>29.68%</td><td>392 159.48</td><td>87.01%</td><td>6.46%</td><td>415 630.29</td><td>79.55%</td><td>5.99%</td><td>379 503.40</td><td>82.42%</td><td>-8.69%</td></tr>
<tr><td>管理费用</td><td>48 354.36</td><td>14.16%</td><td>38 676.32</td><td>9.34%</td><td>-20.01%</td><td>31 206.69</td><td>6.92%</td><td>-19.31%</td><td>95 745.86</td><td>18.33%</td><td>206.81%</td><td>86 044.79</td><td>18.69%</td><td>-10.13%</td></tr>
<tr><td>财务费用</td><td>8 968.28</td><td>2.63%</td><td>7 254.35</td><td>1.75%</td><td>-19.11%</td><td>16 331.19</td><td>3.62%</td><td>125.12%</td><td>-6 280.36</td><td>-1.20%</td><td>-138.46%</td><td>-23 194.57</td><td>-5.04%</td><td>269.32%</td></tr>
<tr><td>研发费用</td><td>—</td><td>—</td><td>—</td><td>—</td><td>—</td><td>11 030.41</td><td>2.45%</td><td>31.26%</td><td>17 388.79</td><td>3.32%</td><td>57.64%</td><td>18 108.25</td><td>3.93%</td><td>4.14%</td></tr>
<tr><td>期间费用合计</td><td>341 371.51</td><td>100%</td><td>414 281.91</td><td>100%</td><td>5.65%</td><td>450 727.77</td><td>100%</td><td>8.80%</td><td>522 484.57</td><td>100%</td><td>15.92%</td><td>460 461.87</td><td>100%</td><td>-11.87%</td></tr>
</table>

注：① 2019年和2020年云南白药集团的财务费用为负，原因是其利息收入大于利息费用。

② 2016年和2017年云南白药的研发费用包含在管理费用中，2018年之后研发费用单独列示。

商业销售成本的构成主要是采购成本,而采购成本容易受到上游供货商和外部经济环境的影响。因此,随着医药行业原材料价格上升,云南白药集团2016—2020年的商业销售成本逐年增加。

工业销售成本主要由医药制造行业和日化品行业的直接材料、直接人工、其他直接支出和制造费用构成,而直接材料成本占比在85%左右,直接人工成本占比在4%左右,制造费用占比在10%左右,其他直接支出占比不到1%。由此可见,工业销售成本中的直接材料成本占比最大。受医药行业原材料价格上涨的影响,云南白药集团的直接材料成本逐年增加,导致其工业销售成本也逐年增加。

(三)各项期间费用分析

分析各项期间费用主要是分析销售费用、管理费用、财务费用及研发费用的金额及其占比,目的是根据分析结果,结合企业实际情况,寻求降本增效的途径。

根据云南白药集团2016—2020年的利润表,云南白药集团各年的期间费用及其占比如表6-7所示。

根据表6-7可知,云南白药集团的销售费用在期间费用中的占比最高,其次占比比较高的是管理费用,财务费用占比最小。除了2020年,云南白药集团的销售费用都是逐年增长的。2019年云南白药集团的管理费用出现了206.81%的增长,其他年度都是负增长。2016年公司财务费用出现了583.97%的高速增长,2018年出现了125.12%的增长,其他年度都是负增长。

通过分析,我们发现云南白药集团2016—2019年的销售费用呈现正增长,尤其是2017年增幅最大,达到29.68%。在销售费用中,占比比较大的是市场维护费、职工薪酬、广告宣传费、运输装卸费。2017年云南白药集团的市场维护费增幅较大,导致其2017年销售费用大幅上升。

2017年云南白药集团的管理费用下降了20.01%,主要原因是2017年公司的管理效率提高,管理费用中的办公费、存货盘亏或盘盈等科目金额均有所下降。2019年公司管理费用上升了206.81%,主要是因为2019年公司支付的中介费、职工薪酬以及员工持股计划费用增加。

2016年云南白药集团的财务费用上升了583.97%,主要是因为2016年应收票据贴现和新增公司债利息增加;2017年财务费用下降了19.11%,主要是因为当期利息收入增加;2018年财务费用增加了125.12%,主要是因为当期利息支出及银行手续费增加;2019年财务费用下降了138.46%,主要是因为当期利息费用减少;2020年财务费用下降了269.32%,主要是因为当期利息收入较上期大幅增加。

研发费用分析的重点是分析公司各年研发费用的投入金额及其增减变化情况,它可以反映公司对研发的重视程度。

根据2016—2020年云南白药集团的利润表,云南白药集团各年的研发费用如表6-8所示。

表 6-8　2016—2020 年云南白药集团研发费用　　　　　　　　　　　单位:万元

项目	2016 年		2017 年		2018 年		2019 年		2020 年	
	本年费用	本年增幅	本年费用	本年增幅	本年费用	本年增幅	本年费用	本年增幅	本年费用	本年增幅
研发费用	8 992.07	−10.41%	8 403.54	−6.54%	11 030.41	31.26%	17 388.79	57.64%	18 108.25	4.14%

从表 6-8 可知,2016 年和 2017 年云南白药集团的研发费用均比上年有所减少,2018 年的研发费用出现了 31.26% 的增长,2019 年的研发费用出现了 57.64% 的大幅增长,2020 年的研发费用出现 4.14% 的小幅增长。

据了解,2019 年云南白药集团的研发投入力度加大,新增了大量科研设备和设施,而且 2019 年其研发人员数量比 2018 年增加了 2.61%,人工薪资方面的支出增加,从而导致其 2019 年的研发费用比 2018 年大幅增长。但是,研发费用的投入为云南白药集团后期开发新产品、优化现有产品提供了保障。于是,2020 年云南白药集团继续加大研发投入力度,研发费用比 2019 年增加了 4.14%。

四、云南白药集团盈利能力存在的问题

(一) 利润形成视角

从利润形成的视角分析,2017—2020 年云南白药集团的毛利率逐年下降,营业成本逐年上升,而且云南白药集团的毛利率低于同行对比公司,说明其营业成本控制能力有待提高。

从总资产投入与产出的视角来看,云南白药集团总资产净利率从 2016 年到 2020 年处于持续下降的趋势,而且在同行横向对比中,云南白药集团的净资产收益率在同行中处于中间水平,这反映了云南白药集团利用投资者投入资本的效率有待提高。

(二) 盈利质量视角

(1) 云南白药集团各年度经营活动产生的现金流不稳定,所以其销售现金比率指标也呈现出年度间上下波动的趋势,而且云南白药集团的盈利现金流指标在大部分年度低于华东医药集团和同仁堂集团。

(2) 云南白药集团净利润在 2019 年和 2020 年大幅增长,而经营活动现金流量净额波动幅度较大,导致公司盈余现金保障倍数不稳定,反映了云南白药集团当期净利润中现金收益的保障程度不高。

(3) 2016—2020 年云南白药集团的净收益营运指数均小于 1 且呈下降趋势,低于华东医药集团和同仁堂集团,说明云南白药集团的净利润中非经常性损益的占比在逐年上升,其盈利质量逐年变差。

(4) 云南白药集团的现金营运指数上下波动较大,说明云南白药集团需要加强对经营活动现金流的控制,提高公司的现金流盈利质量。

(三) 盈利的结构性视角

(1) 云南白药集团的销售成本和原材料采购成本占营业成本比重非常大,而且该部分成本在 2018 年以后有增长的趋势,这会降低公司的盈利能力,所以公司应该重点控制这部分成本。

(2) 期间费用中,云南白药集团的销售费用占比较大且呈现正增长,尤其是2017年增幅最大,达到29.68%,其中,市场维护费、职工薪酬、广告宣传费、运输装卸费增长幅度比较大。因此,公司对此类费用应严加控制。

五、针对云南白药集团盈利能力存在的问题提出对策建议

(一) 利润形成视角

我们通过分析发现,云南白药集团工业销售板块中的直接材料成本、制造费用成本以及商业销售板块中的采购成本占公司营业成本的比重非常高,而且这几项成本在2018—2020年波动比较大,所以这几项成本应该作为云南白药集团成本管控的重点。例如,云南白药集团可以通过"后向一体化"战略延伸公司的产业链,通过和供应商建立长期合作关系,稳定商业板块采购成本;进一步优化收入结构来源,提升产品的毛利率,开发能给公司带来更多利润的产品。又如,云南白药集团可以完善现有采购模式,实行采购需求、执行、决策相分离的制度,强化采购分析,提升采购专业度,不断探索采购新模式;通过与互联网企业合作整合平台资源,优化供应链服务,降低供应链总成本,提升产品竞争力,实现供需共赢。此外,为应对外部原材料价格上涨的压力,云南白药集团需要进一步挖掘现有生产模式的潜力,以客户为导向,采用"订单制"的生产模式,强调生产与销售的匹配性,优化工作流程和制度,建立从上到下、逐层逐级的安全生产管理体系,使生产的各环节和程序更加规范化和标准化,以保证产品生产的稳定性和产品质量的可控性。

(二) 盈利质量视角

由于公司的现金流波动比较大,云南白药集团应该结合公司实际情况调整收付款政策,提高公司的现金流保障程度,在稳定净利润的基础上进一步提高经营活动现金流量净额的稳定性。例如,在工业产品销售方面,公司可以继续采用"先款后货"的原则,与经销商签订年度协议,约定付款期限等事项;在批发业务方面,对于采购量较大、长期稳定的客户,采用"先货后款"的原则;在零售业务方面,公司可以采用"现款现货"的原则,概不赊销。上述措施可以帮助云南白药集团提高盈利现金流的稳定性,改善公司的盈利质量。

(三) 盈利的结构性视角

由于云南白药集团的销售成本和原材料采购成本占营业成本的比重非常大,云南白药集团可以通过与供应商建立战略同盟关系,优化采购模式和生产模式,加强采购分析及采购寻源联动协作,以有效控制成本。

在云南白药集团的期间费用中,管理费用和财务费用波动比较大。因此,云南白药集团需要做好预算管理,控制公司的各项费用支出,减少各项费用年度间的波动;深入落实全面预算控制,全面提升运营效率;以标准化、无纸化、智能化为基础,以建设智慧财务为目标,加快信息系统建设,为公司战略发展提供有力支持。此外,云南白药集团还需要依照国家减税降费和税收优惠相关政策完善其减税管控制度,通过梳理和细化其内部控制制度加强风险防控管理。

第三节 实训任务

一、实训任务 1：新零售企业盈利能力分析

(一) 实训目标

(1) 根据三只松鼠近 5 年的财务报表相关数据，分析计算公司的盈利能力指标。

(2) 结合新零售企业的行业特征，从利润形成、盈利质量和盈利结构等多个维度分析三只松鼠的盈利能力。

(3) 总体评价三只松鼠的盈利能力。

(4) 提出提高三只松鼠盈利能力的针对性措施。

(二) 实训企业描述

三只松鼠股份有限公司（简称三只松鼠）于 2012 年创立于安徽芜湖，主营产品覆盖了坚果、肉脯、果干、膨化食品等全品类的休闲零食。三只松鼠创立 7 年来，累计销售坚果零食产品超过 200 亿元，2018 年"双十一"当天，三只松鼠全渠道实现销售额 6.82 亿元。三只松鼠不断致力于产品的创新，强化"造货＋造体验"的核心能力，通过"风味""鲜味"和"趣味"构建起独特的"松鼠味"。三只松鼠坚持线上线下相融合发展，建立线上线下联动的立体销售网络，形成了"一主两翼三侧"的立体全渠道覆盖格局，成为新商业模式的典型代表。

1. 主要业务及产品

三只松鼠是一家全渠道经营、全品类覆盖，以休闲食品为核心的多品牌公司，它为消费者提供丰富多样的休闲食品与服务，包括面向大众消费者提供以坚果为核心，含果干、烘焙、肉食等 400 款精选零食的"三只松鼠"品牌；面向 6 个月到 14 周岁儿童提供从营养辅食到婴童零食一站式科学喂养的"小鹿蓝蓝"婴童食品品牌；面向不同品种宠物提供专宠专粮的"养了个毛孩"宠物食品品牌。

坚果是三只松鼠最具竞争力的优势品类，在坚果品类中，93％以上产品的内控标准设置严于国标，其中坚果酸价、过氧化值、霉菌等指标严于国标 33％到 70％。此外，公司打造的夏威夷果、碧根果、手剥巴旦木、纸皮核桃、开心果、炭烧腰果、猪肉脯、蜀香牛肉、芒果干、手撕面包等亿元级大单品，以及"奶奶甜"、白桃枣等千万元级的创新新品，共同构成三只松鼠"坚果＋精选零食"的丰富产品矩阵。

"小鹿蓝蓝"品牌于 2020 年 6 月 19 日上线，上线 22 天夺得宝宝零食行业网络日销量第一，上线 55 天日销破百万元；2020 年"双十一"实现销售超 1 811 万元；2020 年 9 月至 2021 年 2 月，连续 6 个月稳居全网宝宝零食日销量第一。"小鹿蓝蓝"目前拥有约 50 款 SKU 产品，注重食品的营养与口味，致力于打造高品质婴童食品。

2. 经营模式

三只松鼠于 2012 年成立，坚持"以不断超越主人预期为目标，以始终坚守真实与坚持奋斗为本"的核心价值观，充分借助中国休闲食品供应链相对完善的基础设施和快速发展的

电子商务,公司获得了快速发展。伴随中国互联网高速的变化与公司规模的日益增长,公司的经营模式也保持着与时俱进的创新,以适应不断升级的消费需求和竞争变化。经过九年发展,公司的经营模式逐步稳定清晰,现在,三只松鼠是一家全渠道经营、全品类覆盖以休闲食品为核心的多品牌公司。

1) 在供给端实施全品类集成供应链管理模式

公司上游连接数百家原材料供应商及食品加工生产合作伙伴,具备研发、生产、仓储、质检、物流交付的全链路管控能力。消费者对产品的评价能帮助公司更快洞察消费者需求和市场变化,使其更加精准地聚焦产品开发和质量改善,从而更加高效地进行供应链管理。

(1) 研发端。公司坚持"以用户为中心"的理念,充分利用对行业和平台消费需求大数据的洞察,采取平台化合作研发模式,引进高端研发人才,在业内较早成立食品研究院,在外部联合江南大学、合肥工业大学等业内知名高校及奇华顿、嘉吉、杜邦等知名公司组建产学研一体化机构,共同开展行业共性技术攻坚研发。

(2) 采购生产端。公司根据产品定位和采购规模对原材料供应商和产品供应商进行分层分级,以销售计划为基础,结合趋势预测制订年(月、周)采购计划。

(3) 质检端。公司建立全链路食品质量安全管理体系,包括供应商准入、日常评估考核、巡检飞检、督导淘汰等监管机制,产品标准编制、产品质量检测、质量问题处理等流程举措,以及供应商端、仓储物流端、门店端以及消费端全链路透明可持续追溯体系,从而实现源头防控和过程改善。

2) 在需求端实施全渠道多品牌经营模式

公司主品牌"三只松鼠"已经成为具备IP属性的全国化品牌,累计服务超1.64亿消费者。公司通过IP衍生周边、动画片、短视频等多元业态,实现品牌人格化属性的赋予和产品之外的情感满足,进一步扩大品牌影响力,IP化是"三只松鼠"被消费者认可的核心。

从图文搜索的流量时代到以短视频为主的内容时代,线上流量的去中心化加上直播、短视频等新媒介,以更高效、更碎片化的形式实现了产品与用户新的连接,对于一些具有巨大潜力且无法通过"三只松鼠"品牌覆盖的新品类,公司借助本身品牌打造的优势能力,在2020年加速对"小鹿蓝蓝""养了个毛孩"等新品牌的孵化,构建起新品牌孵化链路及多品牌协同运营模式。新品牌皆以关联动物为基础元素进行品牌名称和高辨识度的品牌LOGO设计,强化品牌记忆点,并通过外包装IP形象的延展,营造良好的视觉效果和拆包体验。未来,公司将持续对有成长机会的品类进行新品牌孵化和投资。经历多年发展,三只松鼠已从"线上单一渠道"发展成为"线上渠道各平台平衡发展、线上线下全渠道均衡发展"的知名企业。

(三) 实训准备

(1) 学生分组。每组6~8人,确定1名正组长和1名副组长。

(2) 学生分工。由组长对组内学生按任务要求进行合理分工。

(3) 制订工作计划。每个小组制订一份工作计划,格式如表6-9所示。

表 6-9　工作计划

主要工作任务	实施时间	实施形式	主要负责人

实训小组组长：

实训小组成员：

年　　月　　日

指导老师审阅意见：

签名：
年　　月　　日

（四）实训流程

（1）各小组学习任务目标和任务描述，复习盈利能力分析相关指标，确定分析思路和拟使用的分析方法。

（2）各小组讨论制订工作计划。

（3）指导老师审阅各小组制订的工作计划，并签批。

（4）各小组通过网络收集三只松鼠近 5 年的财务报表、年度报告、公司资讯、公司研究报告等信息。

（5）各小组选定至少 2 家同行业公司作为对比公司，并通过网络收集这些对比公司近 5 年的财务报表、年度报告、公司资讯、公司研究报告等信息，做同行对比分析。

（6）各小组运用多种方法对三只松鼠的盈利能力进行分析，根据分析结果总结该公司存在的问题，并给出针对性建议。

（7）各小组撰写三只松鼠盈利能力分析报告。

（五）完成分析报告

各小组根据分析结果完成三只松鼠盈利能力分析报告，格式如表 6-10 所示。

表 6-10 三只松鼠盈利能力分析报告

1. 利润形成分析
2. 盈利质量分析
3. 盈利结构分析
4. 公司盈利能力总体评价
5. 提高公司盈利能力的针对性措施

（六）填写实训进度表

各小组根据任务完成时间，填写实训进度表，格式如表 6-11 所示。

表 6-11 实训进度表

实训任务	完成时间	主要负责人
实训小组组长：		

（七）实训评价

（1）各小组将完成的三只松鼠盈利能力分析报告上传至班级学习信息平台，如 qq 群、微信群、"雨课堂"等，并选派代表参加班级讨论交流。

（2）各小组之间进行互评，并填写实训评价表，格式如表 6-12 所示。

表 6-12　实训评价表

评分点	评分要点	得分
层次分明(30分)	条理清楚,逻辑严谨	
内容翔实(30分)	充分结合案例进行成因分析,内容具有一定的深度	
思考全面(20分)	全方位、多层次、多角度思考	
观点新颖(10分)	具有创新性观点	
表达清晰(10分)	语言流畅,举止大方得体	

二、实训任务 2:互联网企业盈利能力分析

(一) 实训目标

(1) 根据网易公司近 5 年的财务报表相关数据,分析计算公司的盈利能力指标。

(2) 结合互联网企业轻资产的行业特征,从利润形成、盈利质量和盈利结构等多个维度分析网易公司的盈利能力。

(3) 总体评价网易公司的盈利能力。

(4) 提出提高网易公司盈利能力的针对性措施。

(二) 实训企业描述

网易(杭州)网络有限公司(简称网易)是中国领先的互联网技术公司,在开发互联网应用、服务及其他技术方面,网易始终保持国内业界的领先地位。网易对中国互联网的发展具有强烈使命感,网易利用先进的互联网技术,加强人与人之间信息的交流和共享。

自 1997 年 6 月创立以来,网易凭借先进的技术和优质的服务,深受网民欢迎,曾两次被中国互联网络信息中心(CNNIC)评选为中国十佳网站之首。多年来,网易始终保持业界领先地位,并在中国互联网行业内率先推出了包括中文全文检索、全中文大容量免费邮件系统、无限容量免费网络相册、免费电子贺卡、网上虚拟社区、网上拍卖平台、24 小时客户服务中心在内的业内领先产品和服务,还通过自主研发推出了一款广受欢迎的国产网络游戏。

网易新闻频道持续坚持用户至上,打造以新闻为根基、有用有趣的内容资讯平台。网易网站为互联网用户提供了以内容、社区和电子商务服务为核心的中文在线服务。2010 年 10 月 11 日,中国领先的门户网站网易宣布将旗下新闻资讯类频道进行新一轮的页面改版,新版本首次提出"有态度的门户"的内容建设理念。

网易与国内外上百家网上内容供应商建立了合作关系,为风民提供全面而精彩的网上内容,推出了多个各具特色、涵盖万千的网上内容频道。

此外,网易网站也为网民提供一系列的免费和收费社区服务,包括分类广告、论坛、电子贺卡、交友、网易 istyle(爱搭配)、网易花田、网易同城约会。

网易邮箱是中文第一大邮箱品牌,为广大中国网民提供最全面的邮件服务。截至 2019 年 12 月 31 日,网易邮箱总有效用户数达到 10.58 亿。电子邮件业务是网易公司最早开展的业务之一,经过多年的持续投入,已经发展成为网易公司的核心战略平台。1997 年

11月,网易自主研发了全中文的免费电子邮件系统。2007年9月,网易旗下三大免费邮箱全面开放无限容量升级服务。2009年3月,网易宣布进军企业邮箱市场。2009年11月,网易推出邮件客户端软件"网易闪电邮2.0"。2011年7月,网易邮箱推出基于第四代Ajax引擎的极速4.0版本,国内首家全面支持HTML5。2012年8月,网易推出了完全基于HTML5和CSS3开发的网易邮箱5.0版本,它采用网易自主研发的第五代Ajax引擎、OPOA框架和完善的自定义组件库,持续优化通信协议。截至2013年3月,网易旗下拥有8个邮箱子品牌(163免费邮、126免费邮、yeah.net免费邮、163VIP、126VIP、188财富邮、专业企业邮、免费企业邮)。此外,网易企业邮箱还获得了中国信息安全测评中心授予的EAL2级信息安全等级认证,这是目前国内最高级别的邮件系统安全认证。

(三)实训准备

(1)学生分组。每组6~8人,确定1名正组长和1名副组长。

(2)学生分工。由组长对组内学生按任务要求进行合理分工。

(3)制订工作计划。每个小组制订一份工作计划,格式如表6-13所示。

表6-13 工作计划

主要工作任务	实施时间	实施形式	主要负责人

实训小组组长:

实训小组成员:

年　月　日

指导老师审阅意见:

签名:

年　月　日

（四）实训流程

（1）各小组学习任务目标和任务描述，复习盈利能力分析相关指标，确定分析思路和拟使用的分析方法。

（2）各小组讨论制订工作计划。

（3）指导老师审阅各小组制订的工作计划，并签批。

（4）各小组通过网络收集网易近 5 年的财务报表、年度报告、公司资讯、公司研究报告等信息。

（5）各小组确定至少 2 家同行公司作为对比公司，并通过网络收集这些对比公司近 5 年的财务报表、年度报告、公司资讯、公司研究报告等信息，做同行对比分析。

（6）各小组运用多种方法对网易的盈利能力进行分析，根据分析结果总结该公司存在的问题，并给出针对性建议。

（7）各小组撰写网易盈利能力分析报告。

（五）完成分析报告

各小组根据分析结果撰写网易盈利能力分析报告，格式如表 6-14 所示。

表 6-14　网易盈利能力分析报告

1. 利润形成分析
2. 盈利质量分析
3. 盈利结构分析
4. 公司盈利能力总体评价
5. 提高公司盈利能力的针对性措施

（六）填写实训进度表

各小组根据任务完成时间，填写实训进度表，格式如表 6-15 所示。

表 6-15　实训进度表

实训任务	完成时间	主要负责人

实训小组组长：

（七）实训评价

（1）各小组将完成的网易盈利能力分析报告上传至班级学习信息平台，如 qq 群、微信群、"雨课堂"等，并选派代表参加班级讨论交流。

（2）各小组之间进行互评，并填写实训评价表，格式如表 6-16 所示。

表 6-16　实训评价表

评分点	评分要点	得分
层次分明(30 分)	条理清楚，逻辑严谨	
内容翔实(30 分)	充分结合案例进行成因分析，内容具有一定的深度	
思考全面(20 分)	全方位、多层次、多角度思考	
观点新颖(10 分)	具有创新性观点	
表达清晰(10 分)	语言流畅，举止大方得体	

三、实训任务 3：宁德时代盈利能力分析

（一）实训目标

（1）根据宁德时代近 5 年的财务报表相关数据，分析计算公司的盈利能力指标。

（2）结合制造企业的行业特征，从利润形成、盈利质量和盈利结构等多个维度分析网易公司的盈利能力。

（3）总体评价宁德时代的盈利能力。

（4）提出提高宁德时代盈利能力的针对性措施。

（二）实训企业描述

宁德时代新能源科技股份有限公司（简称宁德时代）成立时间为 2011 年，总部位于中国福建。宁德时代的核心技术为动力和储能电池材料、电芯、电池系统、电池回收二次利用等

全产业链研发及制造。

1. 主要业务

公司是全球领先的锂离子电池提供商,专注于新能源汽车动力电池系统、储能系统的研发、生产和销售,致力于为全球新能源应用提供一流解决方案。公司在电池材料、电池系统、电池回收等产业链关键领域拥有核心技术优势及可持续研发能力,形成了全面、完善的生产服务体系,并通过商业模式创新推动锂离子电池作为优质能源储存载体的广泛应用。

2. 主要产品及其用途

公司主要产品包括动力电池系统、储能系统和锂电池材料。

1) 动力电池系统

公司动力电池系统产品包括电芯、模组、电箱及电池包,应用领域涵盖新能源乘用车、新能源商用车以及其他新能源出行工具及非道路移动机械等。公司动力电池系统能够满足启停、快充、长寿命、长续航里程等多种功能需求,产品具有高能量密度、多循环次数、安全可靠等特点。公司根据应用领域及客户要求,通过定制或联合研发等方式设计个性化产品方案,以满足客户对产品性能的不同需求。

在新能源乘用车领域,公司动力电池目前已广泛应用于纯电动乘用车、插电式混合动力乘用车、混合动力乘用车及微混乘用车,包括高能量密度的三元高镍电池以及高性价比的磷酸铁锂电池等在内的完整产品系列。

在新能源客车领域,公司动力电池目前已广泛应用于纯电动客车、插电式混合动力客车和混合动力客车,如城市公交、商务旅游大巴、摆渡车等。在新能源卡车领域,公司电池产品可应用于电动重卡、轻型卡车及物流车等商用车领域。在新能源二轮车领域,公司电池产品可应用于电动自行车、电动摩托车等领域。此外,公司还开发其他专用车市场并提供定制化解决方案,如环卫车、港口拖车等。

2) 储能系统

公司储能系统产品包括电芯、模组、电箱和电池柜等,可用于发电、输配电和用电领域,涵盖太阳能或风能发电储能、工业企业储能、商业楼宇及数据中心储能、储能充电站、通信基站后备电池、家用储能等,可有效克服风能或太阳能发电输出不规则的特点,弥补线损功率补偿,提高风力及光伏发电系统能源利用率以及实现用电领域峰谷电之间的平衡。

3) 锂电池材料

公司可将废旧锂离子电池中的有价金属通过加工、提纯、合成等工艺生产三元前驱体等锂离子电池材料,使镍、钴、锰、锂等资源实现循环利用;公司也可通过外购材料进行锂离子电池材料的加工生产。

3. 经营模式

公司拥有独立的研发、采购、生产和销售体系,主要通过销售锂离子动力电池系统、储能系统和锂电池材料等产品实现盈利。在研发方面,公司根据发展战略要求,以自主研发为主,凭借经验丰富的研发团队和广泛、深入开展的对外合作建立了多部门、内外协同的研发模式,构建了规范、标准、高效、持续的研发体系;在采购方面,公司通过严格的评估和考核程序遴选合格供应商,并通过技术合作、长期协议、合资合作等方式与供应商紧密合作,以保证原料、设备的可靠性以及成本竞争力;在生产销售方面,公司在综合考虑客户需求及季节性销售特征的基础上安排生产;在售后服务方面,公司根据客户的采购合同及具体订单需求,通过各地设立的售后服务站向客户提供完善的产品及售后服务;在产业链布局方面,公司通过参股、合资、控股等多种方式,开展与产业链上下游相关企业的深度合作。

(三) 实训准备

(1) 学生分组。每组6~8人,确定1名正组长和1名副组长。
(2) 学生分工。由组长对组内学生按任务要求进行合理分工。
(3) 制订工作计划。每个小组制订一份工作计划,格式如表6-17所示。

表6-17 工作计划

主要工作任务	实施时间	实施形式	主要负责人

实训小组组长:

实训小组成员:

年　月　日

指导老师审阅意见:

签名:

年　月　日

(四)实训流程

(1) 各小组学习任务目标和任务描述,复习盈利能力分析相关指标,确定分析思路和拟使用的分析方法。

(2) 各小组讨论制订工作计划。

(3) 指导老师审阅各小组制订的工作计划,并签批。

(4) 各小组通过网络收集宁德时代近 5 年的财务报表、年度报告、公司资讯、公司研究报告等信息。

(5) 各小组确定至少 2 家同行公司作为对比公司,并通过网络收集这些对比公司近 5 年的财务报表、年度报告、公司资讯、公司研究报告等信息,做同行对比分析。

(6) 各小组运用多种方法对宁德时代的盈利能力进行分析,根据分析结果总结该公司存在的问题,并给出针对性建议。

(7) 各小组撰写宁德时代盈利能力分析报告。

(五)完成分析报告

各小组根据分析结果撰写宁德时代盈利能力分析报告,格式如表 6-18 所示。

表 6-18 宁德时代盈利能力分析报告

1. 利润形成分析
2. 盈利质量分析
3. 盈利结构分析
4. 公司盈利能力总体评价
5. 提高公司盈利能力的针对性措施

(六)填写实训进度表

各小组根据任务完成时间,填写实训进度表,格式如表 6-19 所示。

表 6-19 实训进度表

实训任务	完成时间	主要负责人

实训小组组长：

（七）实训评价

（1）各小组将完成的宁德时代盈利能力分析报告上传至班级学习信息平台，如 qq 群、微信群、"雨课堂"等，并选派代表参加班级讨论交流。

（2）各组之间进行互评，并填写实训评价表，格式如表 6-20 所示。

表 6-20 实训评价表

评分点	评分要点	得分
层次分明(30 分)	条理清楚，逻辑严谨	
内容翔实(30 分)	充分结合案例进行成因分析，内容具有一定的深度	
思考全面(20 分)	全方位、多层次、多角度思考	
观点新颖(10 分)	具有创新性观点	
表达清晰(10 分)	语言流畅，举止大方得体	

课后习题

一、单选题

1. 某产品的销售单价是 360 元，单位成本是 240 元，本月销售 2 500 件，则本月实现的毛利是（　　）元。
   A. 300 000　　　　B. 450 000　　　　C. 750 000　　　　D. 150 000

2. 下列各项中，会引起销售净利率下降的是（　　）。
   A. 增加销售　　　B. 加速折旧　　　C. 降低单位成本　　　D. 提高售价

3. 假定其他条件不变，下列各项经济业务中，会导致公司总资产净利率上升的是（　　）。
   A. 收回应收账款　　　　　　　　　B. 用资本公积转增股本
   C. 用银行存款购入生产设备　　　　D. 用银行存款归还银行借款

4. 企业所有者作为投资人，关心其资本的保值和增值情况，因此比较重视企业的（　　）。
   A. 偿债能力　　　B. 营运能力　　　C. 盈利能力　　　D. 发展能力

5. 某公司2020年与上年度相比,营业收入增长10.90%,净利润增长8.80%,平均资产余额增加12.60%,则该公司2020年的净资产收益率与上年相比应是( )。
   A. 下降　　　　　　B. 不变　　　　　　C. 上升　　　　　　D. 不确定

二、多选题

1. 下列评价企业盈利能力的指标有( )。
   A. 净资产收益率　　　　　　B. 总资产报酬率
   C. 销售净利率　　　　　　　D. 成本费用利润率

2. 计算下列各项指标时,其分母需要采用平均数的有( )。
   A. 基本每股收益　　　　　　B. 应收账款周转次数
   C. 总资产收益率　　　　　　D. 每股净资产

3. 在对企业进行绩效评价时,下列属于评价企业盈利能力的基本指标有( )。
   A. 资产现金回收率　　　　　B. 资本保值增值率
   C. 净资产收益率　　　　　　D. 总资产报酬率

4. 影响净资产收益率的因素主要有( )。
   A. 总资产报酬率　　B. 负债利息率　　C. 企业资本结构　　D. 总资产周转率
   E. 所得税税率

5. 反映收入利润率的指标主要有( )。
   A. 产品销售利润率　　　　　B. 营业收入利润率
   C. 总收入利润率　　　　　　D. 销售净利率
   E. 销售息税前利润率

三、综合题

分众传媒信息技术股份有限公司(简称分众传媒)创建了电梯媒体广告模式,2005年在美国纳斯达克股票市场上市,并于2007年入选纳斯达克100指数。2015年分众传媒回归A股上市,市值破千亿元。分众传媒营业收入超百亿元,关键在于抓住了"电梯"这个核心场景。电梯是城市的基础设施,电梯媒体广告具有覆盖主流人群、高频、低干扰的特点,而这些特点正是引爆品牌的核心稀缺资源。分众传媒的电梯媒体覆盖230多个城市,超过260万个电梯终端,被评为"中国广告最具品牌引爆力媒体"之一。

2015—2019年分众传媒财务报表中的利润表摘要如表6-21所示,资产负债表摘要如表6-22所示,现金流量表摘要如表6-23所示。

要求:

(1) 计算2015—2019年分众传媒的毛利率、销售净利率、总资产净利率和净资产收益率,从利润形成视角分析和归纳2015—2019年其指标变化趋势及原因。

(2) 计算2015—2019年分众传媒经营活动产生的现金流量净额占营业收入的比重、营业利润占利润总额的比重、净利润占利润总额的比重,从盈利质量角度分析和归纳2015—2019年指标变化趋势及其原因。

(3) 计算2015—2019年分众传媒的收入结构、成本结构相关指标,从盈利的结构性角度分析和归纳2015—2019年其指标变化趋势及原因。

（4）从利润形成、盈利质量、盈利的结构性角度评价分众传媒2015—2019年的盈利能力。

（5）简述分众传媒可以从哪几个方面提高自身的盈利能力。

表6-21　2015—2019年分众传媒利润表摘要

项目	2015年	2016年	2017年	2018年	2019年
营业总收入	86.27亿元	102.13亿元	120.14亿元	145.51亿元	121.36亿元
营业收入	86.27亿元	102.13亿元	120.14亿元	145.51亿元	121.36亿元
营业总成本	51.29亿元	59.11亿元	62.51亿元	86.27亿元	98.93亿元
营业成本	25.40亿元	30.19亿元	32.77亿元	49.16亿元	66.50亿元
研发费用	—	—	2.243亿元	2.289亿元	1.480亿元
营业税金及附加	3.10亿元	3.59亿元	3.98亿元	4.32亿元	2.83亿元
销售费用	17.29亿元	19.44亿元	19.98亿元	23.31亿元	22.56亿元
管理费用	4.36亿元	4.69亿元	3.02亿元	4.12亿元	5.76亿元
财务费用	−1.29亿元	−1.42亿元	−1.28亿元	−9 365.53万元	−1 968.99万元
资产减值损失	2.43亿元	2.61亿元	1.81亿元	4.00亿元	—
其他经营收益	—	—	—	—	—
加：公允价值变动收益	—	—	—	—	−5 748.72万元
投资收益	−65.74万元	7.40万元	7.49亿元	1.68亿元	2.18亿元
其中：对联营企业和合营企业的投资收益	−65.74万元	7.40万元	−532.54万元	−2 794.03万元	9 623.18万元
营业利润	34.98亿元	43.02亿元	72.44亿元	69.53亿元	23.66亿元
加：营业外收入	4.77亿元	10.40亿元	385.35万元	449.31万元	99.52万元
其中：非流动资产处置利得	360.05万元	42.80万元	—	—	—
减：营业外支出	686.06万元	2627.03万元	1627.31万元	1584.87万元	1 884.59万元
其中：非流动资产处置净损失	235.95万元	228.40万元	—	—	—
利润总额	39.68亿元	53.16亿元	72.32亿元	69.42亿元	23.48亿元
减：所得税费用	5.82亿元	8.68亿元	12.58亿元	11.50亿元	4.93亿元
净利润	33.89亿元	44.48亿元	59.73亿元	57.92亿元	18.55亿元

表 6-22 2015—2019 年分众传媒资产负债表摘要

项目	2015 年	2016 年	2017 年	2018 年	2019 年
资产总计	125.02 亿元	121.30 亿元	155.55 亿元	190.21 亿元	186.87 亿元
负债合计	77.66 亿元	39.75 亿元	49.97 亿元	46.24 亿元	46.81 亿元
负债和股东权益合计	125.02 亿元	121.30 亿元	155.55 亿元	190.21 亿元	186.87 亿元

表 6-23 2015—2019 年分众传媒现金流量表摘要

项目	2015 年	2016 年	2017 年	2018 年	2019 年
销售商品、提供劳务收到的现金	92.44 亿元	109.37 亿元	123.69 亿元	133.58 亿元	132.20 亿元
收到其他与经营活动有关的现金	8.23 亿元	13.74 亿元	8.46 亿元	13.69 亿元	8.17 亿元
经营活动现金流入小计	100.67 亿元	123.11 亿元	132.15 亿元	147.27 亿元	140.37 亿元
购买商品、接受劳务支付的现金	24.67 亿元	31.08 亿元	32.76 亿元	44.79 亿元	44.92 亿元
支付给职工以及为职工支付的现金	10.02 亿元	8.86 亿元	9.39 亿元	11.66 亿元	16.38 亿元
支付的各项税费	22.21 亿元	17.60 亿元	20.17 亿元	21.61 亿元	14.48 亿元
支付其他与经营活动有关的现金	17.47 亿元	17.56 亿元	28.27 亿元	31.38 亿元	30.29 亿元
经营活动现金流出小计	74.37 亿元	75.10 亿元	90.59 亿元	109.44 亿元	106.07 亿元
经营活动产生的现金流量净额	26.30 亿元	48.01 亿元	41.56 亿元	37.83 亿元	34.30 亿元
投资活动产生的现金流量净额	−6.21 亿元	−29.05 亿元	−20.37 亿元	−13.83 亿元	−15.82 亿元
筹资活动产生的现金流量净额	−4.60 亿元	−5.13 亿元	−25.67 亿元	−26.62 亿元	−23.34 亿元
汇率变动对现金及现金等价物的影响	706.92 万元	66.71 万元	−309.59 万元	518.04 万元	342.85 万元
现金及现金等价物净增加额	15.56 亿元	13.84 亿元	−4.51 亿元	−2.57 亿元	−4.83 亿元
加:期初现金及现金等价物余额	14.27 亿元	29.83 亿元	43.66 亿元	39.14 亿元	36.58 亿元
期末现金及现金等价物余额	29.83 亿元	43.67 亿元	39.15 亿元	36.57 亿元	31.75 亿元

拓展阅读

瑞幸咖啡财务造假事件

一、案例背景

瑞幸咖啡自2017年10月第一家门店开业,到2019年5月在美国纳斯达克股票市场成功上市,一举刷新了中国公司在美上市的最快纪录。从2018年到2019年第一季度总共亏损了21.7亿元、成立仅19个月门店迅速扩张超过2 370家、每天平均烧钱400万元、上市开盘价较发行价上涨近50%、上市第四日破发以15.32美元收盘……这一系列极具戏剧性的"神操作"让一直对标星巴克的瑞幸咖啡赚足了眼球。

二、事件历程

2019年5月17日,瑞幸咖啡在美国纳斯达克股票市场成功上市,其发行价定在区间的上端,为每股17美元,开盘价又比发行价上涨近50%,以25美元/股开盘,一天交易后收于20美元,上涨近20%,市值接近50亿美元,是截至2019年在纳斯达克股票市场IPO融资规模最大的亚洲公司。

瑞幸咖啡刷新了中国公司在美国上市的最快纪录,此时距离它创立不过19个月。然而,以大规模疯狂补贴来获取用户增长的瑞幸,当时仍处于巨额亏损之中。招股书显示,这家对标星巴克的咖啡品牌在整个2018年亏损了16.2亿元,2019年第一季度营收4.8亿元,亏损5.5亿元。

2020年1月31日,全球著名的浑水调研公司公布了一份长达89页的关于瑞幸咖啡的匿名做空报告,指责瑞幸咖啡业务数据造假和商业模式存在固有缺陷,认为瑞幸咖啡的实际订单数少于公布数据,指责瑞幸咖啡的平均每店业务在2019年第三季度和第四季度分别虚增了69%和88%。

2020年4月2日,瑞幸咖啡对外公布,经初步调查,公司2019年第二季度到第四季度的总销售额夸大了约22亿人民币。

2020年6月29日,瑞幸咖啡正式停牌,准备退市事宜。

2020年7月2日,瑞幸咖啡宣布内部调查基本完成,其财务造假始于2019年4月,公司前首席执行官钱治亚、前首席运营官刘剑和部分员工参与了虚假交易。

2020年7月31日,依据《中华人民共和国会计法》,相关部门自5月6日起对瑞幸咖啡境内2家主要运营主体瑞幸咖啡(中国)有限公司和瑞幸咖啡(北京)有限公司成立以来的会计信息质量开展检查,并延伸检查关联企业、金融机构23家。检查发现,自2019年4月起至2019年年末,瑞幸咖啡公司通过虚构商品券业务增加交易额22.46亿元,虚增收入21.19亿元(占对外披露收入51.5亿元的41.16%),虚增成本费用12.11亿元,虚增利润9.08亿元。

三、事件影响

(一)中国政府部门将依法核查,打击证券欺诈

瑞幸咖啡涉嫌财务造假事件共涉及金额22.46亿元(采用我国财政部调查数据),金额

巨大,影响恶劣,中国证监会对其进行了"强烈谴责"。

根据《中华人民共和国证券法》的相关规定:"在中华人民共和国境外的证券发行和交易活动,扰乱中华人民共和国境内市场秩序,损害境内投资者合法权益的,依照本法有关规定处理并追究法律责任。不管在何地上市,上市公司都应当严格遵守相关市场的法律和规则,真实准确完整地履行信息披露义务。中国证监会将按照国际证券监管合作的有关安排,依法对相关情况进行核查,坚决打击证券欺诈行为,切实保护投资者权益。"

(二)责任人面临美国证监会的严厉惩罚和美律师事务所的集体诉讼

根据美国1934年《证券交易法》的一般性反欺诈条款,基于对上市公司披露信息之信赖买入股票的投资者,可以对股票发行人提出民事诉讼。同时,相关管理部门对实施业务造假的责任人也有相应的制裁。

为了能够对投资者进行救济,美国《萨班斯-奥克斯利法案》设立了公平基金制度,规定将美国监管者对实施业务造假者进行的罚款、没收和刑事罚金纳入公平基金中,用于赔偿投资者。根据美国法律,对于提供不实财务报告和故意进行证券欺诈的犯罪人,判处10~25年的监禁,其个人和公司的罚金最高达500万美元和2 500万美元,同时审计机构也可能会涉嫌犯罪。

(三)牵连相关投资机构和上下游相关企业

瑞幸咖啡的快速扩张离不了金融贷款机构、担保机构以及私募投资机构的投资支持。随着瑞幸咖啡退市等操作,资金的回收或债权的处理将是大问题;另外,瑞幸咖啡众多门店的经营所涉及的上下游的企业、供货商以及中小加盟商等,都将受到门店倒闭、货款无法收回、资产灭失等损失,还有大批的门店工作人员将面临失业的风险,这些都无可避免。

(四)重创中概股或中国企业的声誉和信用

瑞幸咖啡财务造假事件将产生深远影响,该事件所发生的时点正值中国和美国贸易摩擦升级之际,美国会借机打压中国企业,甚至借机抹黑中国企业在国际上的声誉,将对后续中国公司在美国上市会造成严重影响,美国资本市场可能会对中概股进行排斥,甚至可能引发中国国际关联企业的国际信用危机问题。

参考资料来源:经济生活茶座.瑞幸咖啡财务造假事件简析[EB/OL].(2020-08-14)[2021-06-30]. https://mp.weixin.qq.com/s/vBJdLC81CEpqterphpLhWQ.

思考:

1.《会计法》《证券法》对于公司财务造假行为有哪些相关规定?
2.案例中的浑水调研公司是如何调查和分析瑞幸咖啡财务造假事件的?

第七章 营运能力分析实训

 知识目标

认识营运能力分析对企业的重要性,掌握各项营运能力指标的内涵、计算公式及分析方法。

 能力目标

能够利用相关财务数据计算反映营运能力的各项指标;能够运用不同方法,结合实际业务对企业的营运能力进行分析;能够通过指标分析结果评价企业的营运能力,发现存在的问题,提出针对性建议。

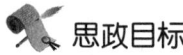 **思政目标**

深刻认识遵守职业守则和坚守财会职业道德的重要性以及企业诚信经营的重大意义;形成"财务自律"的职业态度;树立主动承担社会责任、追求永续经营发展的价值观。

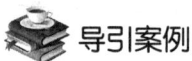 **导引案例**

> 兄弟连教育科技有限公司(简称兄弟连)成立于2007年,隶属易第优(北京)科技股份有限公司(简称易第优),总部位于北京,旗下开设PHP、UI设计、Java、Python等培训课程,并凭借其"零费用学习,毕业后还款"的模式一炮而红。2015年,兄弟连通过引入资本进入了高速发展期,学科品类和校区迅速扩张。2016年5月,兄弟连再获华图资本1.25亿元投资,同年10月,兄弟连母公司易第优在"新三板"上市。招股书显示,2014年、2015年和2016年1—2月,易第优营业收入分别为2 223.39万元、6 356.34万元和1 328.01万元,净利润分别是—234.17万元、135.85万元、—138.10万元,全部营业收入均来自主营业务。2016年易第优经营活动产生的现金流量净额达2 323.66万元,2016年公司实现营业收入1.35亿元,净利润达1 169.59万元。

上市后的2017年半年报显示，公司营业收入为5 354.6万元，与上一年同期基本持平，净亏损2 155.3万元，而2016年同期实现盈利26.3万元。其经营活动产生的现金流量净额也由2016年同期的正向转为负向，出现了3 155.54万元的缺口。早在上市前，李超等公司股东就与杭州华图签订了《增资协议的补充约定》，增加了业绩对赌内容：如果公司2016年扣除非经常性损益后的净利润低于2 500万元，并且公司2016年销售现金流入低于1.5亿元，李超等同意按照业绩目标完成的比例较高者，将相应差额资金支付给杭州华图。迫于上市压力和"对赌协议"的约束，兄弟连开始出现"方向性错误"：原本公司重视口碑及社群运营，据李超回忆，当时兄弟连论坛已有约四五十万会员，不过他却选择依靠资金不停地在百度上投放广告。

2017年时，兄弟连在百度上花了3 000万元投放费用，2018年花了2 000万元，这些还不包括负责投放营销的团队成本。顶峰时，兄弟连公司总人数达到了约750人。但高投入并没有换来销售业绩的增长和盈利能力的提升，2017年全年兄弟连反而亏损了2 500万元。2018年4月，兄弟连从"新三板"摘牌，业绩也连年下滑。

直至复盘阶段，李超仍然认为，2019年时兄弟连还是有一线生机的。"我在最后挣扎的时候，更多的是静下心来去梳理企业文化、使命、愿景、价值观。"李超重新意识到，保障学习效果才是教培企业的生命线。2019年年中，李超开始改变兄弟连的教学模式：仅保留几位原有核心讲师，教授学生基础IT理论；同时引入一线技术经理，通过"师徒制"的方式教学员做项目，避免走马观花的观光式学习。在几个月的培养周期结束后，李超认为，兄弟连的口碑又开始重新回归。于是，李超花了近半年将这一模式复制至剩余的十五个校区。同时为了止损，又在上海试点鼓励员工创业，让校区从"濒临倒闭"做到"月有盈余"。随后，上海、广州校区相继开始独立运营，自负盈亏。

2018年至2019年12月，兄弟连一直亏损、资金储备少，抵押贷款多，团队也已缩减至不足130人。兄弟连采取了缓发工资、全体动员、压缩成本等一系列自救对策，希望在2020年招生旺季打个翻身仗。然而，春节期间爆发的新冠肺炎疫情直接冲垮了兄弟连所有的前景。2020年，成立13年的成人IT培训机构兄弟连没能熬过寒冬。2月6日，其创始人李超在个人公众号上发布公开信，称因公司现金流问题，兄弟连北京校区停止招生，员工全部遣散。李超在公开信中表示，上海、广州校区已相继独立运营，不再归属集团总部，可更换品牌后正常开展业务；对于沈阳与西安校区业务、院校合作等业务，相关负责人可根据自身情况更换品牌，或选择自行创业，自负盈亏。自此，兄弟连这个成立了13年的成人计算机培训企业黯然退场。

参考资料来源：霍琦."兄弟连"总部人去楼空 一家在"疫情期"倒下的教育公司[EB/OL].(2020-02-13)[2021-06-30].http://finance.sina.com.cn/chanjing/gsnews/2020-02-13/doc-iimxxstf1139088.shtml.(作者在此资料基础上结合公司年报编写了该案例)

思考：兄弟连公司破产的根本原因是什么？

第一节 理论知识

一、营运能力分析的内涵

营运能力分析是指对企业的管理水平和资产运用能力进行分析,即通过计算企业资金周转的有关指标分析其资产利用的效率与效益。在营运能力分析中,常用的财务指标有应收账款周转率、存货周转率、总资产周转率、固定资产周转率、流动资产周转率等。

二、营运能力分析的目的

企业营运能力分析的目的是通过对反映企业资产营运效率与效益的指标进行计算与分析,提出企业在资产营运方面存在的问题和改进措施,以提高企业的经济效益。营运能力分析是盈利能力分析和偿债能力分析的基础与补充,营运能力分析有利于企业管理者改善经营管理,有助于投资者进行投资决策,有助于债权人进行信贷决策。

三、营运能力分析的财务指标

(一)应收账款周转率

应收账款周转率反映了企业应收账款变现速度及管理效率,应收账款周转率高,表明收账迅速,账龄较短,资产流动性强,企业可以减少收账费用和坏账损失,从而相对增加企业流动资产的投资收益。

应收账款周转率的计算公式如下:

$$应收账款周转率 = 营业收入 \div 应收账款平均余额$$

$$应收账款平均余额 = (应收账款期初余额 + 应收账款期末余额) \div 2$$

$$\begin{aligned}应收账款周转天数 &= 360 \div 应收账款周转率\\ &= (应收账款平均余额 \times 360) \div 营业收入\end{aligned}$$

应收账款余额包括应收账款净额和应收票据等全部赊销账款。其中,应收账款净额是指应收账款扣除坏账准备后的余额;应收票据如果已向银行办理了贴现手续,则不应包括在应收账款余额内。

(二)存货周转率

存货周转速度的快慢不仅反映出企业采购、生产、销售各环节管理工作状况的好坏,而且会对企业的偿债能力及获利能力产生决定性的影响。一般来说,企业存货周转率越高,表明其存货变现的速度越快;企业存货占用水平越低,存货积压的风险就越小,企业的变现能力以及资金使用效率就越好。但是在存货周转率分析中,我们应注意剔除存货计价方法不同所产生的影响。

存货周转率的计算公式如下:

存货周转率＝营业成本÷存货平均余额

存货平均余额＝(存货期初余额＋存货期末余额)÷2

存货周转天数＝360÷存货周转率

＝(存货平均余额×360)÷营业成本

(三) 总资产周转率

总资产周转率反映了企业全部资产的使用效率。总资产周转率高,说明企业全部资产的经营效率高,取得的收入多;总资产周转率低,说明企业全部资产的经营效率低,取得的收入少。总资产周转率最终会影响企业的盈利能力。

总资产周转率的计算公式如下:

总资产周转率＝营业收入÷总资产平均余额

总资产平均余额＝(总资产期初余额＋总资产期末余额)÷2

(四) 固定资产周转率

固定资产周转率是反映企业固定资产周转情况、衡量固定资产利用效率的一项指标。固定资产周转率高,不仅表明企业充分利用了固定资产,同时也表明企业的固定资产结构合理,能够充分发挥其效率;反之,固定资产周转率低,表明固定资产使用效率不高,提供的生产成果不多,企业的营运能力欠佳。

固定资产周转率的计算公式如下:

固定资产周转率＝营业收入÷固定资产平均净值

固定资产平均净值＝(期初固定资产净值＋期末固定资产净值)÷2

我们在实际分析该指标时,应剔除以下因素的影响:第一,固定资产的净值会因折旧计提而逐渐减少,同时会因固定资产更新而增加;第二,由于折旧方法不同,固定资产净值缺乏可比性。

(五) 流动资产周转率

流动资产周转率是反映企业流动资产利用效率的一项指标。流动资产周转率越高,表明流动资产的利用效率越高,企业的营运能力越强;反之,流动资产周转率越低,表明企业的生产经营能力越弱。

流动资产周转率的计算公式如下:

流动资产周转率＝营业收入÷流动资产平均余额

流动资产平均余额＝(流动资产期初余额＋流动资产期末余额)÷2

第二节　职业能力训练

下面我们根据2016—2020年云南白药集团的年度财务报表数据,分析云南白药集团的营运能力。

一、营运能力财务指标计算

2016—2020 年云南白药集团营运能力评价指标如表 7-1 所示。

表 7-1 2016—2020 年云南白药集团营运能力评价指标　　　金额单位:万元

项目	2016 年	2017 年	2018 年	2019 年	2020 年
营业收入①	2 241 065.44	2 431 461.40	2 670 821.35	2 966 467.39	3 274 276.68
应收账款平均余额②	480 960.20	524 127.97	527 714.16	443 651.37	521 374.98
应收账款周转率（次）③=①÷②	4.66	4.64	5.06	6.69	6.28
应收账款周转天数（天）=360÷③	77.25	77.59	71.15	53.81	57.32
营业成本④	1 571 796.12	1 673 157.52	1 854 943.36	2 119 136.44	2 365 587.81
存货平均余额⑤	627 151.77	779 065.44	932 864.53	1 087 043.63	1 136 860.36
存货周转率（次）⑥=④÷⑤	2.51	2.15	1.99	1.95	2.08
存货周转天数（天）=360÷⑥	143.43	167.44	180.90	184.62	173.08
流动资产平均余额⑦	1 948 564.45	2 358 562.21	2 619 352.92	3 599 243.45	4 698 112.39
流动资产周转率（次）⑧=①÷⑦	1.15	1.03	1.02	0.82	0.70
流动资产周转天数（天）=360÷⑧	313.04	349.51	352.94	439.02	514.29
固定资产平均净值⑨	171 126.63	176 384.56	173 033.12	186 198.03	255 273.08
固定资产周转率（次）⑩=①÷⑨	13.10	13.79	15.44	15.93	12.83
固定资产周转天数（天）=360÷⑩	27.48	26.11	23.32	22.60	28.06
总资产平均余额⑪	2 193 879.32	2 614 458.83	2 904 006.03	4 001 781.96	5 243 874.87
总资产周转率（次）⑫=①÷⑪	1.02	0.93	0.92	0.74	0.62
总资产周转天数（天）=360÷⑫	352.94	387.10	391.30	486.49	580.65

二、纵向对比分析

（一）应收账款周转率变化情况

2016—2020 年云南白药集团应收账款周转率和应收账款周转天数情况分别如图 7-1 和图 7-2 所示。我们从图 7-1 和图 7-2 可以看出,2016—2020 年云南白药集团的应收账款周转率依次是 4.66 次、4.64 次、5.06 次、6.69 次、6.28 次,对应的应收账款周转天数分别为

77.25 天、77.59 天、71.15 天、53.81 天、57.32 天。2016—2020 年云南白药集团的应收账款平均余额不断增加(2019 年除外),与营业收入基本保持同趋势变化。但其 2017 年应收账款周转率比 2016 年有所下降,周转天数明显增多,主要原因是 2017 年经营环境有一定的变化,竞争加剧,企业为了扩大销售而放宽了信用政策。

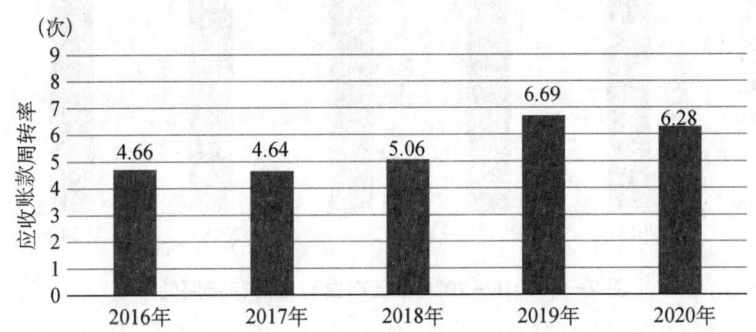

图 7-1 2016—2020 年云南白药集团应收账款周转率

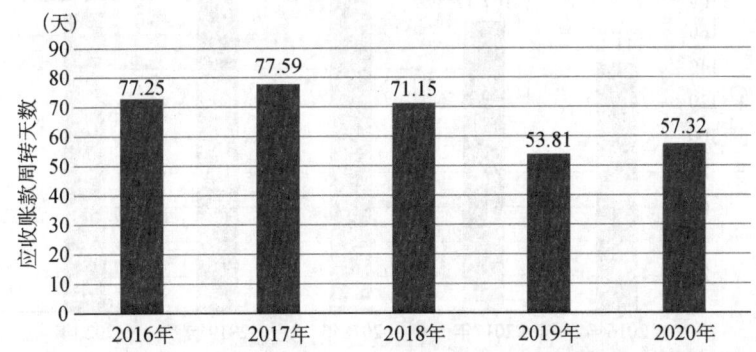

图 7-2 2016—2020 年云南白药集团应收账款周转天数

(二)存货周转率变化情况

2016—2020 年云南白药集团存货周转率和存货周转天数情况分别如图 7-3 和图 7-4 所示。我们从图 7-3 和图 7-4 可以看出,2016—2020 年云南白药集团的存货周转率依次是 2.51 次、2.15 次、1.99 次、1.95 次、2.08 次,呈现先下降后上升的趋势,对应的存货周转天数分别为 143.43 天、167.44 天、180.90 天、184.62 天、173.08 天。云南白药集团在 2016 年至 2020 年的存货平均余额不断增加,与营业成本基本保持同趋势变化。但在 2017 年至 2019 年其存货周转率明显下降,周转天数明显增多,其主要原因是 2017 年至 2019 年医药行业监管持续强化,市场竞争加剧。2020 年医药行业受疫情影响,相关产品销量明显增加,公司增加了备货量,存货平均余额增长明显。

(三)流动资产周转率变化情况

2016—2020 年云南白药集团流动资产周转率和流动资产周转天数情况分别如图 7-5 和图 7-6 所示。我们从图 7-5 和图 7-6 可以看出,2016—2020 年云南白药集团的流动资产周转率依次是 1.15 次、1.03 次、1.02 次、0.82 次、0.70 次,呈现逐年下降的趋势,对应的流

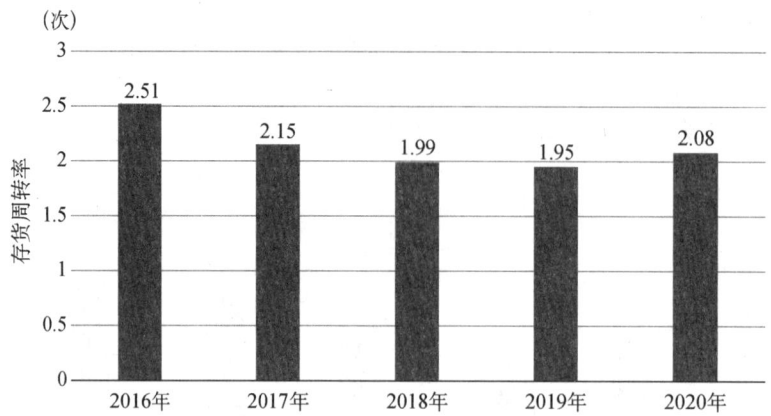

图 7-3　2016—2020 年云南白药集团存货周转率

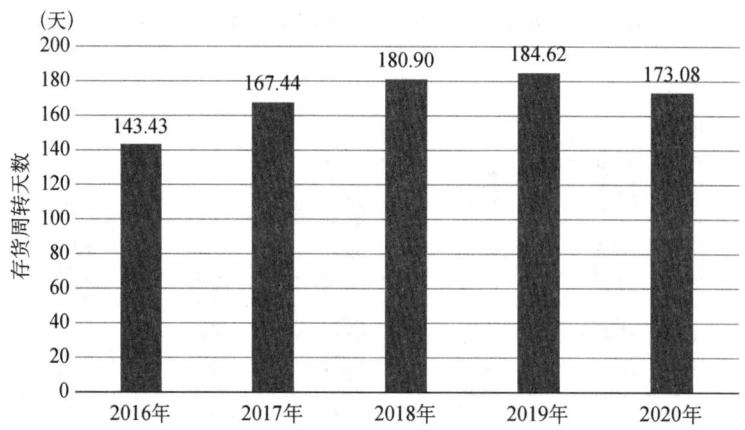

图 7-4　2016—2020 年云南白药集团存货周转天数

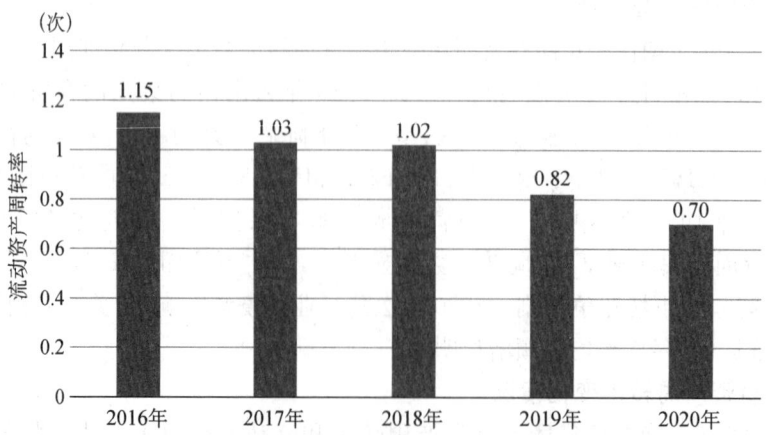

图 7-5　2016—2020 年云南白药集团流动资产周转率

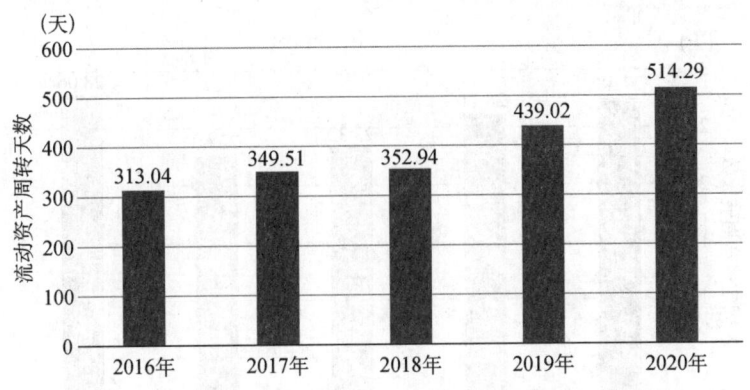

图 7-6　2016—2020 年云南白药集团流动资产周转天数

动资产周转天数分别为 313.04 天、349.51 天、352.94 天、439.02 天、514.29 天。云南白药集团在 2016 年至 2020 年的流动资产平均余额不断增加,与营业收入基本保持同趋势变化;2016 年至 2020 年的流动资产周转天数明显增多,流动资产的周转效率逐年降低,这说明企业的营运资金管理能力和生产经营效率有待进一步提升。

(四) 固定资产周转率变化情况

2016—2020 年云南白药集团固定资产周转率和固定资产周转天数情况分别如图 7-7 和图 7-8 所示。我们从图 7-7 和图 7-8 可以看出,2016—2020 年云南白药集团的固定资产周转率依次是 13.10 次、13.79 次、15.44 次、15.93 次、12.83 次,呈现先上升后下降的趋势,总体变化较为稳定,对应的固定资产周转天数分别为 27.48 天、26.11 天、23.32 天、22.60 天、28.06 天。由表 7-1 可知,公司的固定资产占公司总资产的比重比较稳定,各年占比维持在 4%~8%。随着销售量和销售收入的增加,云南白药集团为了提高生产效率,保证产品质量,对生产设备等资产进行了更新换代和扩大再生产,所以 2016—2019 年的固定资产周转率逐年上升。2020 年云南白药集团固定资产周转率下降的原因主要是公司新增的健康产业项目——文山七花有限责任公司搬迁扩建项目完工部分转为固定资产,公司当年的固定资产平均净值大幅增加。

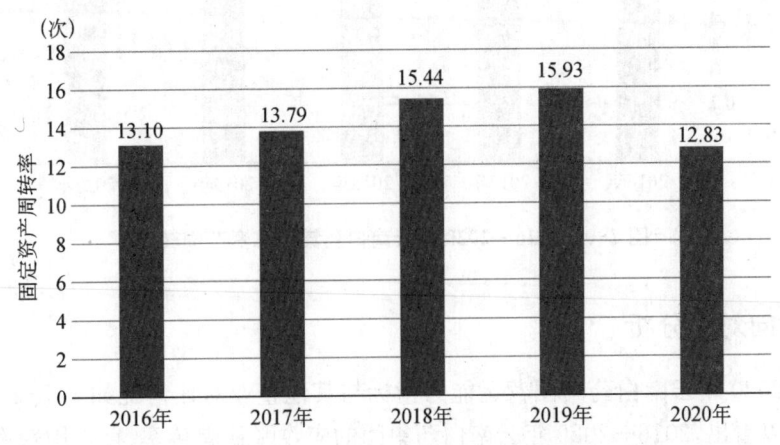

图 7-7　2016—2020 年云南白药集团固定资产周转率

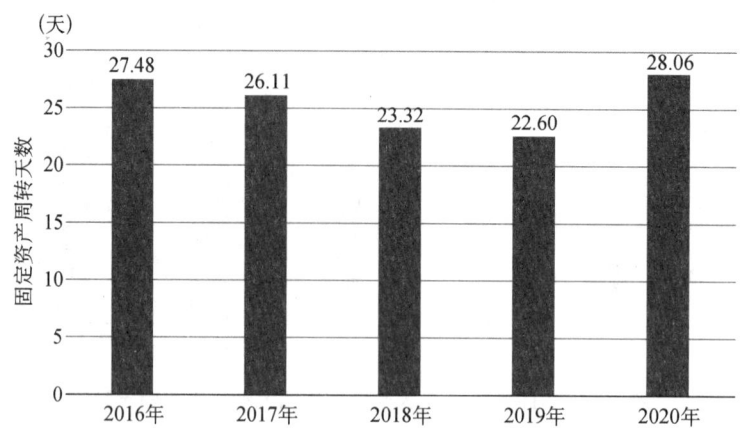

图 7-8 2016—2020 年云南白药集团固定资产周转天数

（五）总资产周转率变化情况

2016—2020 年云南白药集团总资产周转率和总资产周转天数情况分别如图 7-9 和图 7-10 所示。我们从图 7-9 和图 7-10 可以看出，2016—2020 年云南白药集团的总资产周转率依次是 1.02 次、0.93 次、0.92 次、0.74 次、0.62 次，呈现逐年下降的趋势，说明其总体资产营运能力逐年减弱，对应的总资产周转天数分别为 352.94 天、387.10 天、391.30 天、486.49 天、580.65 天。总资产周转率下降的主要原因是企业的资产总额逐年增加以及医药行业激烈的竞争使整个行业的发展速度有所放缓。另外，云南白药集团总资产周转率的逐年下降以及总资产周转天数的逐年上升也说明其资产管理水平有待进一步提升。

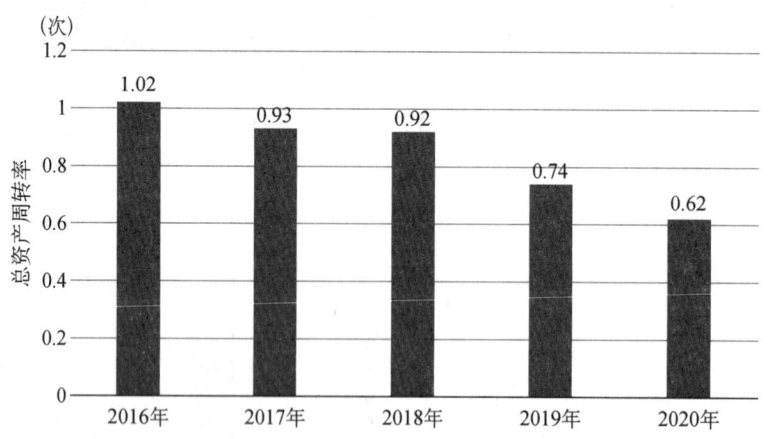

图 7-9 2016—2020 年云南白药集团总资产周转率

三、横向对比分析

2016—2020 年云南白药集团营运能力指标与其他企业对比情况如表 7-2 所示。我们从表 7-2 可以看出，2016—2020 年云南白药集团的应收账款周转率、存货周转率、流动资产

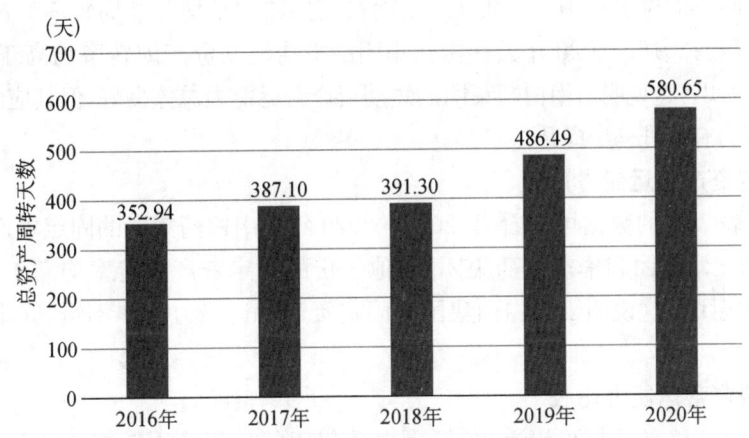

图 7-10 2016—2020 年云南白药集团总资产周转天数

周转率、固定资产周转率与总资产周转率在同行业中基本属于中等水平。下面我们对云南白药集团的短期资产营运能力、固定资产营运能力和总资产营运能力进行同行业比较。

表 7-2 2016—2020 年云南白药集团营运能力指标与其他企业对比情况　　单位：次

项目	企业	2016 年	2017 年	2018 年	2019 年	2020 年
应收账款周转率	云南白药	4.66	4.64	5.06	6.69	6.28
	同仁堂	7.97	6.38	6.14	6.64	8.24
	华东医药	5.05	4.94	5.06	5.73	5.51
存货周转率	云南白药	2.51	2.15	1.99	1.95	2.08
	同仁堂	1.26	1.28	1.24	1.15	1.13
	华东医药	6.98	6.34	5.98	6.09	5.56
流动资产周转率	云南白药	1.15	1.03	1.02	0.82	0.70
	同仁堂	0.97	0.95	0.93	0.83	0.79
	华东医药	2.46	2.27	2.37	2.65	2.37
固定资产周转率	云南白药	13.10	13.79	15.44	15.93	12.83
	同仁堂	8.27	7.68	6.87	4.39	3.23
	华东医药	16.29	14.54	15.29	16.84	14.66
总资产周转率	云南白药	1.02	0.93	0.92	0.74	0.62
	同仁堂	0.77	0.75	0.73	0.64	0.60
	华东医药	1.96	1.83	1.74	1.74	1.48

（一）短期资产营运能力比较

我们通过表 7-2 的数据可以看出，2016—2020 年云南白药集团的应收账款周转率除了 2016 年和 2017 年低于华东医药集团和同仁堂集团，其他年份的应收账款周转率均处于中等或高于两家同行的位置;2016—2020年云南白药集团的平均存货周转率均高于同仁堂集团、低于华东医药;2016—2020年云南白药集团的平均流动资产周转率均高于同仁堂集团、低于华东医药集团。这说明云南白药集团的短期资产营运能力总体良好,但其应收账款管理能力、存货管理能力有待进一步提升。

(二)固定资产营运能力比较

我们通过表7-2的数据可以看出,2016—2020年云南白药集团的固定资产周转率除了2018年高于同仁堂集团和华东医药集团,其他年份的固定资产周转率均高于同仁堂集团、低于华东医药集团。这说明云南白药集团的固定资产营运能力总体不错,固定资产结构较合理。

(三)总资产营运能力比较

我们通过表7-2的数据可以看出,云南白药集团的总资产周转率总体呈下降的趋势,云南白药集团的总资产周转率从2016年的1.02次降到2020年的0.62次,下降了0.40次。2016—2020年云南白药集团的总资产周转率均高于同仁堂集团、低于华东医药集团,而同仁堂集团的总资产周转率与云南白药集团和华东医药相比变动最小。总体来看,云南白药集团的总资产营运能力在三家同行中居中,其总资产管理水平仍需进一步提升。

四、云南白药集团营运能力存在的问题

(一)应收账款周转率变化幅度较大

我们通过以上分析可知,云南白药集团应收账款周转率的上下波动变化幅度较大,说明企业的收账速度缓慢,平均收账间隔期长,资产的流动速度较低,营运性资金过多滞留在了应收账款上,这样会直接导致其资金周转能力与偿债能力降低,对其正常经营生产和持续经营都是很不利的。

(二)存在存货变现风险

我们通过以上分析可知,2016—2020年云南白药集团的存货周转天数基本呈逐年递增的状态。由于存货的变现需要一定的时间,并且存货的处理依赖于公司产品的销量,企业存货周转天数的逐年增加说明其存在存货变现速度慢、库存积压等风险。

(三)存在经营效率下降风险

我们通过以上分析可知,2016—2020年云南白药集团的流动资产占比为85%~90%,且流动资产周转率呈逐年下降的状态。这说明企业的流动资产利用效率较低,企业的短期营运能力较弱,其生产经营效率仍需进一步提升。

(四)存在固定资产闲置风险

我们通过以上分析可知,云南白药集团的固定资产周转天数呈现先下降后上升的趋势,说明云南白药集团的固定资产利用率较高,其长期营运能力也在稳步提升。我们通过查询公司年报可知,2016—2020年云南白药集团的非流动资产占比为10%~15%,其中固定资产占公司总资产的比例最大,其次占比比较高的是在建工程和无形资产。尽管整体而言,云南白药集团的固定资产运营状况良好,但是由于企业急速扩大生产规模,部分固定资产可能被闲置,这将会影响其资产运转效率。

(五) 总资产营运能力下降风险

我们通过以上分析可知，2016—2020年云南白药集团的总资产周转天数逐年上升，说明云南白药集团对总资产的利用率不够，总体的营运能力逐步下降。因此，云南白药集团应提高其流动资产和固定资产的营运能力，从而进一步提升其总资产管理水平。

五、提升云南白药集团营运能力的对策

(一) 经营方面

1. 进一步提高流动资产管理水平

在存货管理方面，云南白药集团应通过控制公司存货的订货量、订货次数等因素来有效控制公司存货的最佳保管量和持有量，并进一步强化采购分析，提升采购专业度，不断探索采购新模式。例如，与互联网企业一起开发整合平台资源，通过供应链价值创新降低供应链总成本，提升产品竞争力，实现供需共赢。

在应收账款管理方面，云南白药集团应进一步建立客户信用档案，制定信誉预警制度，如对信用较差的客户不予赊销结算，及时催告客户进行付款，把客户的回款跟销售人员的绩效工资挂钩，在前期货款没有结清的情况下不予发货，等等。

2. 优化资产结构

由于资产的结构和绩效存在很强的关联性，云南白药集团应集中精力进行内部资产管理，确定优化内部资产管理结构的目标，制定和完善资产管理结构的方法和步骤，优化反映内部资产管理水平的财务指标和考核制度，并且要时刻注意各项指标的变化情况。

3. 持续不断推动公司管理创新

云南白药集团需要加快制度建设，及时破解管理难题，对外及时引进、消化和吸收先进经验，对内及时发掘、总结、提炼管理成果；同时需要不断完善战略体系建设，做好资源整合和战略储备，引领企业更好发展。同时，公司应密切关注医药政策变动和行业发展变化趋势，根据政策和市场需要提升管理效能，加强成本管控，提高盈利能力，在危机中探索和抢抓确定性的成长机会。

(二) 战略方面

在不确定性的宏观环境下，医药行业规则和生态重构将持续深化，为了更好地提升企业的营运能力，云南白药集团应从以下几个方面提升其核心竞争力。

1. 进一步实现产业链再造、价值链提升、市场链优化

云南白药集团应继续深耕现有的业务板块，精益运营，实现规模、利润双增长，坚持以优质、高效、低成本为目标，培养可持续发展、有技术含量的资源体系，同时以用户为中心进行业务重塑，迅速提高整体发展质量。在管理端，云南白药集团应进一步完善公司治理结构，加强内部控制；推动精细化管理，创新管理模式，提高整体管理水平，适应发展需求。在生产端，云南白药集团应对产业链战略环节进行重新定位和调整，通过智能制造、工业云、大数据等技术的集成应用，围绕产品设计、工艺优化、质量稳定、效能提升等环节，实现产业链再造和价值链提升。在市场端，云南白药集团应聚焦客户与市场，持续关注医药行业政策变动及市场变化趋势，及时调整营销政策，深入挖掘市场潜力，获取新的竞争优势，构造

新的盈利模式。

2. 进一步完善人才的培养与激励机制

云南白药集团应在全球范围内开展招才引智,对内加快公司自主人才培养,对外加快引进人才,完善激励机制和评价机制,推行科学、有吸引力的薪酬激励制度,建设一支专业化程度高、能打胜仗的人才队伍,驱动公司高质量发展。

3. 加强品牌营销,开拓海外市场,继续实行国际化战略

云南白药集团应充分利用国际化运营平台的产业、信息、人才等资源集聚优势,着眼国际贸易、金融运营发展,快速引进国际一流的人才及项目资源,加强科研布局,促进新产品、新业务和新产业的快速成长,提升改造企业现有的产业和业务结构,形成多区域、多功能、多维度的战略协同。此外,云南白药集团应在全球范围内加大自身与各领域、各环节市场主体的联动,与包括高等院校、科研院所、跨国药企、产业资本、行业协会、医院、政府等在内的多方共同合作,利用云南白药集团的资金、品牌、管理、渠道等优势,通过合作研发、平台共建、专利授权、渠道互补等方式打造一个具有突出竞争优势的产业生态圈。

第三节 实训任务

一、实训任务1:东风汽车营运能力分析

(一)实训目标

(1)根据东风汽车近5年的财务报表相关数据,计算分析公司的营运能力指标。

(2)结合制造企业的行业特征,从资产构成情况、资产运用效率和资产管理水平等多个维度分析东风汽车的营运能力。

(3)总体评价东风汽车的营运能力。

(4)提出提高东风汽车营运能力的有效对策。

(二)实训企业描述

东风汽车股份有限公司(简称东风汽车)经中国证监会第〔1999〕68号通知批准,于1999年7月27日在上海证券交易所上市。目前,东风汽车生产多种多样的汽车,车辆种类齐全,包括轻型货车、工程车辆、皮卡、专用车辆、SUV、MPV、客车等,多方位满足国内不同类型客运和货运客户的需求。经过多年的用心经营,东风汽车已拥有自己的核心技术和产品,其产品除上述各种车辆外,还包括机械设备、柴油机、天然气发动机等,其中,东风集团旗下的东风轻型发动机有限公司利用日产的标准质量体系开发出ZD30和D28发动机,达到日产同品种产品质量水平,市场销量不断攀升。

(三)实训准备

(1)学生分组。每组6~8人,确定1名正组长和1名副组长。

(2)学生分工。由组长对组内学生按任务要求进行合理分工。

(3)制订工作计划。每个小组制订工作计划,格式如表7-3所示。

表 7-3 工作计划

主要工作任务	实施时间	实施形式	主要负责人

实训小组组长：

实训小组成员：

年　月　日

指导老师审阅意见：

签名：

年　月　日

（四）实训流程

（1）各小组学习任务目标和任务描述，复习营运能力分析相关指标，确定分析思路和拟使用的分析方法。

（2）各小组讨论制订工作计划。

（3）指导老师审阅各小组制订的工作计划，并签批。

（4）各小组通过网络收集东风汽车近 5 年的财务报表、年度报告、公司资讯、公司研究报告等信息。

（5）各小组选定至少 2 家同行业公司作为对比公司，并通过网络收集这些对比公司近 5 年的财务报表、年度报告、公司资讯、公司研究报告等信息，做同行对比分析。

（6）各小组运用多种方法对东风汽车的营运能力进行分析，根据分析结果总结该公司存在的问题，并给出针对性建议。

（7）各小组撰写东风汽车营运能力分析报告。

(五)完成分析报告

各小组根据分析结果撰写东风汽车营运能力分析报告,格式如表7-4所示。

表7-4 东风汽车营运能力分析报告

1. 营运能力财务指标纵向对比分析
2. 营运能力财务指标横向对比分析
3. 公司营运能力总体评价
4. 提高公司营运能力的针对性措施

(六)填写实训进度表

各小组根据任务完成时间填写实训进度表,格式如表7-5所示。

表7-5 实训进度表

实训任务	完成时间	主要负责人
实训小组组长:		

(七)实训评价

(1)各小组将完成的东风汽车营运能力分析报告上传至班级学习信息平台,如qq群、微信群、"雨课堂"等,并选派代表参加班级讨论交流。

(2) 各小组之间进行互评,并填写实训评价表,格式如表 7-6 所示。

表 7-6 实训评价表

评分点	评分要点	得分
层次分明(30 分)	条理清楚,逻辑严谨	
内容翔实(30 分)	充分结合案例进行成因分析,内容具有一定的深度	
思考全面(20 分)	全方位、多层次、多角度思考	
观点新颖(10 分)	具有创新性观点	
表达清晰(10 分)	语言流畅,举止大方得体	

二、实训任务 2:沃森生物营运能力分析

(一) 实训目标

(1) 根据沃森生物近 5 年的财务报表相关数据,计算分析公司的营运能力指标。

(2) 结合高新技术企业的行业特征,从资产构成情况、资产运用效率和资产管理水平等多个维度分析沃森生物的营运能力。

(3) 总体评价沃森生物的营运能力。

(4) 提出提高沃森生物营运能力的对策。

(二) 实训企业描述

云南沃森生物技术股份有限公司(简称沃森生物)创立于 2001 年,是国内专业从事疫苗、血液制品等生物药品研发、生产、销售的现代生物制药企业,是国家认定的高新技术企业和国家企业技术中心。公司于 2010 年 11 月在中国深圳证券交易所创业板上市(股票代码:300142)。公司总部位于中国云南省昆明市。公司拥有员工已超过 1 200 人,在昆明国家高新区拥有现代化的研发中心,在云南玉溪高新区和江苏泰州中国医药城各有一个现代化的疫苗生产基地和中试基地,营销网络覆盖国内 29 个省市、2 000 多个县区。

沃森生物的使命与愿景是"让人人生而健康,让人们分享科技带来的健康快乐"。

(三) 实训准备

(1) 学生分组。每组 6~8 人,确定 1 名正组长和 1 名副组长。

(2) 学生分工。由组长对组内学生按任务要求进行合理分工。

(3) 制订工作计划。每个小组制订工作计划,格式如表 7-7 所示。

表 7-7 工作计划

主要工作任务	实施时间	实施形式	主要负责人

(续表)

主要工作任务	实施时间	实施形式	主要负责人

实训小组组长：

实训小组成员：

年　　月　　日

指导老师审阅意见：

签名：

年　　月　　日

（四）实训流程

（1）各小组学习任务目标和任务描述，复习营运能力分析相关指标，确定分析思路和拟使用的分析方法。

（2）各小组讨论制订工作计划。

（3）指导老师审阅各小组制订的工作计划，并签批。

（4）各小组通过网络收集沃森生物近5年的财务报表、年度报告、公司资讯、公司研究报告等信息。

（5）各小组选定至少2家同行业公司作为对比公司，并通过网络收集这些对比公司近5年的财务报表、年度报告、公司资讯、公司研究报告等信息，做同行对比分析。

（6）各小组运用多种分析方法对沃森生物的营运能力进行分析，根据分析结果总结该公司存在的问题，并给出针对性建议。

（7）各小组撰写沃森生物营运能力分析报告。

（五）完成分析报告

各小组根据分析结果撰写沃森生物营运能力分析报告，格式如表7-8所示。

表7-8　沃森生物营运能力分析报告

1. 营运能力财务指标纵向对比分析
2. 营运能力财务指标横向对比分析
3. 公司营运能力总体评价
4. 提高公司营运能力的针对性措施

（六）填写实训进度表

各小组根据任务完成时间填写实训进度表，格式如表7-9所示。

表7-9　实训进度表

实训任务	完成时间	主要负责人

实训小组组长：

（七）实训评价

（1）各小组将完成的沃森生物营运能力分析报告上传至班级学习信息平台，如qq群、微信群、"雨课堂"等，并选派代表参加班级讨论交流。

（2）各小组之间进行互评，并填写实训评价表，格式如表7-10所示。

表7-10　实训评价表

评分点	评分要点	得分
层次分明(30分)	条理清楚，逻辑严谨	
内容翔实(30分)	充分结合案例进行成因分析，内容具有一定的深度	
思考全面(20分)	全方位、多层次、多角度思考	
观点新颖(10分)	具有创新性观点	
表达清晰(10分)	语言流畅，举止大方得体	

三、实训任务3:黄山旅游营运能力分析

(一) 实训目标

(1) 根据黄山旅游近5年的财务报表相关数据,计算分析公司的营运能力指标。

(2) 结合旅游企业的行业特征,从资产构成情况、资产运用效率和资产管理水平等多个维度分析黄山旅游的营运能力。

(3) 总体评价黄山旅游的营运能力。

(4) 提出提高黄山旅游营运能力的对策。

(二) 实训企业描述

黄山风景区是目前中国唯一同时拥有"世界文化与自然遗产"和"世界地质公园"桂冠的景区,是中国最负盛名的景区之一。黄山旅游发展股份有限公司(简称黄山旅游)注册地位于安徽省黄山市黄山风景区,所处行业为旅游业。

黄山旅游对外投资37家公司,设有37处分支机构。黄山旅游属于资源垄断型旅游企业,主业包括园林门票、索道、酒店和旅行社等,门票和索道业务是公司的两大利润支柱,此外,公司还拥有黄山山上独家经营的7家酒店。

(三) 实训准备

(1) 学生分组。每组6~8人,确定1名正组长和1名副组长。

(2) 学生分工。由组长对组内学生按任务要求进行合理分工。

(3) 制订工作计划。每个小组制订一份工作计划,格式如表7-11所示。

表7-11 工作计划

主要工作任务	实施时间	实施形式	主要负责人

实训小组组长:

实训小组成员:

年　月　日

指导老师审阅意见:

签名:

年　月　日

(四) 实训流程

(1) 各小组学习任务目标和任务描述,复习营运能力分析相关指标,确定分析思路和拟使用的分析方法。

(2) 各小组讨论制订工作计划。

(3) 指导老师审阅各小组制订的工作计划,并签批。

(4) 各小组通过网络收集黄山旅游近 5 年的财务报表、年度报告、公司资讯、公司研究报告等信息。

(5) 各小组选定至少 2 家同行业公司作为对比公司,并通过网络收集这些对比公司近 5 年的财务报表、年度报告、公司资讯、公司研究报告等信息,做同行对比分析。

(6) 各小组运用多种方法对黄山旅游的营运能力进行分析,根据分析结果总结该公司存在的问题,并给出针对性建议。

(7) 各小组撰写黄山旅游营运能力分析报告。

(五) 完成分析报告

各小组根据分析结果撰写黄山旅游营运能力分析报告,格式如表 7-12 所示。

表 7-12 黄山旅游营运能力分析报告

1. 营运能力财务指标纵向对比分析
2. 营运能力财务指标横向对比分析
3. 公司营运能力总体评价
4. 提高公司营运能力的针对性措施

(六) 填写实训进度表

各小组根据任务完成时间,填写实训进度表,格式如表 7-13 所示。

表 7-13 实训进度表

实训任务	完成时间	主要负责人

实训小组组长:

(七) 实训评价

(1) 各小组将完成的黄山旅游营运能力分析报告上传至班级学习信息平台,如 qq 群、微信群、"雨课堂"等,并选派代表参加班级讨论交流。

(2) 各小组之间进行互评,并填写实训评价表,格式如表 7-14 所示。

表 7-14 实训评价表

评分点	评分要点	得分
层次分明(30 分)	条理清楚,逻辑严谨	
内容翔实(30 分)	充分结合案例进行成因分析,内容具有一定的深度	
思考全面(20 分)	全方位、多层次、多角度思考	
观点新颖(10 分)	具有创新性观点	
表达清晰(10 分)	语言流畅,举止大方得体	

 课后习题

一、单选题

1. 某企业 2020 年营业收入为 36 000 万元,流动资产平均余额为 4 000 万元,固定资产平均净值为 6 000 万元。假定没有其他资产,则该企业 2020 年的总资产周转率为( )次。
   A. 3.0　　　　B. 3.4　　　　C. 2.9　　　　D. 3.6

2. 以下指标中,反映资产占用与收入关系的指标是( )。
   A. 销售净利率　　　　　　　　B. 流动比率
   C. 流动资产周转率　　　　　　D. 固定资产总值

3. 某公司年初存货为 5 000 万元,年末存货为 3 000 万元,已知其年营业收入净额为 50 000 万元,其毛利率为 40%,那么其存货周转率为( )次。
   A. 12　　　　B. 6.5　　　　C. 7.5　　　　D. 6.2

4. 某公司年初存货为 15 000 元,年初应收账款为 12 700 元,年末流动比率为 3∶1,年末速动比率为 1.3∶1,存货周转率为 4 次,流动资产合计为 27 000 元,则该公司年末流动负债为( )元。
   A. 9 000　　　B. 8 000　　　C. 7 000　　　D. 6 000

5. 资产的( )表现为企业资产所占用资金的周转速度,反映企业资金利用的效率。
   A. 盈利能力　　B. 发展能力　　C. 偿债能力　　D. 营运能力

二、多选题

1. 存货周转率高说明( )。
   A. 存货管理效率高　　　　　　B. 存货资金占用较多
   C. 企业的短期偿债能力较强　　D. 企业的获利能力较强

2. 在一定时期内,应收账款周转次数多、周转天数少表明( )。
   A. 收账速度快　　　　　　　　B. 信用管理政策宽松

C. 应收账款流动性强　　　　　　　　D. 应收账款管理效率高

3. 一般而言,存货周转次数增加,其所反映的信息有(　　)。
   A. 盈利能力下降　　　　　　　　　B. 存货周转期延长
   C. 存货流动性增强　　　　　　　　D. 资产管理效率提高

4. 下列各项中,影响应收账款周转率指标的有(　　)。
   A. 应收票据　　B. 应收账款　　C. 预付账款　　D. 销售折扣与折让

5. 反映企业营运能力的财务指标有(　　)。
   A. 现金周期　　　　　　　　　　　B. 总资产周转率
   C. 应收账款周转天数　　　　　　　D. 净资产收益率
   E. 有形资产债务比率

三、综合题

（一）计算题

1. 2019—2020年A公司相关财务数据如表7-15所示,请计算A公司2020年的流动资产周转率、存货周转率、应收账款周转率。

表7-15　2019—2020年A公司财务数据　　　　　　　　　　　单位:万元

项目	2019年	2020年
营业收入	25 100	32 500
营业成本	18 700	22 800
流动资产合计	13 250	13 846
其中:存货	6 312	6 148
应收账款	3 548	3 216

2. 2019—2020年B公司相关财务数据如表7-16所示,请计算其总资产周转率,并分析总资产周转率变动的原因。

表7-16　2019—2020年B公司财务数据　　　　　　　　　　　单位:万元

项目	2019年	2020年
营业收入	81 600	90 500
总资产	95 200	102 800
流动资产	42 800	43 200

（二）案例分析题

四川水井坊股份有限公司(简称水井坊)是一家主营酒类产品生产和销售的公司。目前,水井坊生产的白酒类产品主要有"世纪典藏水井坊""公元十三水井坊""风雅颂水井坊""水井坊菁翠""水井坊典藏""水井坊井台装"等品种。600余年来,水井坊坚守原产地域,据守锦城繁华,是率先获得"国家地理标志保护产品"称号的浓香型白酒公司。

"水井坊"作为中国知名高端白酒品牌,用自己的品质和坚持,在2019年赢得了多项专业美誉和社会认可。2019年6月25日,在国际品牌协会、国际青年创意产业协会及广告人文化集团联合主办的"ADMEN国际大奖颁奖盛典"上,水井坊荣获"2019年度ADMEN国际大奖整合营销类实战金案";7月11日,在第八届中国财经峰会上,水井坊荣获"2019杰出品牌形象奖";在德国汉诺威工业设计论坛2019年举办的设计奖项评选中,水井坊设计的"菁翠酒具"荣获与"红点设计奖""美国IDEA奖"并称世界三大设计奖的"iF设计奖"。系列殊荣的斩获,体现了公司不忘初心,酿造高品质白酒的坚持,也展现了公司不断为消费者提供多元化文化体验的努力。

表7-17~表7-19是2017—2019年水井坊的财务报表摘要,请根据相关数据从以下角度对公司的营运能力进行分析。

(1)分析该公司的短期资产周转情况。
(2)分析该公司的长期资产周转情况。
(3)分析该公司的总资产周转情况。
(4)分析该公司的营运能力、资产运用效率和资产管理水平情况,简述你对该公司未来营运能力提升的建议。

表7-17　2017—2019年水井坊资产负债表摘要　　　　　　　　　　　　　单位:万元

项目	2017年	2018年	2019年
货币资金	22 740	30 067	25 643
应收账款	1 841	1 270	1 673
存货	13 426	17 222	14 381
流动资产合计	43 425	43 427	51 462
资产总计	59 786	76 161	76 569

数据来源:东方财富网发布的2017—2019年水井坊公司年度报告。

表7-18　2017—2019年水井坊利润表摘要　　　　　　　　　　　　　　单位:万元

项目	2017年	2018年	2019年
一、营业收入	75 518.13	77 645.71	92 130.99
减:销售费用	2 734.51	2 293.44	2 919.97
管理费用	2 883.81	3 517.37	4 471.23
财务费用	26.12	351.62	1 294.98
资产减值损失	532.89	−106.39	472.70
加:公允价值变动收益(损失以"—"号填列)	5.97	—	—
投资收益(损失以"—"号填列)	952.83	706.57	332.63
其中:对联营企业和合营企业的投资收益	40.27	83.14	—
二、营业利润(损失以"—"号填列)	−641.62	−558.54	−1 843.13
加:营业外收入	1 657.46	1 732.09	3 192.04

(续表)

项目	2017年	2018年	2019年
减:营业外支出	18.62	88.20	46.46
其中:非流动资产处置损失	5.48	64.10	0.77
三、利润总额(损失总额以"一"号填列)	997.22	1 085.35	1 302.46
减:所得税费用	623.02	780.50	836.98
四、净利润(净亏损以"一"号填列)	374.20	304.85	465.48
五、每股收益	—	—	—
(一)基本每股收益			
(二)稀释每股收益			
六、其他综合收益			
七、综合收益总额	374.20	304.85	465.48

数据来源:东方财富网发布的2017—2019年水井坊公司年度报告。

表7-19　2017—2019年水井坊资产结构

项目	2017年	2018年	2019年	项目	2017年	2018年	2019年
货币资金	9.24%	7.76%	8.86%	短期借款	—	—	—
应收账款	0.92%	1.01%	1.07%	应付职工薪酬	2.16%	2.26%	2.61%
预付账款	11.75%	15.63%	15.20%	应交税费	1.26%	0.33%	0.55%
存货	21.54%	27.08%	33.06%	流动负债合计	22.00%	30.05%	35.36%
长期应收款	—	—	—	长期应付款	2.87%	2.32%	2.83%
长期股权投资	2.98%	2.55%	2.44%	其他非流动负债	1.71%	2.38%	2.34%
投资性房地产	4.97%	4.23%	3.48%	非流动负债合计	4.59%	4.70%	5.17%
固定资产	18.71%	16.02%	14.49%	负债合计	26.59%	34.75%	40.53%
新建项目	0.44%	0.63%	0.80%	实收资本	46.25%	40.84%	36.70%

数据来源:东方财富网发布的2017—2019年水井坊公司年度报告。

 拓展阅读

中国首家生鲜电商——易果生鲜负债23亿元破产重组

一、公司发展历程

致力于向都市中高端家庭提供生鲜食材的易果生鲜电子商务有限公司(简称易果生鲜)成立于2005年,它在经过5年平稳运营期后,从2010年开始成为"明星项目",受到资本热捧。2010年,易果生鲜获得小村资本天使轮融资;2013年,该公司被阿里巴巴"相中",拿到数千万美元A轮融资,1年后又获得阿里巴巴及阿里系云锋基金数千万元人民币B轮融

资;2015年拿到仁弘资本B+轮融资;2016年获阿里巴巴、KKR集团26 000万美元C轮融资;2017年获得苏宁等数亿美元C+轮融资;2017年获得天猫3亿美元D轮融资,并与天猫超市达成全方位合作,天猫超市宣布将借助易果旗下的安鲜达冷链物流实现食材在全国范围内的"朝发夕食"。

2010年至2017年是易果生鲜最为活跃的时期,阿里巴巴前后给这家公司注入了四轮资金,成为易果生鲜的大股东。背靠阿里系的易果生鲜在2017年经历了"高光时刻",年成交总额达到100亿元,该数据较2016年披露的36亿元增长178%。然而,2017年之后,易果生鲜却逐渐在"如日中天"的生鲜电商市场里销声匿迹了。

二、1年时间从巅峰跌入谷底

自从获得天猫D轮融资并拿下天猫超市生鲜独家运营权后,易果生鲜就对天猫超市产生了深度依赖,天猫超市变成易果生鲜的主要订单来源,占比一度达到90%。这意味着,一旦阿里巴巴作出战略调整,易果生鲜很可能就会失去90%的订单,这对一个创业公司来说异常可怕。实际上,自从2015年阿里巴巴孵化盒马鲜生开始,易果生鲜的局面就变得非常尴尬。

2018年,易果生鲜迎来最悲痛时刻。阿里巴巴组织架构调整,把前面给易果生鲜的天猫超市生鲜独家运营权转交到盒马鲜生手上。导致其从2017年的巅峰瞬间跌入谷底。流量入口没了,易果生鲜好似被卸掉了"双腿"。另外,由于盒马鲜生的业务跟易果生鲜越来越重叠,易果生鲜的生存空间越来越小。

为了还能继续活着,易果生鲜强迫自己转型,从一家面向消费者的公司逐渐变成一家面向企业的公司,从给消费者送生鲜变成给盒马鲜生等平台提供生鲜供应链服务,它在市场中的存在感越来越弱。易果生鲜由于对天猫超市的重度依赖而失去了公司发展的自主性。在模式方面,生鲜最重要的莫过于一个"鲜"字,换句话说,送货速度一定要快,但这背后意味着居高不下的物流成本,而且当一家公司要从面向消费者转型到面向企业时,它的整个系统都要发生改变,这个过程需要大量资金作为支撑,尴尬的是,D轮融资之后,最需要钱来"改变"的易果生鲜再也没有获得过融资。

三、"大树底下好乘凉"成伪命题

成立以来,不单是业务、模式问题,易果生鲜的战略方向也存在一些问题。过去几年里,易果生鲜还进行了对外股权投资,产生了多起投资事件。进入2020年,易果生鲜开启"大裁员"策略。截至6月30日,其账面总资产34.3亿元,里面含有对外投资的21.06亿元,总负债达到23亿元。2020年7月30日,易果生鲜、云象供应链(上海云象供应链管理有限公司)和安鲜达(上海安鲜达物流科技有限公司)开始自愿破产重组。也就是说,易果生鲜除了投资别的公司,自身已经没有任何有价值的资产了,7轮融资下来,投资人的钱早就"打了水漂"。无论是在转型之前还是之后,其企业端业务仍然严重依赖阿里系。作为一个独立的个体,严重依赖同一个客户是不明智的。易果生鲜几乎失去了商业层面的自主性,最终成为阿里生鲜赛道布局中的一枚棋子。易果生鲜存在的问题其实也给那些自以为"大树底下好乘凉"的创业者们敲响了警钟:创业公司并不是有巨头加持就能高枕无忧、开心坐等上市了。

四、打铁还需自身硬

在疫情期间,生鲜电商扮演着重要角色,成为消费者与新鲜食材之间的"桥梁"。对于生鲜电商来说,只有具备有保证的供应链渠道和高质量的资源配置,才能让消费者买到高性价比的商品。生鲜电商是个淘汰率非常高的行业,其前期投入成本非常高,企业只有找到可持续、自我造血的商业模式才能健康发展。众多生鲜电商平台在产品种类、服务体验以及配送方面的特点并不突出,并且始终处于通过"烧钱"来培养市场、消费习性的阶段,这种没有形成核心竞争力的模式无法持久延续。实事求是地说,众多生鲜电商平台一直以来都是在"苦苦支撑"。他们一边"烧钱"续命,一边试图寻找新商业模式。在这个过程中,有不少生鲜电商被淘汰出局。随着中国首家生鲜电商的倒下,国内生鲜电商市场经营模式愈发清晰:只有真正建立起健康、可持续的商业模式,才能让诸多平台拓展"护城河",并强化竞争壁垒。

参考资料来源:何中夫.中国首家生鲜电商易果生鲜破产:7轮融资59.3亿 负债23亿[EB/OL].(2020-10-21)[2021-06-30].https://finance.sina.com.cn/roll/2020-10-21/doc-iiznctkc6827112.shtml.

思考:易果生鲜破产的案例对你有什么启示?

第八章 发展能力分析实训

 知识目标

认识发展能力分析对企业的重要性,掌握各项发展能力指标的内涵、计算公式及分析方法。

 能力目标

能够利用相关财务数据计算反映发展能力的各项指标;能够运用不同方法,结合实际业务对企业的发展能力进行分析;能够通过指标分析结果评价企业的发展能力,发现存在的问题,提出针对性建议。

 思政目标

引导学生树立正确的价值观和经济科学发展观,树立企业要追求可持续发展的理念。

 导引案例

2020年9月22日,习近平总书记在第七十五届联合国大会上提出,中国二氧化碳排放力争于2030年前达到峰值,努力争取2060年前实现碳中和的目标(简称"双碳目标")。

自此之后,"双碳目标"成为ESG(Environment,Social and Governance,即环境、社会和治理)和绿色金融各项工作的引领和抓手。央行很快将"双碳目标"与绿色金融工作挂钩,在2020年12月提出要尽快实现"双碳目标"、完善绿色金融体系。2021年11月8日,央行正式推出碳减排支持工具,发放对象暂定为全国性金融机构。央行通过"先贷后借"机制,对金融机构向碳减排重点领域内相关企业发放的符合条件的碳减排贷款,按贷款本金的60%提供资金支持,利率为1.75%。此外,央行还计划指导金融机构开展压力测试,逐步将气候变化相关风险纳入宏观审慎政策框架。

此外,各相关行业协会也在大力推动"双碳"工作。2021年5月,中国保险资产管理业协会发布《中国保险资产管理业助推实现碳达峰碳中和目标倡议》;6月,中国保险行业协会发布《保险业聚焦碳达峰碳中和目标助推绿色发展蓝皮书》;同月,中国银行业协会设立中国银行业支持实现碳达峰碳中和目标专家工作组,拟定了九大目标和任务。这些举措传递了明确的政策信号。9月,《中共中央 国务院关于完整准确全面贯彻新发展理念做好碳达峰碳中和工作的意见》正式发布。该文件专门论述了"积极发展绿色金融",为未来数年ESG和绿色金融发展奠定了"双碳"基调。

参考资料来源:郭沛源.2021年中国ESG政策发展盘点[EB/OL].(2020-10-21)[2021-09-30]. https://finance.sina.com.cn/esg/zcxs/2021-11-16/doc-iktzqtyu7488005.shtml.

思考:"双碳目标"对企业的可持续发展会带来哪些影响?

第一节 理论知识

一、发展能力的概念

企业的发展能力,即企业的成长性,是指企业通过自身的生产经营活动不断扩大积累而形成的发展潜能。企业的发展受多种因素的影响,如外部经营环境、企业内部自身的经营条件以及所拥有的资源等。

二、发展能力分析的必要性

企业财务分析是一个动态与静态相结合的分析过程。首先,企业价值在很大程度上取决于其未来的盈利能力,取决于营业收入、收益及股利的未来增长,而不是企业过去或者目前所取得的收益情况。其次,无论是增强企业的盈利能力、偿债能力还是提高企业的资产营运效率,都是为了提高企业的发展能力。也就是说,发展能力是企业盈利能力、营运能力和偿债能力的综合体现。因此,我们要全面衡量一个企业的价值,不应该仅仅从静态的角度分析其经营能力,更应该从动态的角度出发分析和预测企业的经营发展水平,即发展能力。

三、发展能力分析的意义

对企业的发展能力进行考核,可以抑制企业的短期行为,有利于完善现代企业制度。企业的短期行为集中表现为追求眼前的利润,忽视企业资产的保值与增值。为了实现短期利润,有些企业不惜拼耗设备、少计费用和成本。企业发展能力考核,不仅考核企业目前实现的利润,还要考核企业资产的保值与增值情况,可以从一定程度上抑制企业的短期行为,真正增加企业的经济实力。发展能力分析是对企业的未来价值进行分析,实际上是对企业的持续增长能力进行分析。

四、发展能力分析的内容

从财务状况角度看,目前有两种代表性的发展能力分析框架:一是从发展能力形成角度分析企业的各项增长率,即对比前后两期的营业收入、总资产和营业利润等情况;二是从发展能力结果角度分析股东经济增加值的增长情况。

(一)从发展能力形成角度分析

我们在利用一些财务指标对企业的发展能力进行综合分析时,应关注竞争能力对发展能力的影响。竞争能力对评价企业的发展能力来说十分重要,如果一个企业未来缺少竞争能力,那么它的发展能力必然受到怀疑。

发展能力分析指标主要包括营业收入增长率、总资产增长率、净利润增长率。

1. 营业收入增长率

营业收入增长率是指企业本期营业收入增长额占上期营业收入的百分比,反映企业营业收入的增减变动情况,是评价企业发展状况和发展能力的重要指标。其计算公式为:

$$营业收入增长率 = 本期营业收入增长额 \div 上期营业收入 \times 100\%$$

其中:

$$本期营业收入增长额 = 本期营业收入 - 上期营业收入$$

营业收入增长率大于零,表明企业本期营业收入有所增长。该指标值越高,表明企业营业收入的增长速度越快,企业的市场前景越好。

2. 总资产增长率

总资产增长率是指企业本期总资产增长额占上期总资产的百分比,反映企业本期资产规模的增长情况。该指标从企业资产总量扩张方面衡量企业的发展能力。其计算公式为:

$$总资产增长率 = 本期总资产增长额 \div 上期总资产 \times 100\%$$

其中:

$$本期总资产增长额 = 期末总资产 - 期初总资产$$

总资产增长率越高,表明企业一定时期内的资产经营规模扩张速度越快。但我们在进行发展能力分析时,需要关注资产规模扩张"质"和"量"的关系以及企业的后续发展能力。

3. 净利润增长率

净利润增长率是指企业本期净利润增长额占上期净利润的百分比,反映企业净利润的增减变动情况。其计算公式为:

$$净利润增长率 = 本期净利润增长额 \div 上期净利润 \times 100\%$$

其中:

$$本期净利润增长额 = 本期净利润 - 上期净利润$$

（二）从发展能力结果角度分析

我们在分析企业的发展能力时，还要关注股东经济增加值这一指标。股东经济增加值是指扣除必要的权益资本成本后的净利润增加值。股东经济增加值反映了股东财富的增加情况和企业的发展能力。一个具有成长性的公司必然是一个能够不断增加股东经济增加值的公司。股东投资于公司的权益账面价值就是净资产，公司在经营中运用这些净资产来实现股东财富的增加。但是，净资产价值的增加并不能反映公司的发展能力。因为净资产的增加仅仅扣除了负债资本成本，而忽略了对权益资本成本的补偿。企业只有在弥补了所有投入资本成本，包括负债资本成本和权益资本成本之后，剩下的才是真正属于企业所有者的财富。

第二节　职业能力训练

下面我们根据 2016—2020 年云南白药集团的财务数据分析其发展能力。

一、发展能力财务指标计算

根据云南白药集团财务报表，计算 2016—2020 年云南白药集团各项发展能力指标，结果如表 8-1 所示。

表 8-1　2016—2020 年云南白药集团发展能力指标　　　　金额单位：万元

指标	2016 年	2017 年	2018 年	2019 年	2020 年
营业收入	2 241 065.44	2 431 461.40	2 670 821.35	2 966 467.39	3 274 276.68
营业收入增长额	167 252.82	190 395.96	239 359.94	295 646.04	307 809.29
营业收入增长率	8.06%	8.50%	9.84%	11.07%	10.38%
净利润	293 088.96	313 253.42	328 974.60	417 305.20	551 103.62
净利润增长额	17 530.85	20 164.46	15 721.18	88 330.60	133 798.42
净利润增长率	6.36%	6.88%	5.02%	26.85%	32.06%
总资产	2 458 664.60	2 770 253.05	3 037 759.01	4 965 804.91	5 521 944.82
总资产增长额	529 570.57	311 588.45	267 505.95	1 928 045.90	556 139.91
总资产增长率	27.45%	12.67%	9.66%	63.47%	11.20%

注：云南白药集团 2015 年的营业收入、净利润、总资产分别为 2 073 812.62 万元、275 558.11 万元、1 929 094.04 万元。

二、纵向对比分析

（一）总资产变化分析

2016—2020年云南白药集团的总资产分别为245.87亿元、277.03亿元、303.78亿元、496.58亿元和552.19亿元，总资产增长率分别为27.45%、12.67%、9.66%、63.47%、11.20%。云南白药集团的总资产从2015年开始持续增加，2020年规模达到了552.19亿元，这是因为公司在2019年完成了混改，其流动资产大幅增加。

（二）营业收入变化分析

2016—2020年云南白药集团的营业收入持续增长，从224.11亿元增长到327.43亿元，其营业收入增长率分别为8.06%、8.50%、9.84%、11.07%、10.38%。云南白药集团的营业收入按行业分类包括工业销售收入、商业销售收入、技术服务收入、旅店饮食业收入、种植业销售收入、其他业务收入。根据2016—2020年云南白药集团年报，商业销售收入为公司的营业收入主要来源，其占比保持在58.74%~64.06%。商业销售收入逐年上升反映公司的主营业务水平逐年提高，即云南白药集团的成长性较好。

（三）净利润变化分析

2016—2020年云南白药集团的净利润持续增长，从29.31亿元增长到55.11亿元，2020年净利润增长率达到32.06%。但是结合其历年的资产负债表进行分析，公司在2016—2020年与主业无关的投资性资产总金额依次为21.65亿元、69.39亿元、74.77亿元、109.66亿元、133.04亿元，占总资产的比例依次为8.81%、25.05%、24.61%、22.08%、24.09%，且投资性资产主要是以公允价值计量且其变动计入当期损益的金融资产，其变动会加大利润的波动性，说明云南白药集团仍然需要加强其主营业务的拓展，确保公司持续健康稳步发展。

（四）现金流情况分析

2016—2020年云南白药集团现金流情况如表8-2所示。

表8-2　2016—2020年云南白药集团现金流情况　　　　　　　　金额单位：万元

项目	2016年	2017年	2018年	2019年	2020年
经营活动产生的现金流量	298 475.77	115 568.99	262 980.72	210 474.48	382 890.66
投资活动产生的现金流量	-398 719.70	-35 180.07	-85 880.64	1 396 626.16	108 649.37
筹资活动产生的现金流量	22 534.73	-91 172.81	-161 982.28	-934 067.60	-297 844.34
净利润	293 088.96	313 253.42	328 974.60	417 305.20	551 103.62
净利润现金含量	101.84%	36.89%	79.94%	50.44%	69.48%

近年来，云南白药集团虽已实现较好的业绩增长，但其主业的增长动力有所放缓。如表8-2所示，2016—2020年云南白药集团的净利润持续增长，但是云南白药集团2016—2020年的净利润含金量波动较大，除了2016的净利润含金量高于100%，其余年度均低于80%，特别

是 2017 年的净利润含金量仅有 36.89%，这说明云南白药集团经营活动产生的现金流量净额和净利润的匹配度不高，其利润质量并不是很理想。

三、横向对比分析

下面我们把云南白药集团的发展能力和华东医药集团、同仁堂集团作横向对比。

2016—2020 年华东医药集团发展能力指标如表 8-3 所示。

表 8-3　2016—2020 年华东医药集团发展能力指标　　　　　　　　　金额单位：万元

指标	2016 年	2017 年	2018 年	2019 年	2020 年
营业收入	2 537 966.75	2 783 182.31	3 066 337.43	3 544 569.82	3 368 305.88
营业收入增长额	365 228.40	245 215.56	283 155.12	478 232.39	−176 263.95
营业收入增长率	16.81%	9.66%	10.17%	15.60%	−4.97%
净利润	153 541.03	188 821.57	239 516.96	292 540.27	290 971.66
净利润增长额	38 324.38	35 280.54	50 695.39	53 023.30	−1 568.61
净利润增长率	6.59%	22.98%	26.85%	22.14%	−0.54%
总资产	1 445 642.87	1 598 710.65	1 921 735.73	2 146 397.41	2 420 134.82
总资产增长额	303 925.09	153 067.78	323 025.07	224 661.69	273 737.40
总资产增长率	26.62%	10.59%	20.21%	11.69%	12.75%

2016—2020 年同仁堂集团发展能力指标如表 8-4 所示。

表 8-4　2016—2020 年同仁堂集团发展能力指标　　　　　　　　　金额单位：万元

指标	2016 年	2017 年	2018 年	2019 年	2020 年
营业收入	1 209 074.01	1 337 596.63	1 420 863.64	1 327 712.32	1 282 587.91
营业收入增长额	119 421.79	128 522.62	83 267.01	−93 151.32	−45 124.41
营业收入增长率	10.96%	10.63%	6.23%	−6.56%	−3.40%
净利润	156 218.32	174 171.73	182 253.40	156 160.13	161 636.33
净利润增长额	9 653.38	17 953.41	8 081.67	−26 093.27	5 476.20
净利润增长率	6.59%	11.49%	4.64%	14.32%	3.51%
总资产	1 706 001.07	1 870 813.29	2 047 758.25	2 092 182.21	2 183 751.24
总资产增长额	272 014.15	164 812.22	176 944.96	44 423.96	91 569.03
总资产增长率	18.97%	9.66%	9.46%	2.17%	4.38%

（一）营业收入横向比较

我们通过对比可以看出，云南白药集团的营业收入与华东医药集团和同仁堂集团相比，整体处于中间水平，营业收入增长率变化相比华东医药集团和同仁堂集团而言相对平稳，说明云南白药集团的业绩在稳步增长。2016—2020 年，云南白药集团的净利润高于华东医药集团和同仁堂集团,净利润增长率在2016年、2017年低于华东医药集团和同仁堂集团,2018年处于中间水平,2019年和2020年云南白药集团的净利润增长率呈现出强劲的增长态势,高于华东医药和同仁堂集团。

(二)总资产横向比较

从总资产规模上看,云南白药集团的总资产规模高于同仁堂集团和华东医药集团,其总资产增长率在2018年和2020年处于中间水平,其余年度均高于同仁堂集团和华东医药集团。

四、提升云南白药集团发展能力的对策建议

(一)抓住国家战略发展机遇,强化主营业务发展

云南白药集团与主业无关的投资类资产连续五年占总资产比例过高,不利于其核心竞争力提升。当前,我国颁布了多项政策,大力推动药品供应保障体系建设和发展。例如,相关部门制定了零售药店分类分级管理指导文件,支持药店的连锁经营。在国家政策推动下,云南白药集团作为大型医药生产、流通企业,应适当减少投资与主营业务无关的资产,加大产品的研发,加快产品立体化、产业跨界化、消费多元化布局,及时抓住机遇,扩大国内外市场,增强主营业务竞争力。

(二)加大创新人才培养力度,提高企业创新能力

云南白药集团应出台相关政策,加大引进技术型优秀人才的力度,留住人才,优化人才结构,提高企业的创新水平以及发展能力。因为对医药企业来说,创新很重要,因为企业的创新竞争力是企业赢得超额收益及回报的根本。此外,云南白药集团应加强员工教育和培训,专注于培养专业化的研发和销售团队,以不断地实现产品生产和营销方式的创新。

(三)增强企业成长能力

影响企业发展能力的因素有很多,外部环境因素主要包括国家政策及经济环境等,内部环境因素主要包括企业当前所处的发展阶段、企业拥有的各种资源、内部组织结构、人才知识储备和企业的创新能力等。由于国家目前对药品价格的严格控制和医药行业原材料成本上涨,云南白药集团可以采取向后整合的策略,将成本控制在比较低的水平。此外,云南白药集团应当引进更多技术型人才以及高科技的机器设备,以提高其生产率;加强存货及资金等资产的管理,减少库存累计,并合理使用资源;制定相应的人力资源战略,以不断改善和优化企业的组织结构。

第三节 实训任务

一、实训任务1:比亚迪发展能力分析

(一)实训目标

(1)根据比亚迪近5年的财务报表相关数据,计算分析其发展能力相关指标。
(2)结合行业特点剖析比亚迪的发展能力。

(3) 在业财一体化的背景下,综合分析比亚迪发展能力的强弱。

(4) 针对比亚迪发展能力的薄弱之处提出相应的对策建议。

(二) 实训企业描述

比亚迪股份有限公司(简称比亚迪)创立于 1995 年,2002 年 7 月 31 日在香港主板发行上市(股票代码:01211),公司总部位于中国广东深圳,是一家拥有电子、汽车及新能源三大产业群的高新技术民营企业。比亚迪在广东、北京、陕西、上海、天津等地共建有九大生产基地,总面积将近 700 万平方米,并在美国、日本、韩国、印度等国和中国台湾、香港地区设有分公司或办事处,现员工总数将近 20 万人。

公司电子产业主要包括二次充电电池、充电器、电声产品、连接器、液晶显示屏模组、塑胶机构件、金属零部件、五金电子产品、手机按键、键盘、柔性电路板、微电子产品、LED 产品、光电子产品等以及手机装饰、手机设计、手机组装业务等,主要客户包括诺基亚、三星等国际通讯业顶端客户群体。

2007 年 3 月,公司分拆旗下手机部件及模组、印刷电路板组装等业务,申请赴香港主板上市。2007 年 12 月 20 日,分拆出来的比亚迪电子(国际)有限公司在香港联交所挂牌上市(股票代码:00285),集资约 59.125 亿元。2011 年 6 月 30 日,比亚迪又在 A 股上市(股票代码:002594)。2015 年,公司实现营业总收入 800.14 亿元,同比增长 37.49%;实现归属于上市公司股东的净利润 28.29 亿元,同比增长 552.63%。2016 年 8 月,比亚迪在"2016 中国企业 500 强"中排名第 175 位。2019 年 9 月 1 日,"2019 中国战略性新兴产业领军企业 100 强"榜单在济南发布,比亚迪股份有限公司排名第 24 位。

(三) 实训准备

(1) 学生分组。每组 6~8 人,确定 1 名正组长和 1 名副组长。

(2) 学生分工。由组长对组内学生按任务要求进行合理分工。

(3) 制订工作计划。每个小组制订一份工作计划,格式如表 8-6 所示。

表 8-5 工作计划

主要工作任务	实施时间	实施形式	主要负责人

实训小组组长:

实训小组成员:

年　月　日

(续表)

指导老师审阅意见：
签名： 年　月　日

（四）实训流程

（1）各小组学习任务目标和任务描述，复习发展能力分析相关指标，确定分析思路和分析方法。

（2）各小组讨论制订工作计划。

（3）指导老师审阅各小组制订的工作计划，并签批。

（4）各小组通过网络收集比亚迪近 5 年的财务报表、年度报告、公司资讯、公司研究报告等信息。

（5）各小组选定至少 2 家同行业公司作为对比公司，并通过网络收集这些对比公司近 5 年的财务报表、年度报告、公司资讯、公司研究报告等信息，做同行对比分析。

（6）各小组运用多种方法对比亚迪的发展能力进行分析，根据分析结果总结该公司存在的问题，并给出针对性建议。

（7）各小组撰写比亚迪发展能力分析报告。

（五）完成分析报告

各小组根据分析结果撰写比亚迪发展能力分析报告，格式如表 8-6 所示。

表 8-6　比亚迪发展能力分析报告

1. 运营模式
2. 行业特征
3. 营业收入增长率分析
4. 总资产增长率分析
5. 净利润增长率分析
6. 对策建议

（六）填写实训进度表

各小组根据任务完成时间填写实训进度表，格式如表 8-7 所示。

表 8-7　实训进度表

实训任务	完成时间	主要负责人

实训小组组长：

（七）实训评价

（1）各小组将完成的比亚迪发展能力分析报告上传至班级学习信息平台，如 qq 群、微信群、"雨课堂"等，并选派代表参加班级讨论交流。

（2）各小组之间进行互评，并填写实训评价表，格式如表 8-8 所示。

表 8-8　实训评价表

评分点	评分要点	得分
层次分明（30 分）	条理清楚，逻辑严谨	
内容翔实（30 分）	充分结合案例进行成因分析，内容具有一定的深度	
思考全面（20 分）	全方位、多层次、多角度思考	
观点新颖（10 分）	具有创新性观点	
表达清晰（10 分）	语言流畅，举止大方得体	

二、实训任务 2：华新能源发展能力分析

（一）实训目标

（1）根据华新能源近 5 年的财务报表数据，计算分析其发展能力指标。

（2）结合行业特点剖析华新能源的发展能力。

（3）在业财一体化的背景下，综合分析华新能源发展能力的强弱。

（4）针对华新能源发展能力的薄弱之处提出相应的对策建议。

（二）实训企业描述

西安华新新能源股份有限公司（简称华新能源）于 1998 年注册成立，注册资本 3.52 亿元。公司于 2015 年在国内"新三板"交易市场挂牌上市（股票代码：834368）。公司自成立以来一直专注于工业节能开发利用的专业化技术服务，以工程承包模式从事可再生能源发电、工业能源再利用、余热余压发电等工业节能项目的设计、系统集成、工程建设及运营管

理。在循环能源领域,公司已经成为国内具有一定影响力的工程总包服务商。

华新能源是国内余热余压发电领域、新能源发电领域领先的综合节能服务提供商,是一家专业从事工业余热余压发电和新能源发电的工程设计、技术服务、设备成套、工程总承包、合同能源管理以及生物质发电工程项目总承包的国家级高新技术企业。公司拥有电力设计乙级资质、电力总承包三级资质以及机电设备安装资质,是国家发展和改革委员会备案的"第四批节能服务公司"和"西部大开发扶持类产业"单位。

2016年公司实行战略转型,致力于储能产业生态开发建设,积极参与各类储能技术的研发和储备、储能系统的集成、储能产品的标准化生产和模块化安装,实现远程监控、专业运维与故障排除。公司提供全球领先的兆瓦级标准化的模块储能系统解决方案,包含能量管理系统、电池(堆)系统、运营管理系统等储能核心设备。同时,公司还推出发电侧集中储能电源解决方案、智能微电网和工商业电源等一系列先进的系统解决方案。公司设计的标准化储能系统模块易于迅速地响应用户需求,并根据要求组装各种功率和容量的能源供应系统,以满足多种市场需求和适用于各种应用领域。其储能模块采用国际标准的集装箱,方便运输和现场安装以及快速使用。

(三) 实训准备

(1) 学生分组。每组6~8人,确定1名正组长和1名副组长。

(2) 学生分工。由组长对组内学生按任务要求进行合理分工。

(3) 制订工作计划。每个小组制订一份工作计划,格式如表8-9所示。

表8-9 工作计划

主要工作任务	实施时间	实施形式	主要负责人

实训小组组长:

实训小组成员:

年　月　日

指导老师审阅意见:

签名:

年　月　日

(四)实训流程

(1) 各小组学习任务目标和任务描述,复习发展能力分析相关指标,确定分析思路和分析方法。

(2) 各小组讨论制订工作计划。

(3) 指导老师审阅各小组制订的工作计划,并签批。

(4) 各小组通过网络收集西安华新新能源近5年的财务报表、年度报告、公司资讯、公司研究报告等信息。

(5) 各小组选定至少2家同行公司作为对比公司,并通过网络收集这些对比公司近5年的财务报表、年度报告、公司资讯、公司研究报告等信息,做同行对比分析。

(6) 各小组运用多种分析方法对华新能源的发展能力进行分析,根据分析结果总结该公司存在的问题,并给出针对性建议。

(7) 各小组撰写华新能源发展能力分析报告。

(五)完成分析报告

各小组根据分析结果撰写华新能源发展能力分析报告,格式如表8-10所示。

表8-10 华新能源发展能力分析报告

1. 运营模式
2. 行业特征
3. 营业收入增长率分析
4. 总资产增长率分析
5. 净利润增长率分析
6. 对策建议

(六)填写实训进度表

各小组根据任务完成时间填写实训进度表,格式如表8-11所示。

表 8-11 实训进度表

实训任务	完成时间	主要负责人

实训小组组长：

(七) 实训评价

(1) 各小组将完成的华新能源发展能力分析报告上传至班级学习信息平台，如 qq 群、微信群、"雨课堂"等，并选派代表参加班级讨论交流。

(2) 各小组之间进行互评，并填写实训评价表，格式如表 8-12 所示。

表 8-12 实训评价表

评分点	评分要点	得分
层次分明(30 分)	条理清楚，逻辑严谨	
内容翔实(30 分)	充分结合案例进行成因分析，内容具有一定的深度	
思考全面(20 分)	全方位、多层次、多角度思考	
观点新颖(10 分)	具有创新性观点	
表达清晰(10 分)	语言流畅，举止大方得体	

三、实训任务 3：九洲电器发展能力分析

(一) 实训目标

(1) 根据九洲电器近 5 年的财务报表相关数据，计算分析其发展能力指标。

(2) 结合行业特点剖析九洲电器的发展能力。

(3) 在业财一体化的背景下，综合分析九洲电器发展能力的强弱。

(4) 针对九洲电器发展能力的薄弱之处提出相应的对策建议。

(二) 实训企业描述

四川九洲电器集团有限责任公司(简称九洲电器)是军民融合发展的大型高科技企业集团。公司是从事二次雷达系统及设备、空管系统及设备科研和生产的国有大型骨干企业，是从事数字电视设备、有线电视宽带综合业务信息网络及三网融合系统、电线电缆光缆、LED(半导体照明产品)、物联网(RFID 射频识别、安全溯源、安防监控等)产品、电子政务和电子商务软

件、手机等个人消费终端、车载指挥通信系统、卫星导航系统产品等的开发、制造、经营和服务的高科技企业。此外,公司还经营房地产开发、保险代理、教育和环保等产业。公司占地面积约135万平方米,总资产147.62亿元,净资产45.64亿元,职工总数15 147人。

九洲电器下属有四川九州电子科技股份有限公司、深圳市九洲电器有限公司、深圳翔成电子科技有限公司、四川九洲光电科技股份有限公司、四川九洲空管科技有限责任公司、成都九洲电子信息系统股份有限公司、四川科瑞软件有限责任公司、四川九洲线缆有限责任公司、重庆九洲星熠导航设备有限责任公司、夏新科技有限公司、九洲千城置业有限责任公司等十余家核心公司。

九洲电器多年连续跻身中国电子信息百强企业,荣列中国制造业企业500强、中国最大1 000家企业集团、中国企业集团竞争力500强,荣获"第十一届中国软件业务收入前百家企业",为四川工业企业最大规模30强、最佳效益50强、四川省100强企业、通信设备及电子设备制造业最大规模10强、最佳效益10强企业。公司连续多次蝉联"全国文明单位",2009年荣获"全国五一劳动奖状",2011年荣获"全国电子信息产业最具影响力企业"称号,2012年7月荣获"全国军民共建社会主义精神文明先进单位"称号。

(三) 实训准备

(1) 学生分组。每组6~8人,确定1名正组长和1名副组长。
(2) 学生分工。由组长对组内学生按任务要求进行合理分工。
(3) 制订工作计划。每个小组制订一份工作计划,格式如表8-13所示。

表8-13 工作计划

主要工作任务	实施时间	实施形式	主要负责人

实训小组组长:

实训小组成员:

年　　月　　日

指导老师审阅意见:

签名:

年　　月　　日

(四)实训流程

(1) 各小组学习任务目标和任务描述,复习发展能力分析相关指标,确定分析思路和分析方法。

(2) 各小组讨论制订工作计划。

(3) 指导老师审阅各小组制订的工作计划,并签批。

(4) 各小组通过网络收集九洲电器近5年的财务报表、年度报告、公司资讯、公司研究报告等信息。

(5) 各小组选定至少2家同行业公司作为对比公司,并通过网络收集这些对比公司近5年的财务报表、年度报告、公司资讯、公司研究报告等信息,做同行对比分析。

(6) 各小组运用多种方法对九洲电器的发展能力进行分析,根据分析结果总结该公司存在的问题,并给出针对性建议。

(7) 各小组撰写九洲电器发展能力分析报告。

(五)完成分析报告

各小组根据分析结果撰写九洲电器发展能力分析报告,格式如表8-14所示。

表8-14 九洲电器发展能力分析报告

1. 运营模式
2. 行业特征
3. 营业收入增长率分析
4. 总资产增长率分析
5. 净利润增长率分析
6. 对策建议

(六) 填写实训进度表

各小组根据任务完成时间填写实训进度表,格式如表 8-15 所示。

表 8-15 实训进度表

实训任务	完成时间	主要负责人

实训小组组长:

(七) 实训评价

(1) 各小组将完成的九洲电器发展能力分析报告上传至班级学习信息平台,如 qq 群、微信群、"雨课堂"等,并选派代表参加班级讨论交流。

(2) 各小组之间进行互评,并填写实训评价表,格式如表 8-16 所示。

表 8-16 实训评价表

评分点	评分要点	得分
层次分明(30分)	条理清楚,逻辑严谨	
内容翔实(30分)	充分结合案例进行成因分析,内容具有一定的深度	
思考全面(20分)	全方位、多层次、多角度思考	
观点新颖(10分)	具有创新性观点	
表达清晰(10分)	语言流畅,举止大方得体	

课后习题

一、单选题

1. 某公司 2020 年年初所有者权益为 4 000 万元,2020 年年末扣除客观因素影响后的所有者权益为 8 000 万元。该公司 2020 年的资本保值增值率为( )。
   A. 40%   B. 27.57%   C. 200%   D. 150%

2. 下列选项中,不属于利润增长来源的是( )。
   A. 银行贷款   B. 投资收益   C. 债务重组收益   D. 财政补贴

3. 企业股东权益增长主要依靠( )。
   A. 股东净投资率   B. 净资产收益率
   C. 资本积累率   D. 营业净利率

4. 企业的( )是三大能力的综合体现。
   A. 发展能力　　　　B. 偿债能力　　　　C. 盈利能力　　　　D. 营运能力
5. 在下列指标中,( )属于增长率指标。
   A. 资产负债率　　　　　　　　　　　B. 产权比率
   C. 资本积累率　　　　　　　　　　　D. 资本收益率

二、多选题

1. 影响企业发展能力的因素有( )。
   A. 销售收入　　　　　　　　　　　　B. 资产规模
   C. 净收益　　　　　　　　　　　　　D. 净资产规模
2. 发展能力分析的目标在于( )。
   A. 股东通过发展能力分析衡量企业创造价值的程度,以做出正确的战略决策
   B. 补充和完善传统财务分析
   C. 债权人通过发展能力分析判断企业未来盈利能力,以做出正确的信贷决策
   D. 为预测分析与价值评估做铺垫
   E. 政府通过发展能力分析评估企业社会贡献水平,以制定正确的宏观经济政策
3. 企业发展能力包括( )。
   A. 资产发展能力　　　　　　　　　　B. 收益发展能力
   C. 营业收入发展能力　　　　　　　　D. 负债发展能力
   E. 股东权益发展能力
4. 股东权益增长率的大小直接取决于下列因素中的有( )。
   A. 净资产收益率　　　　　　　　　　B. 总资产周转率
   C. 总资产收益率　　　　　　　　　　D. 股东净投资率
   E. 净损益占股东权益的比率
5. 对于营业收入增长率,下列表述中正确的有( )。
   A. 它是评价企业成长状况和发展能力的重要指标
   B. 它是衡量企业经营状况和市场占有能力、预测企业业务拓展趋势的标志
   C. 它是企业扩张资本的重要前提
   D. 仅仅根据财务报表的数字并不能清晰地认识收入增长的源泉
   E. 资产重组、外汇汇率变动以及会计政策或会计估计变更也可能会带来收入的增加

三、综合题

1. 资产增长能力分析

已知 B 公司 2017 年、2018 年、2019 年、2020 年的资产总额分别为 200 万元、296 万元、452 万元、708 万元;四年的负债总额分别为 78 万元、120 万元、178 万元、270 万元。

要求:请分析 B 公司的资产增长能力。

2. 利润增长能力分析

2017—2020 年尖山公司营业利润和净利润情况如表 8-17 所示。

要求:请完成表格,并根据计算出的数据分析该公司的利润增长能力。

表 8-17　2017—2020 年尖山公司相关财务数据　　　　　　　　　　单位：万元

项目	2017 年	2018 年	2019 年	2020 年
营业利润	38 724	43 407	58 506	105 915
营业利润增长额				
营业利润增长率				
净利润	51 031	40 860	48 202	88 987
净利润增长额				
净利润增长率				

 拓展阅读

企业发展能力评价指标的补充
——可持续增长率在企业中的应用

一、传统的发展能力评价指标

企业的发展能力分析，一般都是从企业的经营规模、财务成果增长情况角度进行的，即通过对企业价值驱动因素的分析、比较，评估企业的发展能力。这些指标主要包括：①销售增长指标，如销售增长率、三年销售收入平均增长率、利润增长率等；②资产规模增长指标，如总资产增长率、固定资产成新率等；③资本扩张指标，如资本积累率、三年资本平均增长率等；④其他指标，如股利增长率、人均创利增长率等。这些指标可以较全面地反映企业在过去一定时期内的整体发展情况，而且取得数据较为容易，计算比较直观，为评价企业的发展情况提供了多角度的信息，但也存在着一定的不足。笔者认为，在评价企业的发展能力时，除了这些传统的评价指标，还应当引入新的指标，如可持续增长率。

二、可持续增长率的含义和计算方法

美国经济学家罗伯特·C.希金斯教授将可持续增长率定义为：在不需要耗尽财务资源的情况下公司销售所能增长的最大比率。它的计算方法有如下两种。

（1）根据期初股东权益计算。

　　可持续增长率＝销售净利率×总资产周转率×收益留存率×期初权益期末总资产乘数
　　　　　　　　＝资产净利率×（1－股利支付率）×期初权益期末总资产乘数

（2）全部根据期末数和本期发生额计算。

　　可持续增长率＝（销售净利率×总资产周转率×收益留存率×权益乘数）÷
　　　　　　　　（1－销售净利率×总资产周转率×收益留存率×权益乘数）

由以上的公式可以看出：在构成可持续增长率的四项财务指标中，销售净利率和总资产周转率的乘积是资产净利率，它体现了企业运用资产获取收益的能力，从一定意义上代表着企业的经营方针；"期初权益期末总资产乘数＝期末总资产÷期初权益"可以说是权益乘数的一种变形，从一定意义上代表着企业的财务政策和目前的资本结构；收益留存率和

与之相关的股利支付率则从一定意义上代表着企业的盈余分配政策。可以说,可持续增长率是由企业当前的经营效率、资本结构和盈余分配政策决定的内在增长能力,是企业目前经营方针、财务政策以及盈余分配政策综合作用的结果,它从更深层次上综合揭示了企业的增长速度与目前的经营方针、财务政策以及盈余分配政策之间的关系。

三、可持续增长率的实际应用

可持续增长率是企业发展速度的参照标准。现实中,一些企业由于盲目追求扩张而遭遇资金紧张的危机,甚至引发破产、倒闭;而另一些企业却因为一味求稳而造成资源浪费,停滞不前,最终被别人收购。这些情况说明过快或过慢的发展都是不当的,企业必须选择适当的发展速度。可持续增长率就是企业应参照的标准之一,因为从长远看,可持续增长率一直制约着实际增长率。

可持续增长率反映企业在目前状况下销售所能达到的最高增长速度,但并不是说企业的增长速度不能高于或低于这一指标,它只是为企业发展提供一个标准。当企业实际增长率超过可持续增长率时,企业的管理者要及时预测各种可能发生的财务问题,因为超过部分所需资金只能通过提高资产收益能力、改变企业资本结构或盈余分配政策来解决;而事实上,企业并不能一直提高资产获利能力或改变资本结构,所以管理人员要慎重决策,如果过分追求销售增长而忽视盈利增长,"做大"的结果未必是"做强"。当企业实际增长率低于可持续增长率时,企业管理者要综合分析企业内部和外部的原因,找出影响销售增长的症结所在,确认企业的增长速度是否可以合理提高。

需要注意的是,企业实际上很难一直按可持续增长率的速度发展,这需要企业的采购、生产、市场部门达到协调一致,共同作用;而由于企业的发展受到社会政治、经济及企业自身等方方面面因素的影响,实际增长率常常会高于或低于可持续增长率。但正如笔者的分析所示,可持续增长率的意义并非要求企业按此标准增长,而是提醒管理者及时预测发展过程中可能发生的种种情况,进而保证企业发展的顺利进行。

参考资料来源:陈淑贤.企业发展能力评价指标的补充——可持续增长率在企业中的应用[J].上海会计,2003(9):18-19.

思考:我们在评价企业发展能力时,还应关注哪些因素?

第九章 财务综合分析实训

 知识目标

理解杜邦分析体系;掌握杜邦分析框架中各财务比率之间的关系;掌握财务综合分析的步骤,能够利用财务综合分析方法对企业的财务状况进行分析。

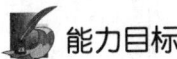 **能力目标**

能够运用财务综合分析的方法对企业做出分析和评价,并提出改进的对策建议。

思政目标

培养学生树立战略视角下财务分析的理念,使其能够客观、全面、发展、辩证地评价企业,对企业的发展前景进行预测。

 **导引案例**

在数字经济时代,财务分析应充分结合企业业务进行全方位、多维度地分析,这样才能够全面地、客观地评价一个企业。我们借鉴COSO《企业风险管理——整合框架》和《管理会计基本指引》及《管理会计应用指引》(征求意见稿)的理念,构建出公司业财整合分析框架(见图9-1)。

一、框架的适用对象

公司业财整合分析框架主要运用于经济主体,既可以在集团公司内应用,也可以在子公司、业务分部、业务单元应用。需要注意的是,为了提高业财整合分析的质量,基础数据的质量需要得到有效的保证。这就要求一个集团内的数据规则是一致的,如果不一致,则需要做适当的调整。

二、业财整合分析的重点内容

业财整合分析的起点并非业务或者财务,如果其直接从业务或者财务开始,很可能会陷入"只见树木,不见森林"的尴尬境地。因此,笔者设计该框架的逻辑思路是:首先,通过公司内外环境的客观分析,前瞻性地明确公司战略,因为公司战略是公司业财整合分析的出发点。其次,进行经营维度分析时强调经营的高效性。如果企业经营有方,财务绩效的达成可谓水到渠成。但在分析财务绩效时,出于对税务重要性的考虑,笔者将公司税务也纳入分析范围。再次,企业作为一个社会的组织单元,需要承担一定的社会职责,这就是社会责任维度。最后,为了实现公司战略的落地,管理层需要制定有效的管理体系。

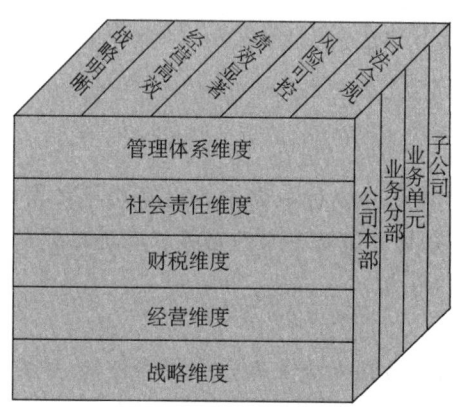

图 9-1 公司业财整合分析框架

(一)战略维度

公司战略就像企业的灯塔,直接关系到企业发展的方向,基于此,公司战略的制定和及时修订就变得至关重要。管理层在制定公司战略时,可以借助波特五力模型、钻石模型、利益相关者分析等管理工具,还需要客观、全面地分析企业所处的环境,并结合企业发展的阶段拟定公司的使命和愿景。另外,公司战略制定后也并非一成不变,而是需要结合企业内外环境的变化进行适时调整。

(二)经营维度

无论从短期或者长期而言,公司经营的好坏直接决定着企业的财务绩效,而公司经营的好坏主要取决于企业的盈利模式。因此,在竞争激烈的市场经济环境下,我们需要从行业价值链的角度去审视企业所处的发展阶段和行业地位。基于此,我们可以借助企业价值链这一工具分析企业的运营状况,除了分析企业内部的设计、生产、库管、销售和售后服务,还可将视角拓展到以下三个环节。

首先,从供给侧角度而言,我们需要对公司的产品和服务进行准确定位。第一,可以通过产品(或服务)盈利能力分析,将分析的结果以波士顿矩阵的形式予以表述,明确各产品(或服务)对公司价值的贡献。第二,利用安索夫矩阵将企业的产品(或服务)与市场进行有效组合。

其次,从需求侧角度而言,我们可以重点考察公司对供应商的管理情况,主要包括供应商的可替代性、采购方式、付款周期、质量管理等。

最后,从技术角度而言,我们应分析企业的研究与开发。创新是企业成长的动力源泉,企业只有不断进行新产品和新技术的研发,才能保持核心竞争力。我们在分析企业的研发支出时,需要区分研究阶段与开发阶段的投入,以甄别其对公司财务绩效的影响。

（三）财税维度

财务和税务的分析是该框架的核心内容。财务分析指标至少应当包括获利能力、偿债能力、资产管理效果、现金流量及其他相关指标,以便和经营角度的指标互相印证。税务视角的分析是该框架的新增内容,主要考察企业的税负水平及其所反映的税务筹划能力。公司的平均税负水平可从两个维度进行比较:横向而言,将其和同行业内的企业进行对比,了解其是否符合行业特点;纵向而言,通过近几期税负水平的变化,观察其税务管理的能力,也可以反映出公司对税务风险的态度。我们在对企业税务进行分析时,需要重点关注企业研究开发费用的情况。原因在于,研究开发费用可以抵免所得税,同时它也是申请高新技术企业的重要条件。

（四）社会责任维度

近年来,我国高度重视企业的社会责任,目前我国围绕社会责任进行的讨论主要表现为加强诚信、保护环境、建设文化、发展慈善事业、保护职工健康、可持续发展、重视创新、客商满意等。越来越多的公众公司也愿意主动披露企业的社会责任,以倡导公司力所能及地承担更多的社会责任。

（五）管理体系维度

公司应从以下几个角度考虑建立自己的管理体系。第一,内部控制体系。内部控制体系是企业健康运营的基础性保障体系,企业可以结合自身实际,参考国家发布的《企业内部控制应用指引》及同行的经验,加快内部控制体系的建设。第二,质量控制体系。对于生产产品或提供服务的企业而言,质量管理体系不可或缺。目前,ISO 9001:2008 是企业普遍采用的质量管理体系。第三,职业健康安全管理体系。近几年颇为流行的是 OHSAS 18000 系列标准。相应地,中国国家标准《职业健康安全管理体系 要求》已于 2011 年 12 月 30 日更新至 GB/T 28001—2011 版本。第四,其他相关标准,如信息安全管理实用规则和食品安全体系等。

三、业财整合分析框架的总体目标及具体应用中需注意的问题

（一）总体目标

通过对该框架的分析及反馈,公司可不同程度地实现以下总体目标:战略明晰、经营高效、绩效显著、风险可控、合法合规。其中,战略明晰是指企业可从战略高度整合现有的资源,积极引导资源投入到公司价值最大化的业务上,这是其他几个目标实现的基础;经营高效主要通过企业内部的分级授权体现;绩效显著除了体现在经营指标上,还会落实到财务指标上;风险可控主要通过企业的管理体系实现,而企业风险矩阵则是企业各项管理体系建立的基础;合法合规是企业经营的基础,牵涉到企业的价值取向和职业道德,是每个企业生存必须遵守的底线。

（二）具体应用中需注意的问题

（1）培养具有开阔视野、业务全面的人才。加强人才的培养和运用不但是企业长期持续健康发展的根本保证,也是公司业财整合分析框架得以良好运用的前提。

（2）提高企业信息化整体应用水平。公司业财整合分析框架整合了企业的多维度信息,信息的质量直接决定了分析的成效。当前,企业信息化的整体状况并不乐观,企业内"信息孤岛"的现象依然普遍存在,企业信息化尤其是基于内部管理的企业信息化水平有待提高。

（3）加强企业间的标杆管理。在开展公司业财整合分析时,我们通过同行业同业务的比较,可以找出企业与同行业优秀公司的差距,从而可以设定合适的目标以逐步缩小差距。从发挥企业的相对优势角度而言,企业唯有在细分市场上将自己的优势充分发挥出来,才能保持核心竞争力。

参考资料来源：赵团结,冉秋红. 公司业财整合分析框架初探[J]. 财务与会计. 2018(1):65-66.

思考：在进行企业综合财务分析时,我们除了考虑财务方面的问题还需要考虑哪些方面的问题？

第一节 理论知识

一、杜邦分析法概述

（一）杜邦分析法的概念及特点

杜邦分析法以净资产收益率为核心,通过考察各项财务指标之间的内在联系,系统、综合地分析企业的经营水平,是一种典型的利用财务指标之间的关系对企业进行综合财务分析的方法。杜邦分析法最早由美国杜邦公司使用,故名杜邦分析法。杜邦分析法是一种用来评价公司盈利能力和股东权益回报水平,从财务角度评价企业绩效的一种经典方法。其基本思想是将企业净资产收益率逐级分解为多项财务比率乘积,这样有助于深入分析比较企业经营业绩。

杜邦分析法最显著的特点是将若干个用以评价企业经营效率和财务状况的比率按其内在联系有机地结合起来,形成一个完整的指标体系,并最终通过净资产收益率来综合反映企业的财务状况。这一方法可使财务比率分析的层次更清晰、条理更突出,为报表分析者全面仔细地了解企业的经营和盈利状况提供方便。

杜邦分析法有助于企业管理层更加清晰地看到净资产收益率的决定因素,以及销售净利率与总资产周转率、债务比率之间的相互关联关系,使管理层更加明晰地了解企业的资产管理效率和投资回报情况。

（二）基本思路

净资产收益率又称股东权益报酬率、净值报酬率、权益报酬率、权益利润率或净资产利润率。它是一个综合性最强的财务分析指标，是杜邦分析系统的核心。该指标体现了自有资本获得净收益的能力，反映了股东权益的收益水平，可以用以衡量企业运用自有资本的效率。该指标值越高，说明股东投资带来的收益越高。

总资产净利率是影响净资产收益率的最重要的指标，而总资产净利率又取决于销售净利率和总资产周转率的高低。总资产周转率反映总资产的周转速度。对总资产周转率的分析，需要考察影响总资产周转的各因素，以判明影响公司总资产周转的主要问题。销售净利率反映营业收入的收益水平。扩大营业收入、降低成本费用是提高企业销售净利率的根本途径，同时也是提高总资产周转率的必要条件和途径。

权益乘数表示企业的负债程度，反映了企业利用财务杠杆进行经营活动的程度。资产负债率高，权益乘数就大，说明企业负债程度高，企业会有较多的杠杆利益，但风险也高；反之，资产负债率低，权益乘数就小，说明企业负债程度低，公司会有较少的杠杆利益，但相应所承担的风险也低。

（三）财务指标关系

杜邦分析法中几种主要的财务指标的关系如下：

$$净资产收益率 = 总资产净利率 \times 权益乘数$$

$$总资产净利率 = 销售净利率 \times 总资产周转率$$

$$权益乘数 = 总资产 \div 所有者权益$$

（四）局限性

从企业绩效评价的角度来看，杜邦分析法只反映财务方面的信息，不能全面反映企业的实力，有很大的局限性。财务人员在实际运用中需要加以注意，必须结合企业的其他非财务信息加以分析。杜邦分析法的局限性主要体现在以下四个方面。

（1）对短期财务结果过分重视，有可能助长公司管理层的短期行为，忽略企业长期的价值创造。

（2）财务指标反映的是企业过去的经营业绩，能够对工业时代的企业进行相对客观的分析判断。但在目前的信息时代，顾客、供应商、雇员、技术创新等因素对企业经营业绩的影响越来越大，而杜邦分析法在这些方面是无能为力的。

（3）在目前的市场环境中，企业的无形资产对提高企业长期竞争力至关重要，杜邦分析法却不能解决无形资产的估值问题。

（4）金融企业在使用杜邦分析法时需要对其进行修正，区分经营资产与金融资产，并考虑股利支付与现金流等因素。

（五）杜邦分析法框架

杜邦分析法框架如图 9-2 所示。

二、企业财务综合分析

为了更好地对企业进行全面分析，我们需要从战略的角度来看企业的财务指标。基于

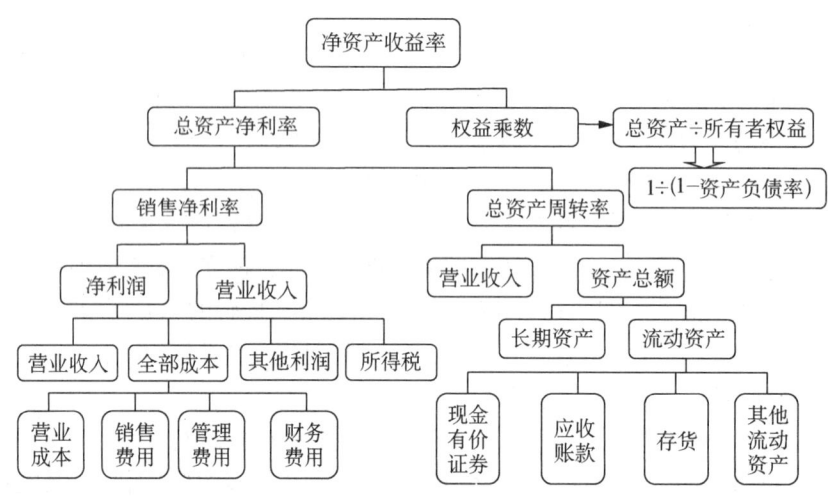

图 9-2 杜邦分析法框架

战略视角的财务综合分析是指将公司的行业特征、商业模式、经营战略等融入财务分析之中,以提高财务分析的有用性和全面性,为管理者和决策者提供更加高效实用的分析报告。

(一) 背景分析

面对企业的财务报告,首先,我们应该对企业的经营背景进行概括,分析企业所处行业的特点、生产经营特点,这是财务分析的基础;其次,我们需要对企业的股权结构进行分析,了解股东结构特征,特别是企业主要股东或控股股东的背景、性质、持股比例、经营历史以及企业资本来源渠道等,这些内容很大程度上决定了企业的立场、战略和未来发展方向;最后,我们需要结合企业管理以及内部治理等各方面的因素全面充分了解该企业。

企业经营背景分析主要包括宏观环境分析和企业波特五力模型分析。

1. 宏观环境分析

1) 政治环境分析

政治环境是指对组织经营活动具有实际与潜在影响的政治力量和有关的法律、法规等。当政治制度与体制、政府对组织所经营业务的态度发生变化时,当政府发布了对企业经营具有约束力的法律、法规时,企业的经营战略必须随之做出调整。政治环境实际上是和经济环境密不可分的,处于竞争中的企业必须仔细研究政府有关的政策和思路,如研究国家的税法、反垄断法以及取消某些管制的趋势,同时了解与企业相关的一些国际贸易规则、知识产权法规以及与劳动保护和社会保障等相关的法律和政策,因为这些因素能够影响企业的经营和利润。

2) 经济环境分析

经济环境包括宏观经济环境和微观经济环境。其中,宏观经济环境是指一个国家的经济制度、经济结构、产业布局、资源状况、经济发展水平以及未来的经济走势等。微观经济环境主要指企业所在地区或所服务地区消费者的收入水平、消费偏好、储蓄情况、就业程度等因素。这些因素直接决定着企业目前及未来的市场大小。构成经济环境的关键要素包括国内生产总值的变化发展趋势、利率水平、通货膨胀程度及趋势、失业率、居民可支配收入水平、汇率水平、能源供给成本、市场机制的完善程度、市场需求状况等。

由于企业是处于宏观大环境中的微观个体,其自身战略的制定受经济环境的影响,企业在各种战略的决策过程中需要关注、预测和评估本国及其他国家的经济状况。

3) 社会环境分析

社会环境是指组织所在社会中成员的民族特征、文化传统、价值观念、宗教信仰、教育水平以及风俗习惯等因素。构成社会环境的要素包括人口规模、年龄结构、种族结构、收入分布、消费观念和水平、人口流动性等。其中,人口规模直接影响着一个国家或地区市场的容量;年龄结构则决定消费品的种类及推广方式;价值观念会影响居民对组织目标、组织活动以及组织存在本身的认可与否;消费观念和水平则会影响人们对组织活动内容、活动方式以及活动成果的态度。

4) 技术环境分析

技术环境不仅包括那些引起变化的发明,还包括与企业生产有关的新技术、新工艺、新材料的出现和发展趋势以及应用前景。在过去的半个世纪里,最显著的变化发生在技术领域,各种高新技术的研发和应用改变着世界和人类的生活方式。例如,技术领先的企业和组织比没有采用先进技术的同类企业和组织具有更强的竞争力。

技术环境分析除了考察与企业所处领域的活动直接相关的技术手段的发展变化,还应了解以下情况:①国家对科技开发的投资和支持重点;②该领域技术发展动态和研究开发费用总额;③技术转移和技术商品化速度;④专利及其保护情况。

2. 波特五力模型分析

波特五力模型是由迈克尔·波特(Michael Porter)于20世纪80年代初提出的。他认为,行业中存在着决定竞争规模和程度的五种力量,这五种力量综合起来影响着行业的吸引力以及企业的竞争战略决策。这五种力量分别为供应商的议价能力、购买者的议价能力、新进入者的竞争能力、替代品的替代能力、同行业内现有竞争者的竞争能力。

1) 供应商的议价能力

供应商主要通过提高投入要素价格与降低单位价值质量来影响企业的盈利能力与产品竞争力。供方力量的强弱主要取决于他们所提供给买主的投入要素的价值,当供方所提供的投入要素价值占买主产品总成本的比例较大或者严重影响买主产品的质量时,供方的潜在讨价还价能力就会大大增强。

2) 购买者的议价能力

购买者主要通过压价与要求提供较高的产品或服务质量来影响企业的盈利能力。影响购买者议价能力的因素主要有以下两点:①当购买者的总数较少且每个购买者的购买量较大时,购买者的议价能力较强;②当卖方行业由大量规模相对较小的企业组成时,购买者拥有较强的议价能力。

3) 新进入者的竞争能力

新进入者在给行业带来新生产能力、新资源的同时,希望在已被现有企业瓜分完毕的市场中赢得一席之地,这就有可能会与现有企业发生原材料与市场份额的竞争,最终导致行业中现有企业盈利水平降低,严重的话还有可能危及现有企业的生存。影响新进入者竞争能力的因素主要有以下两点:一是进入新领域的障碍大小与预期,二是现有企业对于进入者的反应。其中,进入障碍主要包括规模经济、产品差异、资本需要、转换成本、销售渠道开拓、政府行为与政策、成本劣势、自然资源、地理环境等。

4)替代品的替代能力

替代品的替代能力又称替代品威胁,是指对生产或销售被替代品企业的竞争地位和利润以及被替代品产业的平均利润率所造成的负面影响。替代品威胁的大小与替代品的价格、产业的技术进步、政府管制等有关。替代品的威胁越大,产业平均利润率和产业结构吸引力越低。

5)同行业内现有竞争者的竞争能力

同行业中各企业相互之间的利益都是紧密联系在一起的,各企业的竞争战略是企业整体战略的一部分,其目标都在于使自己获得相对于竞争对手的优势。因此,同一行业中各企业之间必然会产生冲突与对抗现象,这些冲突与对抗就构成了现有企业之间的竞争。现有企业之间的竞争常常表现在价格、广告、产品营销、售后服务等方面。

(二)会计分析

会计分析是指根据会计报表、会计账簿,结合计划、统计信息和其他资料,对有关单位的财务状况、经营过程及其结果或预算的执行情况等进行的分析。在会计分析方面,我们可以通过关注审计报告和审计意见类型间接地对企业会计质量进行分析与判断,同时还可以通过审计报告中提及的关键审计事项识别和确定财务分析中的重点关注领域。

(三)财务分析

财务分析的目标是运用财务数据来评价公司当前和过去的业绩。在财务分析过程中,需要重点考察的财务指标包括:①偿债能力指标,如流动比率、速动比率、现金比率、利息保障倍数等;②盈利能力指标,如毛利率、核心利润率、销售净利率、净资产收益率、资产报酬率以及每股收益等;③营运能力指标,如应收账款周转率、存货周转率、固定资产周转率、总资产周转率等;④发展能力指标,如营业收入增长率、营业利润增长率等。

我们可以通过年度间相同指标的比较了解企业的财务状况与发展趋势,也可以采用杜邦分析法对企业进行财务分析,即先从净资产收益率开始,根据财务资料(主要是资产负债表和利润表)逐步分解计算各项指标,然后对各项指标进行前后期纵向对比分析,最后与同行企业进行横向对比分析。

(四)企业前景分析

前景分析侧重于对企业未来作出科学的预测,为企业发展指出方向,为战略决策者提供决策支持。我们在对企业进行背景分析、会计分析、财务分析之后,就可以对企业发展前景进行更加有方向性的预测。我们一般可以以经营性资产的盈利能力和其产生现金流量的状况为基础,预测经营活动的前景;以投资性资产的盈利能力和其产生现金流量的状况为基础,预测投资活动的前景。此外,我们还可以通过对企业进行全方位多维度的分析,对其未来可能面对的挑战和风险作出判断。

第二节 职业能力训练

下面我们以云南白药集团为分析对象,运用杜邦分析法对云南白药集团进行财务综合分析。

一、背景分析

(一)行业分析

医药产业被称为"永不衰落的朝阳产业",随着人们对自身健康重视程度的不断提高以及国内人口老龄化进程的加快,生物医药行业近年来一直保持了持续增长的趋势,尤其是新冠肺炎疫情的持续性、全球性、未来结束时间的不确定性,加剧了全球百年未有之大变局,也将医药产业推向了世界高度关注的核心领域。

(二)企业经营背景分析

"创新研发拉动"是大型医药企业未来发展的关键动能。云南白药集团长期致力于药品研发和创新,积极拓展大健康产业,为人类健康贡献力量。经过多年发展的积累,云南白药集团的企业经营规模和资金体量得到显著提升,为其向创新引领型企业转型奠定了物质基础。同时,混合所有制改革也完善了公司的体制机制,为其设立国际化产业平台、吸引行业高端人才、创新研发整体升级创造了条件。云南白药集团秉承"人才在哪里,企业就延伸向哪里"的战略思想,全力推动研发中心和产业平台的建设工作,整体推动集团创新研发体系的战略升级。

(三)企业股权结构分析

云南白药集团积极践行国企改革战略,在2017年和2018年分两阶段完成了国企混合所有制改革,使公司焕发新的活力。

2017年之前,云南省国资委100%控股白药控股,白药控股是云南白药集团的最大股东。

2017年3月,白药控股完成增资扩股,注册资本由15亿元增加为30亿元,新华都通过注资254亿元获得白药控股50%的股权。于是,白药控股由云南省国资委全资控股企业变为混合所有制企业。2017年6月,白药控股再次增加3.33亿元注册资本,江苏鱼跃通过注资56.38亿元取得白药控股10%的股权。自此,白药控股的股权结构变为云南省国资委、新华都和江苏鱼跃分别持股45%、45%和10%。由于新华都与云南省国资委持股比例相同,白药控股无实际控制人。

2018年11月,云南白药集团发布吸收合并白药控股方案,更进一步深化混改。根据公司公告,该方案由定向减资和吸收合并两个部分组成。交易完成后,白药控股注销法人资格,云南省国资委、新华都、江苏鱼跃直接成为云南白药集团的股东,持股比例分别为25.14%、25.14%和5.59%,云南省国资委与新华都并列为云南白药集团第一大股东。通过一系列重大改革重组,目前云南白药集团的两大股东分别是云南省国有股权运营管理有限公司和新华都实业集团股份有限公司,两者股权比例相当,公司暂无实际控制人。下属子公司主要包括:医药商业板块的云南省医药有限公司;药品事业部板块的大理药业有限责任公司、无锡药业有限公司及云南省药物研究所;医药健康事业部板块的健康产品有限公司;中药事业部板块的中药资源有限公司。

(四)企业经营战略分析

2020年,云南白药集团相继成立了北京大学—云南白药集团国际医学研究中心、上海国际中心、美肤业务实体企业、海南国际中心等,围绕公司战略规划,以新产品引进和医学研究中心构建为突破,及时切入优质赛道。同时,2020年公司逐步加快投资并购步伐,通过收购具有竞争力、协同效应和市场发展前景的标的,衍生发展产业链,孵化培育新业务,如通过增资并受让部分股权取得金健桥公司70%的股权。此外,公司相继完成了股票期权激励计划、回购股份用于员工激励计划,通过长效激励机制充分调动核心骨干的能动性,激发公司活力,提升公司整体价值。

云南白药集团逐步形成以云南为根基,以国际化产业平台为支点,触及发达城市群、覆盖全国、面向世界的产业平台,通过战略举措聚合全球资源优势,赋能企业创新研发整体升级,逐步形成了国际化、开放型、各中心优势深度融合的一体化创新研发格局。

(五)企业竞争优势分析

1. 品牌市场价值逐年攀升

经过多年的打造和积累,广大消费者对"云南白药"品牌的认可度不断提高,公司品牌市场价值逐年攀升。2020年10月15日,全球最大的传播服务集团WPP发布"BrandZ 2020年最具价值中国品牌100强排行榜",云南白药集团以品牌价值29.46亿美元排第56位,排名同比上升2%。

2. 产品族群开拓创新

云南白药集团的产品从单瓶的白药散剂,到涵盖中成药、化学药制剂、医疗器械、健康个护产品、中药养生类产品等多个品类的产品族群,再到近年陆续推出的泰邦护眼贴、"国潮IP泰迪熊"款热敷蒸汽眼罩、炫彩CC牙膏、口腔修护含漱液、水牙线,云南白药集团已经实现了产品立体化、产业跨界化、消费多元化的全新布局。多年来,公司始终致力于深挖产品内生潜力,坚守传统,以制药为发展基石,以健康为新的增长点,通过"爱跑538""云南白药健康操""健康国潮文化"等平台IP化的宣传,走出了一条传统中药和现代生活有机结合之路,不断拓展市场空间。公司从药品单品到健康产品多元化族群,在群雄环伺的商业竞争中开辟出一片新的天地,实现了传统民族制药企业的升级与突破;通过"云南白药生活+""云南白药泰邦健康生活体验中心""云南白药精准定制肌肤管理中心"等平台,致力于为消费者的健康提供解决方案,让消费者零距离感受公司的产品和服务。

3. 自然资源得天独厚

云南地处低纬高原地区,素有"植物王国"美誉,特殊的地貌特征造就了显著的气候南北差异和垂直差异,丰富的气候类型孕育了三七、滇重楼、灯盏花等6 000多种药用植物资源。云南白药集团充分依托区位优势,积极布局战略药材种植繁育基地建设。2020年,"云南白药数字三七产业平台"在云南白药集团文山七花有限责任公司正式启用,该平台为三七产业的升级换代搭建了一个聚合资源、开放共享,涵盖三七全生命周期、全生产流程、全产业链可追溯的数字"云平台",标志着一个被优化重构的云南三七产业或将走上标准化、规范化的转型升级之路。这将为云南白药集团未来更加科学、合理地盘活区域自然资源奠定坚实基础。

4. 核心团队稳定高效

2020年,席卷全球的新冠肺炎疫情加剧了全球百年未有之大变局,云南白药集团经营班子全力确保企业复产复工,为公司经受住疫情的冲击、保持各项经营指标的稳健作出了突出贡献。在公司经营班子的组织领导下,全体员工自上而下充分发挥主观能动性,各部门之间通力合作,公司各业务环节工作高效、运行顺畅,运营效率持续提升,为公司不断聚集新的更优质的发展动能。2021年3月,经董事会审议通过,新CEO正式加入云南白药集团,未来将为公司生物医药大健康产业的数字化转型升级、更快迈上产业发展快车道增添新的动能。

5. 激励机制赋能升级

随着混合所有制改革圆满落幕,云南白药集团完成了2020年股票期权首批687名激励对象的授予登记。第一期员工持股计划股票于2020年12月4日锁定期届满,并于短期内予以发放。同时,紧跟市场窗口期,公司启动了第二轮上限为1 670万股的股份回购方案,截至2020年12月25日,公司第二轮回购计划实施完毕,以期在未来扩大员工激励范围,完善互利共赢的长效激励与约束机制,进一步激发企业活力,吸引更多优秀人才参与到公司发展中,提升云南白药集团的整体价值。以上激励措施的逐项落地是云南白药集团市场化机制转变的重要标志,公司与股东的利益更加深度融合,未来将助力云南白药集团实现更高质量的发展。

6. 开放共享,数智赋能

信息技术的高速迭代创新正在不断改变消费场景、生产制造场景、供应链场景等,云南白药集团近年来坚持开放共享,推进数字化、智能化转型,实现科技赋能,在实现优化成本、提升效率的基础上,深层次挖掘数字化价值,拓展数据应用场景,创造出了更多的商业拓展空间,以数字化带动企业持续发展,最终为企业经营创造价值。

(六) 企业政策法规环境分析

1. 国家卫健委发布《不合理医疗检查专项治理行动工作方案》

2021年4月14日,国家卫健委等六部门联合发布《关于开展不合理医疗检查专项治理行动的通知》,计划通过开展专项治理行动,严肃查处违反相关法律法规、诊疗技术规范以及损害人民群众利益的不合理医疗检查(包括各类影像学检查、实验室检查、病理学检查等)行为,指导医疗机构建立健全、规范医疗行为和医疗检查制度。

2. 药品国家集采成为常态

2021年,多省市医保部门发布《关于报送第五批国家组织药品集中采购品种范围相关采购数据的通知》,第五批药品国家集采启动。药品集采的常态化将给我国药品行业带来如下变化:第一,药品集采的常态化将引导药品企业以成本和质量为基础开展公平竞争,完善以市场为主导的药品价格形成机制;第二,药品集采的常态化在加大各大药企竞争压力的同时也为优势企业带来机遇,使药品竞争格局发生重构;第三,药品集采的常态化有望加速进口药品种的国产替代,为国内的药品企业带来更多机会;第四,药品集采的常态化将重构产业链格局,使原料药企业掌握更大的主动权。

二、会计分析

(一) 2017 年会计政策变更分析

2017 年 4 月 28 日,财政部发布了《企业会计准则第 42 号——持有待售的非流动资产、处置组和终止经营》(以下简称《企业会计准则第 42 号》),自 2017 年 5 月 28 日起施行;同年 5 月 10 日,财政部发布了修订后的《企业会计准则第 16 号——政府补助》(以下简称《企业会计准则第 16 号》),自 2017 年 6 月 12 日起施行。

2017 年 8 月,经云南白药集团第八届董事会第六次会议决议,云南白药集团按照财政部的要求开始执行上述新发布的《企业会计准则第 42 号》和修订后的《企业会计准则第 16 号》。这导致该集团发生相应重要会计政策变更。

《企业会计准则第 42 号》规定,该准则自 2017 年 5 月 28 日起施行;对该准则施行日存在的持有待售的非流动资产、处置组和终止经营,应当采用未来适用法处理。《企业会计准则第 16 号》规定,对 2017 年 1 月 1 日之前存在的政府补助采用未来适用法处理,对 2017 年 1 月 1 日至该准则施行日之间新增的政府补助根据该准则进行调整。因此,上述会计政策变更均不涉及对比较数据进行追溯调整。上述会计政策变更也并未影响云南白药集团 2017 年的净利润。

根据财政部《关于修订印发一般企业财务报表格式的通知》(财会〔2017〕30 号)(现已失效),云南白药集团在合并利润表和利润表中的"营业利润"项目之外单独列报"资产处置收益"项目,将原在"营业外收入"和"营业外支出"项目中的部分非流动资产处置损益改为在"资产处置收益"项目中列报。此外,公司还相应追溯重述了比较报表。

2017 年会计政策变更对云南白药集团财务报表的影响如表 9-1 所示。

表 9-1　2017 年会计政策变更对云南白药集团财务报表的影响　　　　单位:万元

项目	合并财务报表		母公司财务报表	
	本期影响金额	上期影响金额	本期影响金额	上期影响金额
资产处置收益	59 711 047.23	6 071 280.53	0.00	6 081 698.25
营业外收入	−59 711 047.23	−6 083 298.71	0.00	−6 081 698.25
其中:非流动资产处置利得	−59 711 047.23	−6 083 298.71	0.00	−6 081 698.25
营业外支出	0.00	−12 018.18	0.00	0.00
其中:非流动资产处置损失	0.00	−12 018.18	0.00	0.00

(二) 2018 年会计政策变更分析

财政部于 2018 年 6 月发布了《关于修订印发 2018 年度一般企业财务报表格式的通知》(财会〔2018〕15 号)(现已失效),云南白药集团根据相关要求按照一般企业财务报表格式(适用于尚未执行新金融准则和新收入准则的企业)编制财务报表。云南白药集团 2018 年财务报表调整如下:①原"应收票据"和"应收账款"项目合并为"应收票据及应收账款"项目;②原"应收利息""应收股利"项目并入"其他应收款"项目列报;③原"固定资产清理"项目并入"固定资产"项目列报;④原"工程物资"项目并入"在建工程"项目列报;⑤原"应付票据"和"应付账款"项目合并为"应付票据及应付账款"项目;⑥原"应付利息""应付股利"项目并入"其他应付款"项目列报;⑦原"专项应付款"项目并入"长期应付款"项目列报;⑧进行研究与开发过程中发生的费用化支出,列示于"研发费用"项目,不再列示于"管理费用"项目;⑨在财务费用项目下分拆"利息费用"和"利息收入"明细项目;⑩股东权益变动表中新增"设定受益计划变动额结转留存收益"项目。此外,云南白药集团还根据上述列报要求相应追溯重述了比较报表。根据上述要求,虽然 2018 年和 2017 年财务报表的部分项目列报内容不同,但对 2018 年和 2017 年的公司合并及公司股东权益无影响。

财政部于 2018 年 9 月发布《关于 2018 年度一般企业财务报表格式有关问题的解读》,规定根据《中华人民共和国个人所得税法》收到的扣缴税款手续费,应作为其他与日常活动相关的项目在利润表的"其他收益"项目中填列。云南白药集团据此调整可比期间列报项目,对于收到的扣缴税款手续费,调增 2017 年度其他收益 4 538.74 元,调减 2017 年营业外收入 4 538.74 元。

(三) 2019 会计政策变更分析

财政部于 2019 年 4 月和 9 月分别发布了《关于修订印发 2019 年度一般企业财务报表格式的通知》(财会〔2019〕6 号)、《关于修订印发合并财务报表格式(2019 版)的通知》(财会〔2019〕16 号),对一般企业财务报表、合并财务报表格式作出了修订。

(四) 2020 年会计政策变更分析

财政部修订的《企业会计准则第 14 号——收入》将现行收入和建造合同两项准则纳入统一的收入确认模型,将控制权转移替代风险报酬转移作为收入确认时点的判断标准,对包含多重交易安排的合同会计处理提供了更明确的指引,对某些特定交易(或事项)的收入确认和计量作出了明确规定。根据新旧准则转换的衔接规定,自 2020 年 1 月 1 日起,公司根据首次执行该准则的累积影响数调整了期初留存收益及财务报表其他相关项目金额,对可比期间信息不予调整。本次会计政策的变更系云南白药集团根据财政部修订的最新会计准则进行的相应变更,变更后的会计政策能够客观、公允地反映公司的财务状况和经营成果,符合相关法律法规的规定和公司实际情况。

三、财务分析

按照杜邦分析法,我们把净资产收益率指标从上到下层层分解,分析云南白药集团总资产周转率指标变化的原因。

(一) 净资产收益率分析

净资产收益率是反映云南白药集团所有者投入资本所获收益最直接的指标,也是杜邦分析法的核心指标。

根据云南白药集团2016—2020年的利润表和资产负债表,整理计算公司2016—2020年的净资产收益率数据如表9-2所示,其变化趋势如图9-3所示。

表9-2 2016—2020年云南白药集团净资产收益率相关数据 单位:万元

项目	2016年	2017年	2018年	2019年	2020年
净利润①	293 088.96	313 253.42	328 974.60	417 305.20	551 103.62
年末所有者权益总额②	1 584 352.66	1 814 291.75	1 992 248.95	3 809 990.78	3 834 402.04
年初所有者权益总额③	1 352 780.53	1 584 352.66	1 814 291.75	1 992 248.95	3 809 990.78
所有权益平均余额 ④=(②+③)÷2	1 468 566.60	1 699 322.21	1 903 270.35	2 901 119.87	3 822 196.41
净资产收益率 ⑤=①÷④	19.96%	18.43%	17.28%	14.38%	14.42%

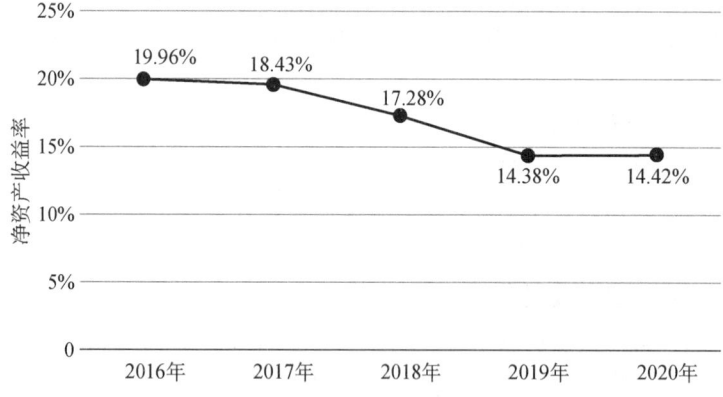

图9-3 2016—2020年云南白药集团净资产收益率

图9-3显示,从2016年到2020年,云南白药集团净资产收益率整体处于下降的趋势,反映了股东投入到企业资本的盈利能力在下降。其中,2019年的净资产收益率下降了2.90%,2020年略有回升。

根据杜邦分析法,净资产收益率的计算公式如下:

净资产收益率=销售净利率×总资产周转率×权益乘数

其中,净资产收益率、销售净利率、总资产周转率和权益乘数各年的指标如表9-3所示。

表 9-3　2016—2020 年云南白药集团杜邦分析相关指标

项目	2016 年	2017 年	2018 年	2019 年	2020 年
净资产收益率	19.96%	18.43%	17.28%	14.38%	14.42%
销售净利率	13.08%	12.88%	12.32%	14.07%	16.83%
总资产周转率	1.02	0.93	0.92	0.74	0.62
权益乘数	1.49	1.54	1.53	1.38	1.37

如前所述，云南白药集团的净资产收益率在 2019 年下降幅度比较大，为了查找净资产收益率变化的主要影响因素，下面我们对 2019 年的财务指标进行分解，查找对净资产收益率影响比较大的指标，然后做重点分析。

首先，我们对 2019 年的销售净利率、总资产周转率、权益乘数依次进行因素替换，替换结果如下。

(1) 销售净利率替换。

$$14.07\% \times 0.92 \times 1.53 = 19.80\%$$
$$19.80\% - 17.28\% = 2.52\%$$

(2) 总资产周转率替换。

$$14.07\% \times 0.74 \times 1.53 = 15.93\%$$
$$15.93\% - 19.80\% = -3.87\%$$

(3) 权益乘数替换。

$$14.07\% \times 0.74 \times 1.38 = 14.37\%$$
$$14.37\% - 15.93\% = -1.56\%$$

通过因素分解，我们发现 2019 年云南白药集团的总资产周转率下降幅度最大，下降了 3.87%，可见它对净资产收益率的影响最大，销售净利率变化对净资产收益率变化的影响次之。

(二) 销售净利率分析

销售净利率反映每一元营业收入可以为公司带来的净利润。2016—2020 年云南白药集团销售净利率相关数据如表 9-4 所示，年度销售净利率变化趋势如图 9-4 所示。

表 9-4　2016—2020 年云南白药集团销售净利率相关数据　　金额单位：万元

项目	2016 年	2017 年	2018 年	2019 年	2020 年
营业收入	2 241 065.44	2 431 461.40	2 670 821.35	2 966 467.39	3 274 276.68
净利润	293 088.96	313 253.42	328 974.60	417 305.20	551 103.62
销售净利率	13.08%	12.88%	12.32%	14.07%	16.83%

图 9-4　2016—2020 年云南白药集团销售净利率

通过分析,我们发现云南白药集团的销售净利率在 2017 年和 2018 年持续下降,其中 2018 年度下降幅度比较大,2019 年开始回升,2019 年上升了 1.75 个百分点,2020 年上升了 2.76 个百分点。

销售净利率是影响云南白药集团净资产收益率的重要指标,反映了公司的盈利能力,销售净利率越大,公司的净资产收益率就越高,所以提高销售净利率可以提高公司的净资产收益率。我们根据杜邦分析法自上而下层层分解公司的收入、成本费用数据,查找公司销售净利率变化的原因。

1. 营业成本分析

我们发现,2016—2020 年云南白药集团营业成本占公司营业收入的 70% 左右,因此控制住公司的营业成本就能很好地控制公司的净利润。在云南白药集团的营业成本中,58.74%~64.06% 为商业销售成本,35.78%~40.97% 为工业销售成本,而种植业成本、技术服务成本和旅店饮食业成本占比非常小。商业销售成本主要由采购成本构成;工业销售成本主要包括医药制造行业和日化品行业的直接材料、直接工资、其他直接支出和制造费用,而直接材料成本占比在 85% 左右。受医药行业原材料价格上涨的影响,云南白药集团直接材料成本自 2018 年持续上升,其中 2018 年上涨了 15.49%,2019 年上涨了 13.44%,2020 年上涨了 4.78%。

2. 营业税金及附加分析

营业税金及附加主要受外部税收政策的影响,公司的主要税种和税率如表 9-5 所示。税收和税率大部分属于外部不可控因素。

表 9-5　云南白药集团主要涉税税种及税率

税种	计税依据	税率
增值税	销售商品或提供劳务的增值额	17%、13%、6%、5%、3%
营业税	应税营业收入	5%
城市维护建设费	应纳流转税额	7%、5%、1%
企业所得税	应税所得额	25%
教育费附加	应纳流转税额	3%
地方教育费附加	应纳流转税额	2%

3. 期间费用分析

云南白药集团的期间费用主要有销售费用、管理费用、财务费用和研发费用。2016—2020年云南白药集团期间费用之和占营业收入比重依次为15.23%、17.04%、16.88%、17.61%、14.06%。2016—2020年云南白药集团销售费用占公司期间费用的79.55%~88.91%,其次占比比较高的是管理费用,其占比为6.92%~18.69%,财务费用占比最小。

1) 销售费用分析

云南白药集团从2016年到2019年销售费用呈现正增长,尤其是2017年增幅最大,达到29.68%。这主要是由于市场维护费的增加导致云南白药集团2017年销售费用大幅上升,其他年度变化不明显。

2) 管理费用分析

2017年,云南白药集团管理费用同比下降了20.01%,主要原因是2017年管理效率提高,管理费用中办公费、职工薪酬均有所下降。2019年,公司管理费用同比上升了206.81%,主要是因为2019年支付的中介费、职工薪酬以及员工持股计划费用增加。

3) 财务费用分析

2016年,云南白药集团财务费用同比上升了583.97%,主要原因是2016年应收票据贴现增加和新增公司债利息增加;2017年的财务费用同比下降了19.11%,主要是因为当期利息收入增加;2018年的财务费用同比增加了125.12%,主要是因为当期利息支出及银行手续费增加;2019年的财务费用同比下降了138.46%,主要是因为当期利息支出减少;2020年的财务费用同比下降了269.32%,主要是因为当期利息收入较上期增加1.7亿元,财务费用减少。

4) 研发费用分析

2016—2020年云南白药集团研发费用率总体保持在0.5%左右,但研发费用波动较大,2019年云南白药集团的研发费用出现了57.64%的大幅增长,2020年又出现了4.14%的小幅增长。2019年云南白药集团研发投入金额比2018年增加了55.42%,研发人员数量比2018年增加了2.61%,这是导致云南白药集团2019年研发费用比2018年大幅增长的原因。研发费用的投入为云南白药集团后期开发新产品、优化现有产品提供了保障。2020年,云南白药集团继续加大研发力度,研发人员数量比2019年增加10.96%,研发投入金额比2019年也有所增加。

4. 其他损益分析

从2016年到2020年,云南白药集团其他损益占营业收入的比重依次为0.86%、1.41%、1.43%、5.72%、8.04%,其中,投资收益和公允价值变动损益占其他损益的比重比较大。

1) 资产减值损失分析

云南白药集团资产减值损失在2017年增长了7 972.15%,主要是由于坏账损失和存货跌价准备比上年大幅度提高,具体金额如表9-6所示。

表 9-6　2017 年云南白药集团资产减值损失项目　　　　　　　　　单位：万元

项目	本期发生额	上期发生额
一、坏账损失	3 286.15	−260.18
二、存货跌价准备	3 197.35	177.82
合计	6 483.50	−82.36

2）投资收益分析

云南白药集团投资收益在 2019 年同比增长了 76.19%，主要是因为增加了处置长期股权投资、交易性金融资产等项目投资收益，具体金额如表 9-7 所示。

表 9-7　2019 年云南白药集团投资收益表　　　　　　　　　　　　单位：万元

项目	本期发生额	上期发生额
权益法核算的长期股权投资收益	1 326.72	276.64
处置长期股权投资产生的投资收益	99 717.88	—
交易性金融资产在持有期间的投资收益	42 454.30	—
处置交易性金融资产取得的投资收益	766.88	—
可供出售金融资产在持有期间的投资收益	—	528.51
以公允价值计量且其变动计入当期损益的金融资产在持有期间的投资收益	—	68 682.37
其他非流动金融资产持有期间取得的股利收入	1 580.32	—
以摊余成本计量的金融资产终止确认收益	−212.18	—
其他	1 413.53	13 974.14
合计	147 047.45	83 461.66

3）公允价值变动损益分析

云南白药集团公允价值变动损益在 2019 年同比增长了 443.60%，在 2020 年同比增长了 887.66%，主要是受交易性金融资产和其他非流动金融资产公允价值变动影响。其中，2019 年的公允价值变动情况如表 9-8 所示，2020 年的公允价值变动如表 9-9 所示。

表 9-8　2019 年云南白药集团公允价值变动情况　　　　　　　　　单位：万元

产生公允价值变动收益的来源	本期发生额	上期发生额
交易性金融资产	230 727.55	39 392.00
其他非流动金融资产	−6 690.68	−16 708.44
合计	224 036.86	22 683.56

表 9-9 2020 年云南白药集团公允价值变动情况　　　　　　　　　单位:万元

产生公允价值变动收益的来源	本期发生额	上期发生额
交易性金融资产	39 392.00	—
其中:衍生金融工具产生的公允价值变动收益	—	—
交易性金融负债	—	—
按公允价值计量的投资性房地产	—	—
其他非流动金融资产	−16 708.44	—
以公允价值计量且其变动计入当期损益的金融资产	—	4 172.87
合计	22 683.56	4 172.87

5. 销售净利率分析小结

通过分析,我们发现云南白药集团制造费用中原材料成本占比比较高,而且近几年呈现上升趋势,这直接降低了云南白药集团的销售净利率。此外,云南白药集团销售费用占期间费用的比重比较高,财务费用不稳定,研发费用从 2019 年后大幅增长。云南白药集团其他损益的变化主要受到公司会计政策变更的影响,但其对销售净利率的影响很小。

(三) 总资产周转率分析

总资产周转率可以反映云南白药集团的资产管理水平和效率,即反映每一元资产的投入可以为公司带来的销售收入水平。2016—2020 年云南白药集团总资产周转率相关数据如表 9-10 所示,年度间总资产周转率变化趋势如图 9-5 所示。

表 9-10 2016—2020 年云南白药集团总资产周转率相关数据　　　　金额单位:万元

项目	2016 年	2017 年	2018 年	2019 年	2020 年
营业收入	2 241 065.44	2 431 461.40	2 670 821.35	2 966 467.39	3 274 276.68
总资产平均余额	2 193 879.30	2 614 458.83	2 904 006.03	4 001 781.96	5 243 874.87
总资产周转率(次)	1.02	0.93	0.92	0.74	0.62
流动资产平均余额	1 948 564.44	2 358 562.21	2 619 352.91	3 599 243.44	4 698 112.39
流动资产周转率(次)	1.15	1.03	1.02	0.82	0.70
固定资产平均净值	171 126.63	176 384.56	173 033.12	186 198.03	255 273.08
固定资产周转率(次)	13.10	13.79	15.44	15.93	12.83

如表 9-10 和图 9-5 所示,通过分析我们发现,云南白药集团的总资产周转率从 2016 年到 2020 年呈现持续下降趋势。根据相关资料云南白药集团流动资产占总资产的

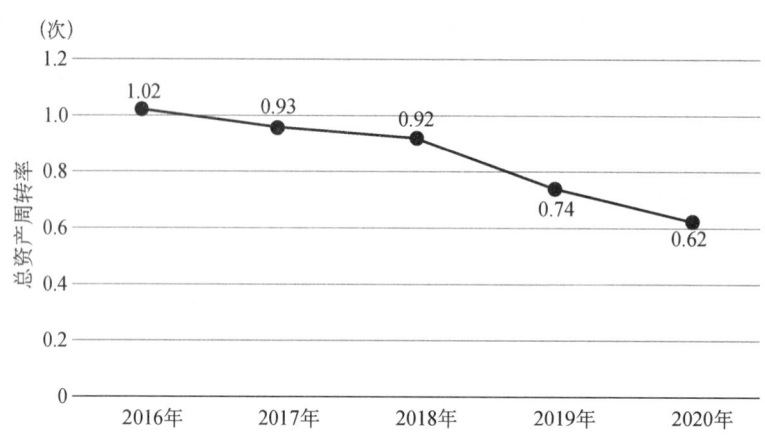

图 9-5 2016—2020 年云南白药集团总资产周转率

90%左右,流动资产中占总资产 10%以上(含 10%)的资产项目主要有货币资金、交易性金融资产、存货、应收票据和应收账款;非流动资产占公司总资产的 10%左右,非流动资产中固定资产占公司总资产的比例最大,其次占比比较高的是在建工程和无形资产。接下来,我们依次分析云南白药集团的资产项目,从而进一步分析云南白药集团总资产周转率变化的原因。

1. 流动资产项目分析

1) 货币资金项目分析

货币资金主要是用于云南白药集团日常周转使用,该项目占总资产比例比较大,而且年度间波动比较大。其中,2017 年云南白药集团的货币资金同比减少了 19.02%,主要是因为公司银行存款和其他货币资金大幅度减少;2019 年同比增加了 330.68%,主要是因为公司期末持有的基金减少,银行存款增加;2020 年同比增加了 17.59%,主要是因为公司银行存款和其他货币资金大幅度增加。

2) 交易性金融资产项目分析

从 2017 年开始,交易性金融资产占云南白药集团总资产的 20%左右。2018 年,交易性金融资产增长了 7.64%,主要是因为公司增加了权益工具投资。

3) 存货项目分析

云南白药集团的存货占公司总资产的 20%~40%,因此提高存货周转率就可以提高公司的整体资产管理效率。2016—2020 年云南白药集团存货周转率相关数据如表 9-11 所示,年度间变化趋势如图 9-6 所示。

表 9-11 2016—2020 年云南白药集团存货周转率相关数据   金额单位:万元

项目	2016 年	2017 年	2018 年	2019 年	2020 年
营业成本	1 571 796.12	1 673 157.52	1 854 943.36	2 119 136.44	2 365 587.81
存货平均余额	627 151.77	779 065.44	932 864.53	1 087 043.63	1 136 860.36
存货周转率(次)	2.51	2.15	1.99	1.95	2.08

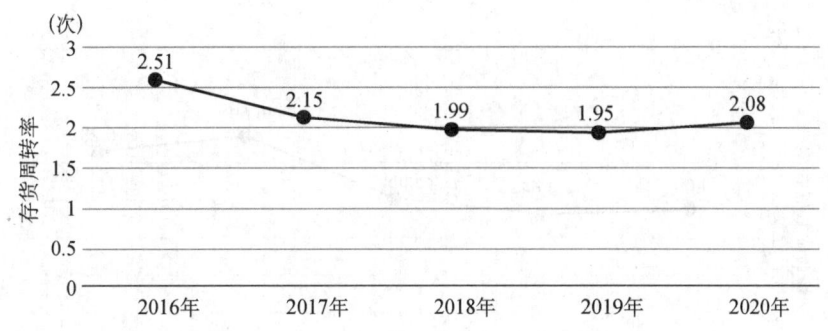

图 9-6　2016—2020 年云南白药集团存货周转率

通过分析,我们发现云南白药集团的存货周转率在 2016 年到 2019 年之间呈现下降的趋势,在 2020 年略有回升。这说明云南白药集团需要提高公司的存货管理水平,利用先进的存货采购系统,准确预测存货需求量,合理安排存货采购时间。同时,公司需要和上游供应商建立良好的合作关系,争取最优的存货采购价格和折扣优惠,努力降低存货采购成本。

4) 应收账款及应收票据分析

2016—2018 年云南白药集团应收票据占总资产的比例在 10% 左右,2019 年和 2020 年下降到 5% 左右。2016—2020 年云南白药集团的应收账款占比一直维持在 5% 左右。云南白药集团应收账款周转率相关数据如表 9-12 所示,年度间变化趋势如图 9-7 所示。

表 9-12　2016—2020 年云南白药集团应收账款周转率相关数据　　金额单位:万元

项目	2016 年	2017 年	2018 年	2019 年	2020 年
营业收入	2 241 065.44	2 431 461.40	2 670 821.35	2 966 467.39	3 274 276.68
应收账款和应收票据平均余额	480 960.20	524 127.97	527 714.16	443 651.37	521 374.98
应收账款周转率(次)	4.66	4.64	5.06	6.69	6.28

通过分析,我们发现 2016 年到 2017 年云南白药集团的应收账款周转率变化不大,2018 年到 2019 年呈现上升趋势,2020 年又小幅下降。应收账款周转率可以反映公司的应收账款管理水平,而提高应收账款管理水平可以提高公司的整体资产管理水平。所以,云南白药集团需要根据实际情况适时调整收款政策,建立应收账款信用档案,降低坏账损失。同时,公司需要根据信用档案调整客户付款条件,并进行应收账款贴现和保理,以加快应收账款和应收票据的回收,提高资产使用效率。

2. 固定资产项目分析

云南白药集团的固定资产占公司总资产的比重比较稳定,2016—2020 年占比维持在 4%~7%。2016—2020 年云南白药集团固定资产周转率相关数据如表 9-13 所示,年度间变化趋势如图 9-8 所示。

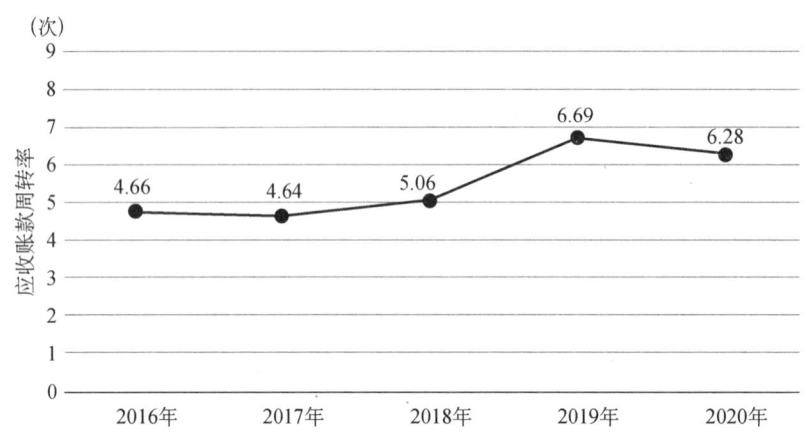

图9-7 2016—2020年云南白药集团应收账款周转率

表9-13 2016—2020年云南白药集团固定资产周转率相关数据 金额单位：万元

项目	2016年	2017年	2018年	2019年	2020年
营业收入	2 241 065.44	2 431 461.40	2 670 821.35	2 966 467.39	3 274 276.68
固定资产平均净值	171 126.63	176 384.56	173 033.12	186 198.03	255 273.08
固定资产周转率(次)	13.10	13.79	15.44	15.93	12.83

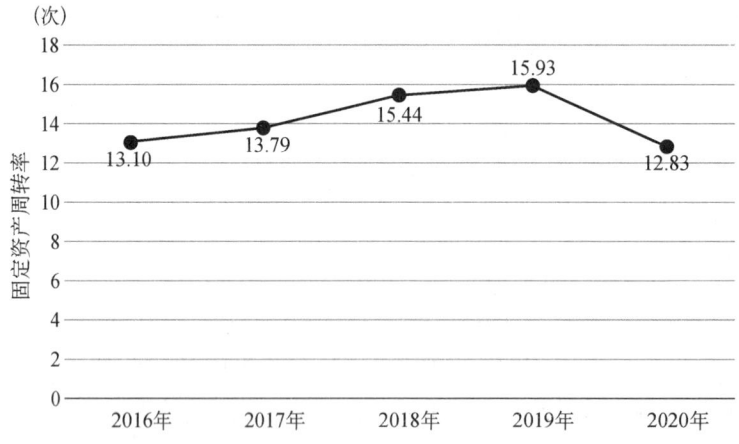

图9-8 2016—2020年云南白药集团固定资产周转率

通过分析，我们发现2016—2019年云南白药集团的固定资产周转率持续上升，2020年有明显下降。其原因是2020年固定资产平均余额增加了37.1%。2020年固定资产平均余额增加的原因是云南白药集团健康产业项目（一期）——文山七花有限责任公司搬迁扩建项目完工部分转入固定资产，导致公司的房屋建筑物、机器设备等固定资产增加。

3. 总资产周转率分析小结

经过以上分析，我们发现云南白药集团的货币资金占总资产的比例较高，而且在不同年份间的波动较大。此外,2016—2020年云南白药集团的总资产周转率和存货周转率都呈现出总体下降的趋势,固定资产周转率也在2020年出现了大幅下降。所以,多渠道提高销售收入、开发现有资产潜力、提高以上资产项目的使用效率可以提高公司的整体资产管理水平。

(四) 权益乘数分析

权益乘数受公司负债水平的影响,反映公司使用财务杠杆的程度。权益乘数的变化和公司的资本结构有关,公司筹资方式的改变会影响公司的资本结构,最终导致公司的权益乘数发生变化。资产负债率的大小决定了公司权益乘数的大小,资产负债率直接反映了公司的负债水平。2016—2020年云南白药集团资产负债表摘要如表9-14所示,权益乘数年度间变化趋势如图9-9所示。

表9-14　2016—2020年云南白药集团资产负债表摘要　　　　　　　金额单位:万元

项目	2016年	2017年	2018年	2019年	2020年
负债总额	874 311.94	955 961.31	1 045 510.06	1 155 814.13	1 687 542.78
应付账款及应付票据	437 997.63	456 980.81	561 553.06	624 393.33	631 557.85
其他应付款	81 029.71	144 466.97	132 026.22	137 625.44	258 525.27
长期借款	610.00	250.00	250.00	360.00	3 660.00
长期应付款	481.48	481.48	459.98	65 617.38	65 131.86
资产总额	2 458 664.60	2 770 253.05	3 037 759.01	4 965 804.91	5 521 944.82
资产负债率	35.56%	34.51%	34.42%	23.28%	30.56%
权益乘数	1.49	1.54	1.53	1.38	1.37

图9-9　2016—2020年云南白药集团权益乘数

如表9-14和图9-9所示,云南白药集团的权益乘数维持在1.37~1.54,从2016年到2017年其权益乘数呈现上升的趋势,从2018年到2020年其权益乘数呈现下降趋势。权益乘数下降反映公司财务杠杆水平在降低,财务风险在减小。根据相关数据,我们发现2016—2020年云南白药集团的流动负债占比持续上升,尤其是在2018年和2020年达到90%以上;非流动负债的占比在持续下降。下面我们依次分析云南白药集团流动负债和非流动负债项目。

1. 流动负债项目分析

1) 应付账款及应付票据

如表9-14所示,在云南白药集团的流动负债中,应付账款及应付票据占总负债的比例除了在2017年和2020年分别为47.80%和37.42%,其他年度应付账款及应付票据占总负债的比例都保持在50%左右。应付账款及应付票据占比比较高反映了云南白药集团在和供应商的谈判中有一定的话语权,可以为公司争取较好的付款条件,增加公司的商业信用筹资金额。

2) 其他应付款

在云南白药集团的流动负债中,其他应付款占总负债的比例保持在10%左右,其他应付款包含了应付股利、应付利息和其他款项。其他应付款的变化主要受到公司市场维护费、折扣与折让、押金及保证金、其他往来款、代收款项、应付医院管理费、医药储备金、个人风险金、借款及利息金额的影响。

2. 非流动负债项目分析

1) 长期借款分析

云南白药集团的长期借款占总负债的比例在1%以下,说明长期借款不是云南白药集团筹集资金的主要渠道,所以该项金额占比比较小。

2) 长期应付款分析

从2019年开始,云南白药集团的长期应付款占总负债的比例大幅上升。该项目主要受到公司会计政策变更的影响,从2019年开始,云南白药集团把专项应付款并入长期应付款项目,其中包括应付大理制药厂和武定英伦牧业有限公司的相关款项。

3. 权益乘数分析小结

结合前面的分析,我们发现在云南白药集团的负债中,应付账款及应付票据、其他应付款占比比较高,而长期借款占比非常低。应付账款及应付票据占比高反映了公司的和供应商谈判的能力比较强,公司较好地利用了商业信用进行筹资。但公司需要警惕流动性风险,财务部门通过监控现金余额、可随时变现的有价证券以及对未来12个月现金流量的滚动预测,确保公司在所有合理预测的情况下拥有充足的资金偿还债务。同时,云南白药集团可以适时调整筹资政策,合理利用公司的品牌价值和企业商业信用来适当扩大长期借款规模,提高公司的长期负债水平,适当提高财务杠杆,缓解现有流动性风险。

(五) 财务分析总结

我们通过杜邦分析法发现,2016—2019年云南白药集团的净资产收益率呈现逐渐下降的趋势,其中2019年下降幅度比较大。通过因素分解,我们发现云南白药集团2018年净资产收益率下降主要受到公司销售净利率下降的影响,2019年净资产收益率下降主要是受到公司总资产周转率下降的影响。

从盈利能力的角度分析,我们发现云南白药集团的销售净利率在2017年和2018年持续下降,其中2018年度下降幅度比较大,2019年开始回升。从资产管理能力的角度分析,我们发现云南白药集团的总资产周转率从2016年到2020年持续呈现下降趋势。因此,云南白药集团需要进一步开发现有资产潜力,提高资产管理水平,提高资产使用效率。从筹资管理的角度分析,我们发现自2018年以后云南白药集团的权益乘数持续下降,但是公司流动负债的占比比较高,所以公司应该适时调整筹资政策,适当增加长期负债,降低流动性风险;适当提高财务杠杆,以提高净资产收益水平。

四、企业前景分析

(一)启动回购落实长效激励机制

目前,云南白药集团已完成了股票期权首批授予登记,为进一步激发企业活力,公司将继续进行股份回购,持续实施员工持股计划和股权激励计划,以吸引内外部优秀人才,建立互利共赢的长效激励与约束机制,提升公司整体价值。同时,为了进一步完善风险管理体系,促进董事、监事及高级管理人员充分履行职责,公司购买了董事、监事及高级管理人员责任保险,极大地降低了运营风险。

(二)大健康产业快速发展

(1)大健康:加速新业务布局,推出云南白药集团"泰邦系列"品牌口罩,产品类型包括"N95"口罩、医用外科口罩和医用一次性口罩;设立云南白药海南国际中心,利用海南自贸区围绕三亚大健康产业集群布局,为公司进一步的国际化发展提供助力。

(2)药品:持续探索大IP场景化营销模式,扩大品牌影响力和知名度。

(3)中药:启动"品牌中药材工程",与省内中药材种植战略合作伙伴共建长期、稳定、优质、可追溯的药材直供基地。

(4)商业:加速推进"互联网+医疗健康"深度融合发展,自主研发"滇医宝"医药流通供应链智慧协同平台。

(三)持续多元化发展,布局器械及医美等领域

云南白药集团通过增资并受让部分股权,取得金健桥医疗科技有限公司70%的股权,以此整合骨科器械业务。公司计划未来在AI皮肤检测、全植物安全护肤、皮肤综合解决方案等方面持续突破,探索医美领域增长极。

(四)企业前景分析总结

由以上分析可见,云南白药集团将立足全球整合资源,聚焦中国市场,把握医药产业整体脉络,在医学美容综合解决方案、天然药用资源开发等重点发展领域厘清产业地图,明确重点切入的细分领域与优质标的画像,充分利用北京、上海、海南、香港等国际化运营平台的产业、信息、人才等资源优势,快速引进国际一流的人才及项目资源,加强科研布局,促进新产品、新业务和新产业的快速成长,提升改造现有的产业和业务结构,形成多区域、多功能、多维度的战略协同。

第三节 实 训 任 务

一、实训任务1:海天味业财务综合分析

(一) 实训目标

(1) 根据海天味业近5年的财务报表相关数据,对其进行财务综合分析。

(2) 结合调味品企业的行业特征,从背景分析、会计分析、财务分析、前景预测等方面对海天味业进行财务综合分析。

(3) 总体评价海天味业存在的问题。

(4) 提出提高海天味业财务质量的有效措施。

(二) 实训企业描述

佛山市海天调味食品股份有限公司(简称海天味业)是中国调味品行业的优秀企业,作为专业的调味品生产和营销企业,海天味业历史悠久,是中华人民共和国商务部公布的首批"中华老字号"企业之一。目前,海天味业的产品涵盖酱油、蚝油、酱、醋、料酒、调味汁、鸡精、鸡粉、腐乳、火锅底料等几大系列百余品种,年产值过两百亿元。

以"传扬美味事业,酿造美满生活"为己任,海天味业一直致力于用现代科研技术对传统酿造工艺的传承和创新,建有面积超60万平方米的玻璃晒池和发酵大罐,专门用于高品质酱油的阳光酿晒。海天味业拥有多条世界先进的全自动包装生产线,以及行业先进的国家认可实验室,并从国外引进成套科研检测设备,努力打造具有世界先进水平的调味品生产基地。海天味业产品不但畅销于国内市场,还销往全球60多个国家与地区。海天味业致力于向全球传扬中国美食文化,提供优质产品,让更多人享受美味的欢乐,让更多家庭感受生活的美满。海天味业也是上海证券交易所上市的上市公司(股票代码603288)。2017年,海天味业营收145.84亿元,净利润35.31亿元,同比分别增长17.06%及24.21%。2018年,海天味业营收达170.34亿元,净利润43.67亿元,同比分别增长16.80%及23.68%。2019年营收197.97亿元,同比增长16.22%。2020年营收227.92亿元,净利润64.09亿元,同比分别增长15.13%和19.66%。在凯度消费者指数发布的《2019亚洲品牌足迹报告》中,海天味业荣登中国快速消费品品牌第4位;同时,海天味业也被凯度消费者指数授予"2019中国食品类极具成长力品牌""2019中国消费者首选前十品牌"。2021年,"中国品牌力指数C-BPI榜单"发布,海天味业在调味品行业领域勇夺"四冠",分别获得2021C-BPI酱油、蚝油、酱料、食醋行业品牌排名第一的荣誉。这展现了海天味业牢固的行业地位和对产品服务精益求精的追求。

(三) 实训准备

(1) 学生分组。每组6~8人,确定1名正组长和1名副组长。

(2) 学生分工。由组长对组内学生按任务要求进行合理分工。

(3) 制订工作计划。每个小组制订一份工作计划,格式如表9-15所示。

表 9-15 工作计划

主要工作任务	实施时间	实施形式	主要负责人

实训小组组长：

实训小组成员：

年　　月　　日

指导老师审阅意见：

签名：

年　　月　　日

（四）实训流程

(1) 各小组学习任务目标和任务描述，复习财务综合分析相关内容，确定分析思路和拟使用的分析方法。

(2) 各小组讨论制订工作计划。

(3) 指导老师审阅各小组制订的工作计划，并签批。

(4) 各小组通过网络收集海天味业近 5 年的财务报表、年度报告、公司资讯、公司研究报告等信息。

(5) 各小组选定至少 2 家同行业公司作为对比公司，并通过网络收集这些对比公司近 5 年的财务报表、年度报告、公司资讯、公司研究报告等信息，做同行对比分析。

(6) 各小组运用杜邦分析法对海天味业的财务指标进行分析，根据分析结果总结该公司存在的问题，并给出针对性建议。

(7) 各小组撰写海天味业财务综合分析报告。

（五）完成分析报告

各小组根据分析结果撰写海天味业财务综合分析报告，格式如表 9-16 所示。

表 9-16　海天味业财务综合分析报告

1. 企业简介（主要包括企业法律形式、所处行业、企业规模等）
2. 背景分析
3. 会计分析
4. 财务分析
5. 前景预测

（六）填写实训进度表

各小组根据任务完成时间填写实训进度表，格式如表 9-17 所示。

表 9-17　实训进度表

实训任务	完成时间	主要负责人
实训小组组长：		

（七）实训评价

（1）各小组将完成的海天味业财务综合分析报告上传至班级学习信息平台，如 qq 群、微信群、"雨课堂"等，并选派代表参加班级讨论交流。

（2）各小组之间进行互评，并填写实训评价表，格式如表 9-18 所示。

表 9-18 实训评价表

评分点	评分要点	得分
层次分明(30分)	条理清楚,逻辑严谨	
内容翔实(30分)	充分结合案例进行成因分析,内容具有一定的深度	
思考全面(20分)	全方位、多层次、多角度思考	
观点新颖(10分)	具有创新性观点	
表达清晰(10分)	语言流畅,举止大方得体	

二、实训任务 2:金风科技财务综合分析

(一) 实训目标

(1) 根据金风科技近 5 年的财务报表相关数据,对其进行财务综合分析。

(2) 结合高科技企业的行业特征,从背景分析、会计分析、财务分析、前景预测等方面对金风科技进行财务综合分析。

(3) 总体评价金风科技存在的问题。

(4) 提出提高金风科技财务质量的有效措施。

(二) 实训企业描述

新疆金风科技股份有限公司(简称金风科技)成立于 1998 年,是中国成立最早、自主研发能力最强的风电设备研发及制造企业之一,致力于推动全球能源转型,发展未来能源,是国内最大的风力发电机组整机制造商。公司深度聚焦风电、能源互联网、水务环保三大领域,并逐步培育智慧园区、智慧农业、智慧运动健康等领域的创新业务。金风科技成立至今,实现全球风电装机容量超过 50 GW、31 000 台风电机组在全球 6 大洲、24 个国家稳定运行,掌握专利技术超过 3 500 余项。公司已在深交所(股票代码:002202)、港交所(股票代码:02208)两地上市。作为国际化清洁能源和节能环保整体解决方案提供商,金风科技将继续深化与全球伙伴的合作,致力于打造一个可负担、可持续、可靠的未来新能源体系,让可再生能源惠及全球。

金风科技在全球的风电机组每年帮助人类社会节约 3 178 万吨标准煤,减少 10 432 万吨二氧化碳排放。公司主营业务为大型风力发电机组的开发研制、生产及销售,以及中试型风力发电场的建设及运营,是国内的风力发电机组整机制造商,主要产品有 GW2S 全系列智能风机,GW2.5S 低温/高温/高海拔系列智能风机,GW3S 陆地、海上系列智能风机,GW6S 海上系列智能风机,GW8S 海上系列智能风机。

(三) 实训准备

(1) 学生分组。每组 6~8 人,确定 1 名正组长和 1 名副组长。

(2) 学生分工。由组长对组内学生按任务要求合理分工。

(3) 制订工作计划。每个小组制订一份工作计划,格式如表 9-19 所示。

表 9-19 工作计划

主要工作任务	实施时间	实施形式	主要负责人

实训小组组长：

实训小组成员：

　　　　　　　　　　　　　　　　　　　　　　　　　年　　月　　日

指导老师审阅意见：

　　　　　　　　　　　　　　　　　　　　　　　　　签名：

　　　　　　　　　　　　　　　　　　　　　　　　　年　　月　　日

（四）实训流程

(1) 各小组学习任务目标和任务描述，复习财务综合分析相关内容，确定分析思路和拟使用的分析方法。

(2) 各小组讨论制订工作计划。

(3) 指导老师审阅各小组制订的工作计划，并签批。

(4) 各小组通过网络收集金风科技近 5 年的财务报表、年度报告、公司资讯、公司研究报告等信息。

(5) 各小组选定至少 2 家同行业公司作为对比公司，并通过网络收集这些对比公司近 5 年的财务报表、年度报告、公司资讯、公司研究报告等信息，做同行对比分析。

(6) 各小组运用杜邦分析法对金风科技的财务指标进行分析，根据分析结果总结该公司存在的问题，并给出针对性建议。

(7) 各小组撰写金风科技财务综合分析报告。

（五）完成分析报告

各小组根据分析结果撰写金风科技财务综合分析报告，格式如表 9-20 所示。

表 9-20　金风科技财务综合分析报告

1. 企业简介（主要包括企业法律形式、所处行业、企业规模等）
2. 背景分析
3. 会计分析
4. 财务分析
5. 前景预测

（六）填写实训进度表

各小组根据任务完成时间填写实训进度表，格式如表 9-21 所示。

表 9-21　实训进度表

实训任务	完成时间	主要负责人

实训小组组长：

（七）实训评价

（1）各小组将完成的金风科技财务综合分析报告上传至班级学习信息平台，如 qq 群、微信群、"雨课堂"等，并选派代表进行班级讨论交流。

（2）各小组之间进行互评，并填写实训评价表，格式如表 9-22 所示。

表 9-22 实训评价表

评分点	评分要点	得分
层次分明(30分)	条理清楚,逻辑严谨	
内容翔实(30分)	充分结合案例进行成因分析,内容具有一定的深度	
思考全面(20分)	全方位、多层次、多角度思考	
观点新颖(10分)	具有创新性观点	
表达清晰(10分)	语言流畅,举止大方得体	

三、实训任务 3:爱美客财务综合分析

(一)实训目标

(1)根据爱美客近 5 年的财务报表相关数据,对其进行财务综合分析。

(2)结合医美企业的行业特征,从背景分析、会计分析、财务分析、前景预测等方面对爱美客进行财务综合分析。

(3)总体评价爱美客存在的问题。

(4)提出提高爱美客财务质量的有效措施。

(二)实训企业描述

爱美客技术发展股份有限公司(简称爱美客)是一家专业从事生物医用材料研发、生产和销售的国家级高新技术企业。其经营范围包括药品、生物制品、医疗器械、化妆品的技术开发和转让;新型药用辅料的开发、生产;化妆品生产;货物进出口、技术进出口、代理进出口;企业管理咨询(不含中介服务);医疗器械、化妆品销售(含网上销售);药品批发(含网上销售);Ⅲ类医疗器械生产。

公司自主研发并获批上市的逸美、宝尼达、爱芙莱、嗨体产品均以透明质酸钠为主要基材,分别加入羟丙基甲基纤维素、聚乙烯醇凝胶微球等高分子复合材料及氨基酸、维生素等多种营养物质,各材料间能充分发挥协同互补作用,在适应证、注射层次、注射体验等方面各具特点。上述产品主要应用于对面部、颈部皱纹的修复。公司以客户及市场需求为导向,凭借多年的技术积淀和丰富的转化经验,依托生物可降解新材料北京市工程实验室等生物医用材料研发平台,坚持技术创新,持续加大研发投入,不断提升技术水平和创新能力,保持公司产品和技术的领先优势。公司通过自主研发形成了多组分复合仿基质水凝胶技术、固液渐变互穿交联技术、水密型微球悬浮制备技术、组织液仿生技术等核心技术体系。

爱美客始终将产品质量放在首位,已通过 ISO 13485 医疗器械质量管理体系认证和 ISO 9001 质量管理体系认证,在产品的各个环节进行严格的质量控制,确保全程质量管控体系在各个环节均得到持续有效实施。同时,公司产品实行产品标识和可追溯性管理制度,每支产品均有唯一的序列码,可随时在公司官网上查询,以辨别真伪和追溯。

公司将继续秉承"以创新为先导,以提高生活品质、提升生命质量为目标,打造民族品

牌"的理念,立足于生物医用材料的研发和产品转化,服务于国家大健康发展战略,把公司打造成为技术领先、产品具有国际竞争力的知名企业。

(三) 实训准备

(1) 学生分组。每组 6~8 人,确定 1 名正组长和 1 名副组长。

(2) 学生分工。由组长对组内学生按任务要求进行合理分工。

(3) 制订工作计划。每个小组制订一份工作计划,格式如表 9-23 所示。

表 9-23 工作计划

主要工作任务	实施时间	实施形式	主要负责人

实训小组组长:

实训小组成员:

年　月　日

指导老师审阅意见:

签名:

年　月　日

(四) 实训流程

(1) 各小组学习任务目标和任务描述,复习财务综合分析相关内容,确定分析思路和拟使用的分析方法。

(2) 各小组讨论制订工作计划。

(3) 指导老师审阅各小组制订的工作计划,并签批。

(4) 各小组通过网络收集爱美客近 5 年的财务报表、年度报告、公司资讯、公司研究报告等信息。

(5) 各小组选定至少 2 家同行业公司作为对比公司,并通过网络收集这些对比公司近 5 年的财务报表、年度报告、公司资讯、公司研究报告等信息,做同行对比分析。

（6）各小组运用杜邦分析法对爱美客的财务指标进行分析，根据分析结果总结该公司存在的问题，并给出针对性建议。

（7）各小组撰写爱美客财务综合分析报告。

（五）完成分析报告

根据分析结果撰写爱美客财务综合分析报告，格式如表 9-24 所示。

表 9-24 爱美客财务综合分析报告

1. 企业简介（主要包括企业法律形式、所处行业、企业规模等）
2. 背景分析
3. 会计分析
4. 财务分析
5. 前景预测

（六）填写实训进度表

各小组根据任务完成时间填写实训进度表，格式如表 9-25 所示。

表 9-25 实训进度表

实训任务	完成时间	主要负责人
实训小组组长：		

（七）实训评价

（1）各小组将完成的爱美客财务综合分析报告上传至班级学习信息平台，如 qq 群、微信群、"雨课堂"等，并选派代表进行班级讨论交流。

（2）各小组之间进行互评，并填写实训评价表，格式如表 9-26 所示。

表 9-26 实训评价表

评分点	评分要点	得分
层次分明(30分)	条理清楚,逻辑严谨	
内容翔实(30分)	充分结合案例进行成因分析,内容具有一定的深度	
思考全面(20分)	全方位、多层次、多角度思考	
观点新颖(10分)	具有创新性观点	
表达清晰(10分)	语言流畅,举止大方得体	

 课后习题

一、单选题

1. 杜邦分析法是以( )为核心的财务指标。
    A. 净资产收益率 B. 销售净利率
    C. 权益乘数 D. 总资产周转率
2. 总资产收益率的计算公式中,分子是( )。
    A. 营业利润 B. 息税前利润
    C. 营业收入 D. 净利润
3. 下列财务比率中,不能反映企业获利能力的指标是( )。
    A. 总资产收益率 B. 营业利润率
    C. 资产周转率 D. 长期资本收益率
4. 某公司2020年资产总额为9 800 000元,负债总额为5 256 000元,据此计算其2020年的产权比率为( )。
    A. 1.16 B. 0.54
    C. 0.46 D. 0.86
5. 财务报表分析的对象是( )。
    A. 企业的各项基本活动 B. 企业的经营活动
    C. 企业的投资活动 D. 企业的筹资活动

二、多选题

1. 财务分析包括( )。
    A. 背景分析 B. 会计分析
    C. 财务分析 D. 前景预测
    E. 低估长期资产价值
2. 在财务报表附注中应披露的会计政策有( )。
    A. 坏账的数额 B. 收入确认的原则
    C. 所得税的处理方法 D. 存货的计价方法

E. 固定资产的使用年限

3. 下列各项业绩评价指标中,属于非财务计量指标的有(　　)。
　　A. 市场占有率　　　　　　　　B. 质量和服务
　　C. 创新　　　　　　　　　　　D. 生产力
　　E. 雇员培训

4. 以下属于波特五力模型分析的内容有(　　)。
　　A. 供应商　　　　　　　　　　B. 购买者
　　C. 生产者　　　　　　　　　　D. 新进入者
　　E. 替代品

5. 杜邦分析法的局限性包括(　　)。
　　A. 对短期财务结果过分重视　　B. 不适用于金融企业
　　C. 注重长期财务业绩　　　　　D. 适用于金融企业
　　E. 无法解释企业无形资产估值问题

三、综合题

重庆市涪陵榨菜集团股份有限公司(简称涪陵榨菜)是一家以榨菜生产为主的佐餐开味菜研制企业,于2010年在深圳证券交易所上市,证券代码为002507,是国内目前最大的佐餐开味菜生产销售企业,也是农业产业化国家重点龙头企业。在我国,制作榨菜的企业有许多,集中度高、异质性强、定价能力强是榨菜这种产品的特性。涪陵榨菜作为众多榨菜品牌中的龙头企业,占据独特的优势。涪陵榨菜致力于为消费者提供绿色健康且美味的开味菜,立志成为引领榨菜行业跨入工业化和现代化的先行者。该公司在自身发展壮大的同时,不忘社会责任,不仅带动了农业产业的发展,还为涪陵及周边地区的菜农带来了经济效益。

2015—2018年涪陵榨菜的短期偿债能力指标如表9-27所示,长期偿债能力指标如表9-28所示,营运能力指标如表9-30所示,盈利能力指标如表9-32所示,发展能力如表9-34所示,偿债能力指标同行业对比如表9-29所示,营运能力指标同行业对比如表9-31所示,盈利能力指标同行业对比如表9-33所示,发展能力指标同行业对比如表9-35所示。

要求:根据以下财务数据,用杜邦分析法对重庆市涪陵榨菜集团股份有限公司进行财务分析。

表9-27　2015—2018年涪陵榨菜短期偿债能力指标

指标	2015年	2016年	2017年	2018年
流动比率	3.7177	3.4585	3.2391	4.5236
速动比率	2.7983	2.8579	2.7123	3.6988
现金比率	135.85%	94.14%	30.23%	282.02%

表 9-28　2015—2018 年涪陵榨菜长期偿债能力指标

指标	2015 年	2016 年	2017 年	2018 年
资产负债率	17.17%	18.94%	22.40%	17.03%
产权比率	13.87%	18.36%	24.40%	16.19%

表 9-29　2018 年涪陵榨菜偿债能力指标同业对比

指标	涪陵榨菜	海欣食品	黑芝麻	好想你
流动比率	4.523 6	2.132 8	1.067 7	1.428 3
速动比率	3.698 8	1.451 3	0.872 5	0.773 0
现金比率	282.02%	26.61%	20.41%	36.41%
资产负债率	17.03%	30.29%	47.63%	39.62%
产权比率	16.19%	42.96%	89.02%	61.33%

表 9-30　2015—2018 年涪陵榨菜营运能力指标

指标	2015 年	2016 年	2017 年	2018 年
应收账款周转率	297.571 9	553.202 1	988.737 8	401.265 9
存货周转率	3.288 7	3.497 3	3.748 3	2.931 9
流动资产周转率	1.319 4	1.315 9	1.207 3	1.148 7
总资产周转率	0.613 9	0.624 0	0.688 4	0.700 9

表 9-31　2018 年涪陵榨菜营运能力指标同业对比

指标	涪陵榨菜	海欣食品	黑芝麻	好想你
应收账款周转率	401.265 9	7.319 2	5.162 5	12.052 5
存货周转率	2.931 9	3.463 2	7.764 0	2.986 5
流动资产周转率	1.148 7	1.653 2	1.633 8	1.929 6
总资产周转率	0.700 9	1.207 5	0.759 0	0.925 8

表 9-32　2015—2018 年涪陵榨菜盈利能力指标

指标	2015 年	2016 年	2017 年	2018 年
销售净利率	16.91%	22.95%	27.24%	34.57%
净资产收益率	11.45%	16.42%	21.48%	26.78%
成本费用利润率	24.28%	35.84%	45.22%	64.19%

表 9-33 2018 年涪陵榨菜盈利能力指标同业对比

指标	涪陵榨菜	海欣食品	黑芝麻	好想你
销售净利率	34.57%	3.05%	0.61%	2.22%
净资产收益率	26.78%	4.34%	2.21%	3.88%
成本费用利润率	64.19%	3.79%	1.18%	3.19%

表 9-34 2015—2018 年涪陵榨菜发展能力指标

指标	2015 年	2016 年	2017 年	2018 年
营业收入增长率	2.67%	20.43%	35.64%	25.92%
净利润增长率	19.23%	63.46%	61.00%	59.78%
净资产增长率	20.66%	13.92%	23.08%	28.18%
总资产增长率	21.00%	16.40%	28.56%	19.89%

表 9-35 2018 年涪陵榨菜发展能力指标同业对比

指标	涪陵榨菜	海欣食品	黑芝麻	好想你
营业收入增长率	25.92%	18.24%	43.03%	21.59%
净利润增长率	59.78%	25.26%	−76.89%	11.94%
净资产增长率	28.18%	4.43%	4.01%	2.12%
总资产增长率	19.89%	7.42%	6.99%	7.47%

拓展阅读

新经济时代财务分析的可比性问题研究
——以腾讯为例

旧世界诞生的新物种时常处于尴尬境地,因为旧世界习惯于用旧思维、旧方法评判新物种,使其显得不合时宜,甚至格格不入。生物学如此,公司界亦然。进入新经济时代,新技术和新商业模式催生了一大批与众不同的新公司,其收入来源、盈利模式、资产结构别具一格,特色鲜明。此时,试图采用基于传统理论和方法的旧标尺去衡量这些新公司,不是困难重重,就是徒劳无益。诞生于新经济时代的深圳市腾讯计算机系统有限公司(以下简称腾讯),就是一个典型的案例。本文在对比分析腾讯与中国移动、中国电信和中国联通等三大电信公司过去十年经营业绩的基础上,指出商业模式之间的重大差异不仅降低了新经济企业与旧经济企业横向分析的有效性,而且使同一行业新经济企业之间的对比分析失去意义,由此提出穿透分析可以去伪存真,显著提高财务分析的可比性和有效性,但穿透分析的运用需要对会计准则和信息披露进行配套改革和完善。

一、迥然不同的业绩图像

按照全球行业分类标准(GICS),腾讯与三大电信公司同属通信服务业。这四家公司2010—2019年的财务报告映射出腾讯的强势崛起和三大电信公司的不断式微,见证了生活和工作方式嬗变引发的竞争格局重构。四家公司的经营业绩相关数据分别如表9-36和图9-10所示。

表9-36　腾讯与三大电信公司经营业绩　　　　　　　　　　　　　　　单位:亿元

年份	腾讯控股		中国移动		中国电信		中国联通	
	营业收入	税后利润	营业收入	税后利润	营业收入	税后利润	营业收入	税后利润
2010	196	18	4 852	1 200	2 199	155	1 762	38
2011	285	102	5 280	1 666	2 451	166	2 156	42
2012	439	128	5 818	1 294	2 832	151	2 563	70
2013	604	156	6 302	1 218	3 216	177	3 037	103
2014	789	229	6 515	1 093	3 244	178	2 886	120
2015	1 029	291	6 683	1 087	3 312	201	2 770	104
2016	1 519	414	7 084	1 088	3 525	181	2 742	5
2017	2 378	725	7 405	1 144	3 662	188	2 748	17
2018	3 127	800	7 368	1 180	3 771	213	2 909	93
2019	3 773	959	7 459	1 068	3 757	207	2 905	113

2010—2019年,腾讯的营业收入和税后利润的年均复合增长率(CAGR)高达38.90%和31.60%,与三大电信公司徘徊不前的业绩形成强烈反差。2019年腾讯的营业收入首次超过中国电信,税后利润十分接近中国移动且超越指日可待,其税后利润约是中国电信和中国联通税后利润之和的3倍。经营业绩成长性的悬殊在股票市值里得到充分反映,2020年5月的最后一个交易日,腾讯的股票市值高达36 066亿元,而三大电信公司股票市值总和只有13 642亿元,仅相当于腾讯股票市值的37.83%,如图9-11所示。

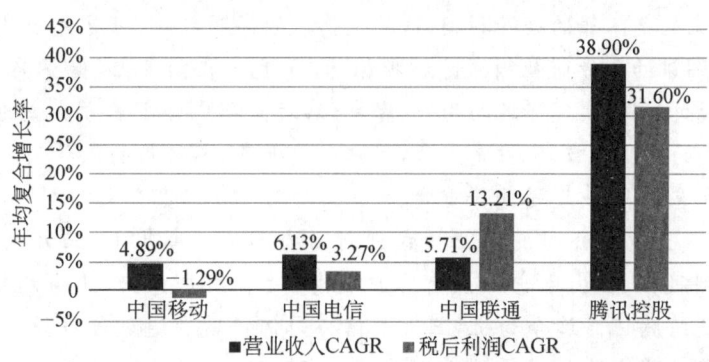

图9-10　腾讯与三大电信公司营业收入和税后利润年均复合增长率对比(2010—2019年)

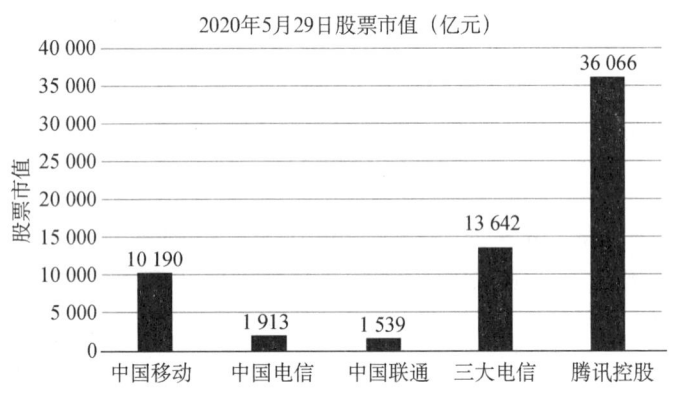

图 9-11 腾讯与三大电信公司股票市值对比

腾讯与三大电信公司之间既有此消彼长的零和博弈关系,也有一荣俱荣的相互依存关系。腾讯 2011 年推出微信后,免费的通话、短信和视频一方面对三大电信公司的语音业务造成灾难性冲击,导致其语音业务收入逐年下降;另一方面创造了巨大的数据流量需求,为三大电信公司带来了日益攀升的数据服务收入,促使它们从话务提供商转型为数据服务商。

二、大相径庭的商业模式

虽然我们借助于货币计量可以对不同行业、关联行业和相同行业的经营业绩、财务状况及现金流量进行对比分析,但分析的可比性和有效性往往受到商业模式的重大影响。腾讯与三大电信公司尽管属于关联行业,但商业模式却截然不同,盈利模式更是相去甚远。作为我国最大的社交平台,腾讯通过微信和 QQ 等软件免费提供语音、短信和视频服务,从三大电信公司抢走了 12.025 亿用户(截至 2020 年 3 月 31 日),然后与游戏开发商和广告提供商合作,导引这些海量用户玩游戏、看广告,以此赚取巨额的游戏收入和广告收入。

腾讯 2019 年度的财务报告显示,公司增值服务收入为 2 000 亿元,其中网络游戏收入高达 1 147 亿元,增值服务的直接成本为 941 亿元,增值服务经营利润高达 1 059 亿元。腾讯未披露网络游戏的直接成本,但按照网络游戏占增值服务收入的比例来推算,网络游戏的经营利润约为 607 亿元,加上网络广告 335 亿元的经营利润,仅这两项收费业务 2019 年度就为腾讯贡献了 942 亿元的经营利润,占其全部经营利润的 56.24%。免费让 12 多亿用户使用微信,换来的是不菲的经营利润,这就是腾讯的高明之处,可见免费是为了更好地收费。正因如此,腾讯的免费商业模式才被揶揄为"羊毛出在狗身上,猪买单,猪狗都赚钱"。腾讯通过商业模式创新,实现了其与用户、客户、游戏商和广告商多方共赢的局面。对于采用免费商业模式的企业而言,客户是上帝,用户也是上帝,不付费的海量用户即使不比付费的少量客户更加重要,至少也是同等重要。

相比之下,三大电信公司的商业模式创新动力不足。事实上,三大电信公司比腾讯更早涉足互联网服务,但由于它们只有客户观念,没有用户意识,凡事均要收费,结果把大量用户拱手送给腾讯。迄今为止,三大电信公司仍停留在通过硬件设施提供电信和数据服务的传统商业模式阶段。这种商业模式具有高投入、低产出的特点,长此以往,三大电信公司有沦为替百度、阿里巴巴、腾讯等新经济企业打工之虞。也就是说,三大电信公司通过投资数以万亿元计的光纤传输等电信基础设施,借助新经济创新型平台企业无所不在的商业场景所派生的线上流量需求赚取流量费。这种高投入、低产出的商业模式,导致三大电信公司成为资本密集型的重资产公司,而腾讯等新经济企业选择低投入、高产出的商业模式,逐渐发展成为创新密集型的轻资产公司。表9-37列示了2019年腾讯与三大电信公司的资产结构以及总资产回报率和净资产回报率等盈利能力的差异。

表9-37 腾讯与三大电信的资产结构与盈利能力分析　　　　金额单位:亿元

指标	腾讯控股	中国移动	中国电信	中国联通
固定资产①	507.59	7 428.10	4 692.14	3 561.96
资产总额	9 539.86	16 292.40	7 031.31	5 651.18
固定资产占比	5.32%	45.59%	66.73%	63.03%
总资产回报率②	11.43%	6.75%	3.03%	2.00%
净资产回报率②	22.70%	9.87%	5.92%	3.48%

注:①含在建工程;②计算这两个财务指标时,总资产和净资产采用年初余额和年末余额的简单平均数。

三大电信公司固定资产的金额和占比远高于腾讯,导致其总资产和净资产回报率大幅低于腾讯。此外,随着信息通信技术的加速迭代,电信业的产品生命周期越来越短,固定资产金额的居高不下不仅使三大电信公司面临更大的资产减值风险,而且迫使它们不得不将经营活动产生的现金流量源源不断地投入到固定资产的更新改造中,降低了其财务弹性,表现为自由现金流量(可用于扩大经营规模和还本付息的现金流量)占经营活动现金净流量的比例大幅低于腾讯,如表9-38所示。

表9-38 腾讯与三大电信公司财务弹性　　　　金额单位:亿元

指标	腾讯控股	中国移动	中国电信	中国联通
经营活动现金净流量	1 485.90	2 475.91	1 126.00	962.08
自由现金流量	1 258.24	817.13	217.25	397.90
自由现金流量占比	84.68%	33.00%	19.29%	41.36%

上述分析表明,腾讯与三大电信公司经营业绩差异悬殊,但这主要是由不同的行业属性和商业模式造成的。严格地说,这种横向对比分析的可比性并不高。从财务分析的角度看,可比性越高,分析的有效性越高,反之亦然。影响可比性的因素很多,商业模式和行业地位(如头部企业与尾部企业的差异)是其中的两大因素。商业模式的差异并不局限于不同行业或关联行业,即使是同一个行业的不同企业也可能采用不同的商业模式,进而影响财务信息的可比性和财务分析的有效性。将腾讯与三大电信公司进行对比,可比性和有效性因商业模式的巨大差异而大打折扣。如果将同属社交平台行业的腾讯和脸书进行比较,

分析的可比性和有效性是否可以免受商业模式差异的影响？表 9-39 列示了腾讯 2019 年度的分部收入和分部利润及其占比。

表 9-39　腾讯 2019 年度分部报告　　　　　　　　　　　　金额单位：亿元

项目	分部收入		分部成本		分部经营利润	
	金额	占比	金额	占比①	金额	占比
增值服务	2 000	53.01%	941	47.05%	1 059	63.22%
其中：网络游戏	1 147	30.40%	—	—	607②	36.24%
金融科技及企业服务	1 013	26.85%	738	72.85%	275	16.42%
网络广告	684	18.13%	349	51.02%	335	20.00%

注：①占分部收入的比例；②按网络游戏占增值服务比例推算。
表中数据根据腾讯 2019 年年报"管理层的分析与讨论"整理得到。

从表 9-39 可以看出，腾讯是一家主营网络游戏等增值服务，兼营金融科技及企业服务、网络广告的公司。相比之下，脸书本质上是网络广告公司，2019 年度其广告收入高达 696 亿美元，仅次于谷歌 1 348 亿美元的广告收入，成为世界上第二大广告公司，广告收入占全部营业收入的比例高达 98.53%，经营利润几乎都来自广告业务。显而易见，将主营网络游戏的腾讯与主营网络广告的脸书直接进行对比的话，两者并不具可比性，难以得出令人信服的结论。同样，将腾讯与微博这两个我国数一数二的社交平台进行对比分析，也存在着因商业模式和行业地位的差异而带来的可比性不高问题。2019 年微博的营业收入为 17.67 亿美元（折合人民币 121.89 亿元），其中广告收入为 15.30 亿美元（折合人民币 105.55 亿元），占全部营业收入的比例高达 86.59%，而腾讯的广告收入占比只有 18.13%。此外，由于无形投资具有显著的扩展性，"赢家通吃"效应在新经济时代普遍存在，市场份额高度集中于行业中的最大企业。腾讯和微博尽管是我国社交平台的两家头部企业，但实力悬殊，犹如脸书与推特一样，如表 9-40 所示。在实力如此悬殊的情况下，即使不考虑商业模式差异，将腾讯与微博或脸书与推特的财务业绩直接进行对比，其可比性也令人生疑，因为这涉及规模报酬递增问题。在"流量为王"的新经济时代，不同经营规模带来迥异的报酬递增，会对盈利能力产生重大影响。这是新经济时代财务分析不容忽视的问题。

表 9-40　中美社交平台头部企业 2019 年实力对比

项目	美国社交平台		中国社交平台	
	脸书	推特	腾讯	微博
活跃用户①（亿人）	16.60	1.52	11.65	5.16
营业收入（亿美元）	706.97	34.59	546.93	17.67
税后利润（亿美元）	184.85	14.66	139.02	4.93
股票市值②（亿美元）	6 416.80	243.00	5 058.29	69.68

注：①脸书和推特为日活跃用户数，腾讯和微博为月活跃用户数；②按 2020 年 5 月 29 日的收盘价计算。

三、去伪存真的穿透分析

以上我们将腾讯的经营业绩与三大电信公司、脸书和微博进行对比,凸显了新经济时代财务分析的可比性问题。可比性缺失,既与企业之间商业模式和行业地位存在巨大差异有关,也与旧经济时代的行业分类方法有关。由于行业分类标准迥异,分类结果五花八门:按照全球行业分类标准,腾讯属于通信服务行业;按照申万行业指数分类标准,腾讯与百度、网易同属传媒行业;而按照证监会或其他行业分类标准,腾讯则被划分为信息技术行业或电子计算机行业。

为了提高财务分析的可比性和有效性,行业分类方法亟待改革和完善。新经济企业提供的产品和服务与其营业收入的主要来源往往大相径庭,行业到底应按业务性质(提供的产品或服务)划分,还是按商业模式(获取收入、利润和经营性现金流量的方式)划分是个颇费思量的问题。我国的行业分类标准更侧重于按业务性质划分,而全球行业分类标准和富时全球分类系统(FTSE)主要按商业模式划分。例如全球行业分类标准首先考虑企业的收入占比,然后再考虑利润占比,富时全球分类系统则以企业各项业务税前利润占比作为划分依据。以业务性质作为行业的划分标准,尽管具有约定俗成、便于理解、认可度较高等优点,却也存在形式重于实质、名实脱节、不利于财务分析等缺点。譬如,谷歌和百度提供搜索服务,但其收入、利润和经营性现金流量却主要来自广告业务。尽管脸书、推特、腾讯和微博提供的都是社交服务,但腾讯与其他三大社交平台的商业模式却存在重大差异。亚马逊、京东和阿里巴巴虽然都被划分为电商行业,但阿里巴巴的平台型商业模式明显有别于亚马逊和京东的自营型商业模式。由此带来的一个问题是:商业模式存在重大差异的企业能否被划分为同一个行业?以商业模式作为行业的划分标准,虽然可以缓解名不符实的问题,大幅提高财务分析的可比性和有效性,但这种划分缺乏唯一性,面对同时拥有多种商业模式的企业则难以操作。譬如,网络游戏、金融科技和网络广告是腾讯获取收入、利润和经营性现金流量的三大来源,对其应如何进行行业划分?是按收入主要来源将其划分为游戏行业,还是按收入比例将其划分为三个行业?

行业分类涉及统计数据的编制、收集和报送,改变行业分类方法阻力重重。在行业分类方法短期难以改变的情况下,唯有采用去伪存真的穿透分析,才能提高财务分析的可比性和有效性。这里所说的穿透分析,是指摆脱传统行业分类的束缚,透过商业模式和分部报告,以收入、利润和经营性现金流量的获取方式作为对标分析的基准,以提高可比性和有效性的财务分析方法。按照穿透分析,脸书、推特、谷歌、百度、微博之间具有较高的可比性,这五家公司 2019 年广告收入占比分别为 98.53%、86.53%、83.29%、72.70% 和 86.59%。2019 年腾讯广告收入占比仅为 18.13%,与这五家公司的可比性极低,而与索尼、任天堂、微软、网易、动视暴雪(ATVI)等游戏巨头更具可比性。同样,亚马逊、京东与沃尔玛的收入主要来自商品售卖,其经营业绩具有很高的可比性,与收入主要来自商品推介费、手续费和佣金的阿里巴巴没有太大的可比性。

现阶段运用穿透分析实属不易,因为信息披露质量参差不齐。穿透分析要得到有效实施,会计准则和信息披露必须进行以下几方面的配套改革和完善。

(1) 修改合并报表准则。在提供合并报表的基础上,对于收入占比超过一定比例(如

20%）的子公司或业务,还应以附件的方式提供这些子公司或业务的单独报表,便于投资者就收入成长性、毛利率、销售利润率、研发强度、资产周转率、负债率、总资产和净资产回报率等财务指标进行横向对比分析。从财务分析的角度看,个别报表的信息含量更高,将横跨多个行业、从事不同业务的个别报表合并,在增强合并主体经营业绩总括性和整体性的同时,也降低了财务分析的可比性和有效性。增加重要子公司或业务个别报表的披露,可在一定程度上弥补合并报表信息可比性不高的缺陷。

（2）完善分部报告准则。细化分部信息披露的"颗粒度",要求企业参照三大报表格式,更加充分地披露主要分部的财务状况、经营业绩和现金流量。对于采用免费商业模式的企业来说(如脸书、腾讯、谷歌和百度等),其提供免费社交、免费搜索等服务发生的费用应视同获客成本,必须分摊至各个收费服务项目,以便更准确地反映收费服务项目的盈利能力。

（3）修订研发费用准则。适当放松研发费用资本化的严苛要求,避免企业在研发投入阶段低估盈利能力,在研发产出阶段高估盈利能力,从而影响处于不同研发阶段企业盈利信息的可比性。研发费用是否资本化涉及研发成功率,目前成功率的判断和评估通常以单个研发项目为主,容易低估研发成功率,应鼓励企业以研发项目组合为基础评估成功率。

（4）实行成本费用双重披露。要求企业严格遵循会计准则的规定,同时按功能和性质对成本费用进行双重披露。新经济企业具有知识密集的特点,智慧资本特别是人力资本是其保持竞争力和价值创造力的关键,按性质披露人工成本有助于投资者了解和评估企业对人力资本的投入力度。

（5）强化商业模式信息披露。有效的财务分析离不开对企业商业模式的深度了解,因为会计分类、确认、计量、列报和披露均受到商业模式的影响,加大商业模式的披露力度,可提高财务信息的可理解性,进而提高财务分析的可比性和有效性。

（6）增加关键经营要素披露。获客成本、客户黏性、行业地位、用户数量、信息资源、创新能力、技术专利、人力资本、信息系统、平台资产等,都属于新经济企业的关键经营要素。这些关键经营要素对于评估新经济企业的核心竞争力和价值创造能力至关重要,其重要性毫不逊色于财务信息。上述关键经营要素涉及大量的无形投资,但由于不符合现行会计确认、计量和报告标准,未能在财务报表上得以体现,增加这些非财务信息的披露,显然有助于提高财务分析的可比性和有效性。

参考资料来源:黄世忠.新经济时代财务分析的可比性问题研究——以腾讯为例.财会月刊.2020(13):3-7.

思考:不同商业模式的财务分析,其侧重点有哪些不同?

参 考 文 献

[1] 张新民,钱爱民.财务报表分析[M].北京:中国人民大学出版社,2019.
[2] 王化成,佟岩.财务管理[M].北京:中国人民大学出版社,2020.
[3] 薛春燕,马元兴.财务管理实务[M].北京:中国人民大学出版社,2020.
[4] 财政部会计资格评价中心.初级会计实务[M].北京:经济科学出版社,2021.
[5] 杨丹.中级财务管理[M].大连:东北财经大学出版社,2019.
[6] 王春峰.企业资产结构风险管理[M].天津:天津大学出版社,2018.
[7] 会计专业技术资格考试命题研究组.财务管理[M].上海:立信会计出版社,2018.
[8] 魏永宏.财务报表分析[M].北京:机械工业出版社,2017.
[9] 朱盈盈.财务管理实训教程[M].成都:西南财经大学出版社,2016.
[10] 王乐娟.北方出版传媒盈利能力分析[D].北京:北京印刷学院,2019.
[11] 郝思嘉.佳电股份盈余管理案例研究[J].商业文化,2021(6).
[12] 曹玥.腾讯公司盈利能力研究[D].北京:中国石油大学,2016.
[13] 陈鑫子.轻资产模式下互联网上市公司盈利能力分析[J].财会通讯,2019.
[14] 张之君.基于财务共享平台的业财融合问题研究[J].现代商贸工业,2021.
[15] 慧阳.万科企业盈利能力分析[J].中国管理信息化,2021.